111 Regeln für den Mann von Welt

Lennart Brand

111 Regeln für den MANN von Welt

SCHWARZKOPF & SCHWARZKOPF

Inhalt

1

Prolog: Entscheide dich, wer du sein willst!

Am 27. April 2008 gegen acht Uhr morgens, nachdem er sein Frühstücksgeschirr abgewaschen hatte, zog JÜRGEN KOCH sich die rosafarbene Schürze mit der Aufschrift »Beste Köchin der Welt« aus und hängte sie an einen Haken. Dabei erinnerte er sich, wie sein Bruder einmal bemerkt hatte, solch eine Schürze sei ja für einen Mann etwas eigenartig. Was für ein Unsinn! Zwar war Jürgen Koch heterosexuell, aber was hieß das schon: Mann zu sein. Er schüttelte den Kopf und griff nach seiner Umhängetasche mit dem Aufdruck »Be Berlin«, in der sich die Brotdose mit dem veganen Mittagessen befand. Dann schaute er noch einmal in seiner Wohnung umher. Das Apartment im dritten Stock des Mietshauses aus den späten Achtzigerjahren, das er seit dem Abschluss seines Soziologie-Studiums bewohnte, hatte ihm damals sofort zugesagt: Der günstige Schnitt der zwei kleinen Zimmer erlaubte es ihm, sich ohne viel Mühe zwischen Bad, Küche, Bett und Wohnzimmer zu bewegen, und da die Decken der gut isolierten Wohnung sehr niedrig und ihre quadratischen Fenster klein waren, hatte er es immer schön warm, ohne allzu viel zu heizen. Auch für sein Mobiliar bot sie genügend Platz: Seine Couchlandschaft, die ihm besonders lieb war, sein Flachbildfernseher, eine Jugendstilkommode und ein Designer-Esstischensemble von Colani bildeten zusammen ein Interieur, das an Bequemlichkeit nichts zu wünschen übrig ließ. Auch bei seiner Kleidung achtete er vor allem auf Bequemlichkeit: Unter seiner grellorangenen »Core-Flex«-Jacke – die er trug, um im Straßenverkehr besser gesehen zu werden – hatte er ein weit geschnittenes Baumwollsweatshirt an, das er mit einer Cargohose und Sneakers kombinierte.

Nachdem er das Haus verlassen und sein Fahrradschloss gelöst hatte, schnallte er sich einen signalgelben Fahrradhelm auf den

Kopf – wie immer vor dem Aufsteigen, denn Sicherheit kommt zuerst! Gemächlich radelte er drauflos. Wenige Minuten später begegneten ihm einige stark angetrunkene Studenten, die gerade eine lange Nacht gehabt hatten. Missbilligend blickte Jürgen Koch zu ihnen hinüber, denn exzessiver Alkoholkonsum war ihm zuwider. Auch er trank gerne einmal ein schönes Glas Wein, aber eben nicht mehr als das, und betrunken war er in seinem ganzen Leben noch nicht gewesen. Dann aber sah er etwas, was ihm den Atem stocken ließ: Ein junger Mann, vermutlich auch ein Student, hatte sich auf der Bank einer Bushaltestelle niedergelassen und rauchte eine Zigarette. Jürgen Koch stieg von seinem Fahrrad ab und baute sich vor dem Studenten auf. Was dieser sich denn dabei denke, rief er erregt, dem gesetzlichen Rauchverbot an Bushaltestellen entgegenzuhandeln und das Leben anderer durch seine Rücksichtslosigkeit zu gefährden. Der Student erwiderte, es sei ja außer ihm niemand hier, aber das ließ Jürgen Koch nicht gelten. Um ein Zeichen für den Nichtraucherschutz zu setzen, entriss er dem Studenten die Zigarette, warf sie auf den Boden und trampelte darauf herum. Dann fuhr er zufrieden weiter.

Als er sein Fahrrad vor dem Bezirksamt angeschlossen und das Gebäude betreten hatte, traf er auf die Kollegin Ursula Wietz. Diese Wietz siezte ihn immer, was Jürgen Koch inakzeptabel fand, denn der Bezirksamtsleiter hatte erst kürzlich wieder klargestellt, dass sie im Amt alle Freunde seien. Darum grüßte er die Wietz mit »Hallo Uschi! Alles klar bei dir?« und nahm sich vor, künftige Zuwiderhandlungen gegen die Formlosigkeitsvorschrift beim Amtsleiter zur Sprache zu bringen. Schließlich lebten sie ja nicht mehr im neunzehnten Jahrhundert! Jürgen Koch war stellvertretender Leiter des Bezirkskulturamts, das außer ihm und seinem Chef noch aus einer Sekretärin bestand. Mit dieser hatte er heute ein ernstes Wort zu reden: Bevor er am Vortage aus dem Büro gegangen war, hatte er bemerkt, dass an einer Wand des Sekretariats ein altertümlicher Kunstdruck hing – Renaissance oder Barock oder so, er kannte sich da nicht aus. Derlei ging freilich nicht an, denn die Bezirksverwaltung war stolz darauf, eine Bezirksverwaltung des einundzwanzigsten Jahrhunderts zu sein, weshalb der Bezirksamtsleiter alle alten Möbel, Bilder und dergleichen, die hier seit hundert Jahren herumgestanden und -gehangen hatten, hatte entfernen lassen. Wenn die Sekretärin ihr Büro dekorieren wollte, dann war nur zeitgenössische Kunst zulässig. Grußlos betrat Jürgen Koch das Sekretariat, warf einen Blick auf den altertümlichen Druck an der Wand und versetzte der Sekretärin einen derartigen Anpfiff, dass diese in Tränen ausbrach. Zufrieden ging er in sein Büro hinüber. Kurz darauf schaute sein Chef herein, grüßte und fragte ihn, ob er einen schönen Abend gehabt habe. Sicherlich, erwiderte Jürgen Koch, und das stimmte auch: Seit er Videospiele für sich entdeckt hatte, verbrachte er seine Abende zwar zu einem Großteil, nicht aber mehr ausschließlich, vor dem Fernseher und empfand diese Kombination als sehr angenehm. – Sehr schön, sagte sein Chef. Übrigens, das sei ja wohl ein neues Sweatshirt, oder? Von Esprit! Respekt, Respekt, Jürgen Koch sei ja ein wahrer Dandy! Jürgen Koch lachte verschämt: Nein, ein Dandy sei er nun doch nicht. Und obwohl er es nicht wusste, war diese Feststellung das Tiefsinnigste, was er in seinem ganzen bisherigen Leben gesagt hatte.

Am selben Tag gegen sieben Uhr kehrte Thomas de Vriend von dem Zehn-Kilometer-Lauf zurück, der ihn wieder zu dem Menschen gemacht hatte, der er vor der durchzechten letzten Nacht und vier Stunden Schlaf gewesen war. Eine ausführliche kalte Dusche tat zusätzlich das ihre. Die Dusche war auch deshalb kalt, weil es in den Räumlichkeiten, die Thomas de Vriend bewohnte, so etwas wie warmes Wasser nicht gab. Auch eine Zentralheizung gab es nicht, was in Anbetracht der alten, undichten Fenster hätte bedenklich erscheinen können, wäre da nicht in jedem Zimmer ein Eisenofen gewesen, mit dem man im Winter heizen und obendrein das Wasser zum Rasieren erwärmen konnte. Zumeist aber begnügte sich Thomas de Vriend mit einem schweren Hausmantel aus Flanell, den er auf dem Flohmarkt erstanden hatte, denn zu heizen gestaltete sich in den sehr großen und sehr hohen Räumen generell schwierig. Thomas de Vriend, Sohn eines Hufschmieds aus der Nähe von Delft, war der einzige verbliebene Mieter in dem weitläufigen Gebäude aus der Gründerzeit, in dem vor dem Krieg eine Versicherungsgesellschaft ihren Sitz gehabt hatte. Dank dem desolaten Zustand des Gebäudes zahlte er kaum Miete, und da die ganze Gegend in diesem Ostberliner Arbeiterbezirk vollständig auf den Hund gekommen war, brauchte er auch keine Mietsteigerungen zu befürchten. So konnte er es sich erlauben, seine sieben großen Zimmer peu à peu mit Mobiliar, Teppichen, Bildern und dergleichen anzufüllen: allesamt Plunder vom Altwarenhändler, nichts davon jünger als siebzig Jahre und zumeist in einem erbärmlichen Zustand. Umso mehr mochte es erstaunen, dass jedem neuen Besucher unwillkürlich das Wort »herrschaftlich« in den Sinn kam.

Nach seiner Dusche kleidete sich Thomas de Vriend an: ein unendlich abgewetztes Tweed-Jackett von einem Londoner Flohmarkt, ein dezent gestreiftes Oberhemd, dem fast der Kragen abfiel, darin ein Seidentuch; eine mehrfach geflickte Flanellhose, uralte Pferdelederschuhe von ebay. Als er kurz darauf das kleine Café betrat, in dem er jeden Morgen frühstückte, rempelte ihn ein Mittfünfziger in einem teuren Designer-Hippie-Outfit an und raunzte, man wolle hier im Kiez keine Superreichen und Thomas de Vriend möge nach München zurückgehen oder wo immer er herkomme. Nachdem Thomas de Vriend den Designer-Hippie mit einem raschen und kaum wahrnehmbaren Faustschlag auf den Bürgersteig befördert hatte, hielt er einer jungen Mutter mit Zwillingen die Tür auf, die sich freundlich dafür bedankte. Thomas de Vriend verbeugte sich lächelnd, hängte seinen Hut an den Garderobenhaken und nahm sich die FAZ. Wie jeden Morgen bestellte er schwarzen Kaffee, zwei Scheiben gebuttertes Baguette und einen Gin Fizz. Als er gegen halb neun sein Frühstück beendet hatte, kehrte er in seine Wohnung zurück, legte einen Blaumann an und begab sich auf die Baustelle.

Dort verbrachte er den größten Teil des Tages. Obwohl die anderen Arbeiter wenig mit ihm anzufangen wussten, war er keineswegs unbeliebt: Er sprach sie mit »Herr« und »Sie« an und behandelte jeden von ihnen mit einer Höflichkeit, die sie sonst nur aus Filmen kannten. Dass er keiner der ihren war, stand dabei ebenso außer Frage wie der Umstand, dass er nicht lange unter ihnen sein würde. Er arbeitete viel und lange, und mehrfach schon hatten seine Vorgesetzten versucht, ihn für verantwortungsvollere Aufgaben in dem Bauunternehmen zu gewinnen: Mit seinen Studienabschlüssen und seinem Doktorat könne er doch nicht immerfort Hilfsarbeiter bleiben. Aber diese Angebote lehnte er ab.

Als er abends als Letzter die Baustelle verließ, schaute er sich noch einmal die Mauer an, die er an diesem Tage errichtet hatte, und war sehr zufrieden. Danach fuhr er mit der S-Bahn nach Hause, duschte und kleidete sich an: Smoking, gestärktes Hemd mit Perlknöpfen, Lackschuhe (alles vom Altkleiderhändler, mit Ausnahme der Perlknöpfe, diese von einer ehemaligen Verehrerin in Paris). Dann goss er sich ein Glas Sherry ein, entzündete einen Zigarillo und vertiefte sich in einen Band aus der Balzac-Gesamtausgabe, die er vor Kurzem erworben hatte. Als die Standuhr am anderen Ende des großen Raumes siebenmal geschlagen hatte, erhob er sich, füllte ein wenig Gin in ein silbernes Reisefläschchen, das er in seinem Jackett verstaute, und machte sich auf den Weg. Vor dem Eingang der Oper Unter den Linden traf er seine Verlobte, eine Contessa di Boito, Kulturreferentin an der Italienischen Botschaft. Während der Vorstellung – Debussys *Pelléas et Mélisande* – teilten sie sich den Gin aus dem Reisefläschchen. Danach aßen sie im Hotel de Rome zu Abend. – Gegen halb zwei verließ Thomas de Vriend das Apartment der Contessa am Hackeschen Markt und zündete sich seine Pfeife an. Während er noch das Streichholz löschte, lief ihm Jürgen Koch über den Weg, der in der Nähe ein Sexkino besucht hatte und jetzt sein Fahrrad nach Hause schob, da es einen Platten hatte. Jürgen Koch war unausgelastet und schlecht gelaunt, und als der Rauch aus Thomas de Vriends Pfeife ihm in die Nase stieg, rief er, die verdammten Raucher gehörten alle ins Lager! Als Thomas de Vriend sich nicht umwandte, sondern im Weitergehen gleichmütig an seiner Pfeife zog, schrie Jürgen Koch noch einmal: ins Lager! Dabei tat er einen Schritt zurück, stolperte über einen Pflasterstein und fiel auf die Straßenbahnschienen. Da er seinen Fahrradhelm trug, hätte es nicht mehr als eine zerrissene Hose gegeben, wäre nicht just in diesem Augenblick die Straßenbahn M4 in Richtung Falkenberg mit unangemessen hoher Geschwindigkeit am Ort des Geschehens aufgetaucht.

Wir wenden uns an dieser Stelle von der Geschichte Jürgen Kochs ab, die ohnehin nicht mehr lange währte und recht unappetitlich endete, wobei – bemerkenswerterweise – der Fahrradhelm das einzig Unbeschädigte blieb. Insgesamt eine persönliche Tragödie für ihn und seine Angehörigen, mag man sagen, aber darüber hinaus natürlich ohne Belang. Thomas de Vriend jedenfalls schaute sich auch dann nicht um, als es hinter ihm für einen Moment laut wurde, sondern setzte seinen Weg in Richtung des Ostberliner Bezirks fort, wo seine Wohnung lag. Die S-Bahn konnte er nicht nehmen, weil er sein letztes Geld für das Taxi zum Hackeschen Markt ausgegeben hatte, aber das störte ihn nicht. Zu Hause angekommen, tauschte er das Jackett gegen seinen Hausmantel, goss sich ein Glas Scotch ein, stopfte und entzündete eine frische Pfeife und setzte sich an den Schreibtisch, um noch ein wenig zu arbeiten. Seine Biografie eines völlig unbekannten polnischen Bildhauers des Manierismus machte gute Fortschritte, und obwohl er natürlich wusste, dass kaum jemand sich je dafür interessieren würde, empfand er diese stillen Stunden am Schreibtisch als die angenehmste Zeit des Tages.

2

Verstehe, worum es in diesem Buch geht!

Diese Geschichte von Thomas de Vriend und Jürgen Koch dient dem Zweck, die Figur des modernen Dandys, um die es in diesem Buch gehen soll, in Bild und Gegenbild wiederzugeben. Thomas de Vriend als das Ideal des Dandys, Jürgen Koch als dessen Hohlform: also all dessen, was ein Dandy nicht ist.

Wenn wir hier von »Dandy« sprechen, benutzen wir diesen Begriff in seiner ursprünglichen, also britischen Bedeutung. Wir sind uns dabei bewusst, dass das Wort »Dandy« im deutschen Sprachgebrauch ambivalent ist und auch für einen »Stutzer« oder »Geck« stehen kann. Was den »Dandy« britischer (und bisweilen auch französischer) Provenienz hingegen im Kern ausmacht, ist keineswegs ein geschniegeltes Äußeres, sondern eine *rebellische* Haltung gegenüber der Gesellschaft. Genauer: gegenüber der Vulgarität, die diese Gesellschaft prägt und der man die eigene, strategisch exekutierte Kultiviertheit entgegenstellt.

Und der »Mann von Welt«? Diesem Begriff mögen die Älteren unter uns noch in den Sechzigern begegnet sein. Klang er damals schon ein wenig hohl, so verhallt er jetzt als letztes Echo eines vergessenen Klischees. Wollte man deshalb über den »Mann von Welt« im engeren Sinne schreiben – den schneidigen Jetsetter, Frauenheld und Weltreisenden der einen oder anderen Weltkriegsgeneration –, dann hätte dies für unsere Zeit keine Bedeutung und wäre auch sonst recht uninteressant. (Noch schlimmer wäre allenfalls eines jener erbärmlichen Bücher der Sorte »Mann von Welt«, in denen es darum geht, wie man den Smoking trägt und den Tom Collins mixt oder dass ein Aston Martin DB5 das passende Gefährt für einen Besuch beim Gosch auf Sylt sei. Wer sich ernsthaft mit derlei Dingen befasst, dessen Leben ist vollends aus den Fugen geraten.)

Aber gerade weil dem »Mann von Welt« die Bedeutung weitenteils abhandengekommen, diese auf vage Anklänge an kultivierte Männlichkeit zusammengeschnurrt ist, und gerade weil der Begriff überhaupt unzeitgemäß wirkt (ein Konzept, auf das wir noch ausführlich eingehen werden), eignet er sich so ausgezeichnet für den Titel unseres Büchleins. Denn hier, bei der Idee kultivierter Männlichkeit, setzen wir an. Das schließt schon einmal allerhand aus und gibt recht präzise die Richtung an, in die wir uns auf den folgenden Seiten bewegen werden. Am Ende dieses Weges steht dann der Dandy des einundzwanzigsten Jahrhunderts, der letztmögliche revolutionäre Typus, wie er von Thomas de Vriend verkörpert wird.

Natürlich sind wir uns bewusst, dass die Darstellung von Thomas de Vriend oben einige Fragen aufwirft: Tweed-Jackett und Smoking, ja selbstverständlich; aber vom Altkleiderhändler? Und Hilfsarbeiter auf der Baustelle? Alkohol schon früh am Morgen, geht denn das? Ist Rauchen nicht ungesund? Und dann die Wohnung – verkommene Büros in Oberschöneweide oder wo auch immer –, mit Sperrmüll eingerichtet? Und so weiter. Kann das wirklich ein Dandy sein? Zeichnet sich ein Dandy nicht dadurch aus, über unbegrenzte Mittel zu verfügen, sich seine Anzüge in der Londoner Savile Row fertigen zu lassen und ein Apartment im Pariser Faubourg Saint-Germain zu bewohnen?

Ah, das war einmal: im achtzehnten, neunzehnten oder frühen zwanzigsten Jahrhundert. Aber vom achtzehnten, neunzehnten oder frühen zwanzigsten Jahrhundert ist hier nicht die Rede. Wir sprechen von der Jetztzeit, dem frühen einundzwanzigsten Jahrhundert, und da sehen die Dinge anders aus – völlig anders. Adel und Großbürgertum sind pleite; reich sind DAX-Vorstände, Lottogewinner und Betreiber von Porno-Seiten. Kurzum, Geldvermögen und Stil sind getrennte Wege gegangen, und den meisten derjenigen, die heutzutage im Faubourg St. Germain wohnen und sich ihre Anzüge in der Savile Row kaufen, möchte man nicht im Mondschein begegnen.

Heißt das, den Dandy gibt es nicht mehr? Eine abgehalfterte Kategorie der Sozialgeschichte, unfreiwillig karikiert von »Mörtel« Lugner und David Beckham und ansonsten perdu? – Das wäre dann der Fall, wenn Dandytum vor allem eine Frage des Geldes wäre. Das aber ist es ganz entschieden nicht. Dandytum ist keine Frage des persönlichen Wohlstands, der Herkunft oder der Erziehung, sondern allein des geistigen Habitus. Anders gesagt, Dandytum bedeutet zunächst eine Haltung; eine Haltung, die sich seit den alten Griechen im Grunde nicht verändert hat. Eine konkrete dandyhafte Lebensweise prägt sich erst dort aus, wo diese Haltung auf die besonderen Bedingungen einer historischen Epoche trifft. Und in der Weise, wie sich die Epochen selbst voneinander unterscheiden, so unterscheiden sich auch die Lebensweisen des Dandys voneinander. Im neunzehnten Jahrhundert sieht das dann aus wie Fürst Hermann von Pückler-Muskau – Soldat, Abenteurer, Ballonfahrer, Schriftsteller, Landschaftsgestalter –, im frühen zwanzigsten etwa wie Harry Graf Kessler – Mann von Welt, Kenner, Mäzen, Schriftsteller, linksliberaler Publizist; und im frühen einundzwanzigsten Jahrhundert wie Thomas de Vriend. Anders als der »Gentleman«, dem die Regel zur zweiten Natur geworden ist, und anders als der »Bohemien«, der den Bruch der Regel als Bürgerschreck vollzieht, überwindet der Dandy die Regel, ohne weiter darüber nachzudenken, lässt sie einfach hinter sich.

Von was für einem geistigen Habitus ist hier also die Rede? Die Frage zu beantworten ist ein Ehrgeiz dieses Buches. Dabei geht es allerdings weder um Historiografie noch um Kultursoziologie oder Ähnliches. Tatsächlich soll alles allzu Wissenschaftliche und Gelehrsame vermieden werden. Langwierige Umschreibungen führen ebenso wenig zum Ziel wie ungelenke Analysen.

Würden wir sagen, es ginge uns darum, den Dandy des einundzwanzigsten Jahrhunderts zu gestalten, so klänge das ein wenig ausufernd. Darum treten wir einen Schritt zurück und erklären stattdessen: Der Zweck dieses Buches ist, als Handreichung für den Dandy des einundzwanzigsten Jahrhunderts zu dienen. Das wiederum ist missverständlich: Um ein Nachschlagewerk oder dergleichen handelt es sich gerade nicht, eher schon um ein Brevier. Und ganz gewiss verfolgt es eine Mission, seinen Leser anders zu entlassen, als es ihn vorgefunden hat. Also geht es letzten Endes vielleicht doch darum, den Dandy des einundzwanzigsten Jahrhunderts zu gestalten?

Wenn das die Absicht wäre, so wäre es jedenfalls keine schlechte, denn unsere Zeit braucht den Dandy. Als letzter Aristokrat widersetzt der Dandy sich den nivellierenden Tendenzen der Gegenwart: seine Bildung, seine Kompromisslosigkeit und vor allem sein Formbewusstsein und Geschmack errichten Vertikale in einer Gegend, in der die Horizontale herrscht. Als letzter Rebell steht er dem breiten Strom der Mediokrität umso störender im Weg, als er sich nicht als politisch versteht, sondern einfach nur der ist, der er ist. Als letzter Mann verharrt er auf einem maskulinen Wertekanon, während es um ihn herum von Weicheiern wimmelt, und besitzt ein klares Verständnis davon, was die Geschichte von einem Mann verlangt.

Wenn es also diesem Buch gelänge, in seinem Leser den Dandy zu wecken oder zu entwickeln, so wäre viel und viel Gutes erreicht: sowohl für uns alle als auch – und insbesondere – für ihn. Denn das Leben des Dandys ist ein erfülltes, abenteuerliches und in sich geschlossenes Leben, das gerne gelebt wird. Insofern ist dieses Buch schließlich auch ein Appell – ein Appell, der in letzter Instanz ohne viele Worte auskommt.

KAPITEL 1

Gelände, Strategie, Schlachtordnung

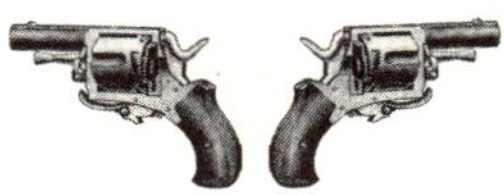

3

Sei kein letzter Mensch!

»Die Heutigen«, die Jürgen Kochs – wer hat sie jemals besser porträtiert als der große Lehrer und Mentor des Dandys, Friedrich Nietzsche. Darum hören wir erst einmal zu, denn im Grunde hat er in seinem *Zarathustra* schon alles gesagt:

> Seht! Ich zeige euch den *letzten Menschen.*
>
> »Was ist Liebe? Was ist Schöpfung? Was ist Sehnsucht? Was ist Stern?« – so fragt der letzte Mensch und blinzelt.
>
> Die Erde ist dann klein geworden, und auf ihr hüpft der letzte Mensch, der alles klein macht. Sein Geschlecht ist unaustilgbar wie der Erdfloh; der letzte Mensch lebt am längsten.
>
> »Wir haben das Glück erfunden« – sagen die letzten Menschen und blinzeln.
>
> Sie haben die Gegenden verlassen, wo es hart war zu leben: denn man braucht Wärme. Man liebt noch den Nachbar und reibt sich an ihm: denn man braucht Wärme.
>
> Krankwerden und Misstrauen-haben gilt ihnen sündhaft: man geht achtsam einher. Ein Tor, der noch über Steine oder Menschen stolpert!
>
> Ein wenig Gift ab und zu: das macht angenehme Träume. Und viel Gift zuletzt, zu einem angenehmen Sterben.
>
> Man arbeitet noch, denn Arbeit ist eine Unterhaltung. Aber man sorgt, dass die Unterhaltung nicht angreife.
>
> Man wird nicht mehr arm und reich: beides ist zu beschwerlich. Wer will noch regieren? Wer noch gehorchen? Beides ist zu beschwerlich.
>
> Kein Hirt und *eine* Herde! Jeder will das Gleiche, jeder ist gleich: wer anders fühlt, geht freiwillig ins Irrenhaus.

»Ehemals war alle Welt irre« – sagen die Feinsten und blinzeln.

Man ist klug und weiß alles, was geschehn ist: so hat man kein Ende zu spotten. Man zankt sich noch, aber man versöhnt sich bald – sonst verdirbt es den Magen.

Man hat sein Lüstchen für den Tag und sein Lüstchen für die Nacht: aber man ehrt die Gesundheit. »Wir haben das Glück erfunden« – sagen die letzten Menschen und blinzeln.

4

Verstehe dich als Gegenbild deiner Zeitgenossen!

Das einundzwanzigste Jahrhundert kündigt sich als eine Zeit der Nivellierung an, der Konformität und der abgrundtiefen, der bodenlosen Gewöhnlichkeit. Gerade das vermeintlich Extravagante erweist sich als Durchschnitt der schlimmsten Art, und die Revoluzzer von einst bilden ein Establishment, wie es etablierter nicht sein könnte. Die Zeit schreit nach Rebellen, aber was sie bekommt, ist ein uniformes Nichts, dessen Verständnis von Individualismus an Monty Pythons *Life of Brian* erinnert: »You've got to think for yourselves. You're all individuals.« – »Yes, we're all individuals!« – »You're all different.« – »Yes, we're all different!« – »I'm not.« – »Shhh!«

Ob das Kulturkritik sein soll? Ganz entschieden nicht! Kulturkritik müsste sich ja noch auf einen Fixpunkt beziehen oder zumindest eine vage Hoffnung auf irgendetwas hegen, aber das tut der Dandy nicht. Er ist derjenige, der den ganzen Rest auch noch über den Haufen werfen möchte. Er verachtet das, was er um sich herum sieht, aus dem Grunde seines Herzens. Dennoch hält er seinen Posten, den verlorenen Posten. Er ist der heroische Realist.

Er hält seinen Posten, indem er alles das ist, was die Heutigen – die Jürgen Kochs, die letzten Menschen – nicht sind. Hierin liegt die tiefste Form der Rebellion. Der Dandy ist das Unvorhergesehene, das die Grundlagen der Heutigen wahrhaft infrage stellt.

Der Dandy ist das, was jene nicht sind. So stellt er zwar ihre Grundlagen infrage, weiß aber, dass dies nichts ändern wird. Er hat nichts zu gewinnen und nichts zu verlieren, und dennoch steht er seinen Mann. Manche mögen ihn einen Nihilisten schelten, weil er die totale Herrschaft des Nichts anerkennt; ganz sicherlich aber ist er der Feind des Nihilismus, insofern er diesen gegen den Nihilismus selbst wendet. Das ist explosiver als jeder Sprengsatz, und gerade deshalb ist er böse.

Der Dandy ist böse, denn die Heutigen sind gut – nach ihren eigenen Maßstäben, und andere Maßstäbe gelten nicht mehr. Sie sind gut und moralisch und sonnen sich blinzelnd in ihrer Moralität. Und weil ihre Moralität nur der augenfälligste Niederschlag des Nihilismus ist, den der Dandy gegen den Nihilismus selbst wendet, ist er böse.

Der Dandy ist abgrundtief böse, ein geradezu luziferisches Geschöpf.

5

Sei unzeitgemäß!

Die Bösartigkeit des Dandys nimmt, eigenartig genug, die Form des Unzeitgemäßen an. Für eine Zeit, die das Glück erfunden hat, ist das Unzeitgemäße notwendig die Bedrohung des Glücks. Die Angst der Heutigen vor dem Unzeitgemäßen springt einem allerorten ins Auge, und in der Populärkultur wird seine wünschenswerte Zerstörung kathartisch zelebriert: So dienen dem Hollywood-Film die Versatzstücke des Unzeitgemäßen zur eindeutigen Kennzeichnung des zu vernichtenden Übels – sei es Draculas Frack oder das Monokel des Pinguin in *Batman Returns*.

Der Dandy des einundzwanzigsten Jahrhunderts gestaltet seine Existenz aus ebensolchen Versatzstücken des Unzeitgemäßen: Sein Stil, seine Sprache, sein Äußeres und seine Lebensumgebung ebenso wie seine Werte, Interessen und Einstellungen entstammen allesamt diesem luziferischen Waffenarsenal, und er komponiert sie mit höchster Bewusstheit zu einem Schlachtengemälde des Bösen. Dieses Schlachtengemälde trägt er vor sich her und weidet sich daran, wie man verwirrt vor ihm zurückweicht.

Daran ist nichts, aber auch gar nichts Nostalgie oder gute alte Zeit. Zwar ist dem Dandy die romantische Sehnsucht nicht fremd, doch erachtet er sie als Schwäche und bekämpft sie in sich. Das Unzeitgemäße ist nicht der historische Unrat, zu dem die Heutigen sich bisweilen milde lächelnd umwenden, sondern das, was sie überwunden hofften, weil es ihren Anspruch, das Glück erfunden zu haben, in Zweifel zieht. In diesem Sinne ist der Dandy den Heutigen die eigene Angst als Gestalt.

Nichts davon ist aufgesetzt oder affektiert – der Dandy will nichts sein, was er nicht ist; vor allem aber will er nicht nichts sein – und vor allem hierin unterscheidet er sich von den Heutigen. Der Dandy ist so, wie er ist, weil er der ist, der er ist. Damit ist er immer das Andere, und auch dies ist luziferisch.

6

Sei der letzte Mann!

Dem Mann geht es um Pflichterfüllung und Dienst, um Haltung im Angesicht der Gefahr, um Führung und Gehorsam, um Loyalität, Form und Distanz, schließlich um Ehre, Ritterlichkeit und Verbindlichkeit. Es geht um die kalte Abwägung und kompromisslose Entscheidung, um Entsagung, Einzelkämpfertum und den Heroismus des verlorenen Postens: »Wanderer, kommst du nach Sparta ...« Das Urbild des Mannes ist der Soldat. Das bedeutet keinesfalls, dass nur ein Soldat ein Mann sein könne; sehr wohl bedeutet es aber, dass ein Mann immer den Archetypen des Soldaten in sich trägt.

Empathie, Gefühl, menschliche Nähe, Wärme und so weiter sind demgegenüber unmännlich. Wo gewachsene Hierarchien sich auflösen und die Angst vor dem Schmerz wächst; wo Verbindlichkeit der Beliebigkeit und Ehre dem Nutzdenken weicht; wo das Team den großen Einzelnen und die Diskussion die Weisung ablöst, da ist das Männliche auf dem Rückzug, da feiern die *castrati*.

Der Heutige ist ein *castrato*. Kaum etwas kennzeichnet den letzten Menschen, den Jürgen Koch, deutlicher als seine Unmännlichkeit, die er mit einem gewissen Stolz zur Schau trägt. Wenn es um Selbstentmannung geht, ist er ganz vorne dabei, denn seine Mannheit ist ihm ein Ärgernis. Auch das ist ein Gebot seiner Moral.

Der Dandy ist zunächst und zuvörderst ein Mann – im Denken, in der Lebensweise, in der Haltung und im Auftreten. Da sind Kompromisse unzulässig. Freilich kann man mit einigem Recht annehmen, dass Thomas de Vriends Kollegen auf dem Bau dasselbe für sich in Anspruch nähmen. Insofern wäre eine weitere Differenzierung vonnöten. Thomas de Vriend ist zwar vor allem ein Mann, aber er ist mehr: Er ist ein Herr.

Hierbei handelt es sich nun um einen derjenigen Begriffe, von denen man schon länger nichts mehr gehört hat. Zusammen mit dem Helden, dem Gelehrten und dem Heiligen ist der Herr irgendwann in den Sechzigerjahren zu einer historischen Kategorie geworden. Der Herr ist unzeitgemäß – und dies gleich zwiefach: als Begriff des Männlichen und als Standesbegriff. Er verkörpert das aristokratische Prinzip in seiner männlichen Ausprägung; oder anders: das männliche Prinzip in seiner aristokratischen Ausprägung. Damit stellt seine Existenz sowohl den *castrato* als Prinzip wie auch die Mediokrität als Lebensziel infrage, und nichts ist mehr als dies dazu angetan, das Ressentiment der Heutigen zu wecken.

Wer kein Herr ist, kann kein Dandy sein.

7

Wahre Haltung!

Haltung ist sowohl die gerade Positur als auch die Unerschrockenheit im Angesicht der Gefahr. Beides muss zusammen gedacht werden: Haltung hat, wer, ohne in Schweiß auszubrechen, aufrecht stehen bleibt, wenn es einmal brenzlig wird.

Haltung bewahren bedeutet in letzter Instanz, alle Anwandlungen körperlicher und geistiger Schwäche zu unterdrücken. Haltung kann bewahren, wer Distanz zu sich selbst hat, wer sich aus einem höheren Bewusstsein heraus steuert, wer bereit ist, die eigene Person auch als Manövriermasse einzusetzen, und ihre Unversehrtheit dabei zur Disposition stellt. Haltung ist also die äußere Form ausgeprägter Selbstdisziplin. Wer Haltung hat, erweist sich aber immer erst im Ernstfall.

Haltung bewahren zu können, auch unter den widrigsten Umständen, ist eine Grundqualität des Dandys. Das kann sich in dem Lächeln manifestieren, mit dem er sich nach dem finanziellen Ruin in die Obdachlosigkeit zurückzieht. Oder in der Ruhe, mit der er sich im Angesicht des Exekutionskommandos ein Staubkorn vom Ärmel streicht. Oder in dem Gleichmaß, mit dem er das Liebestod-Motiv vor sich hin summt, während er buchstäblich oder metaphorisch in vermintes Gelände eindringt.

Wenn der Dandy zugleich in distanzierter Weise verbindlich und in verbindlicher Weise distanziert wirkt, dann schlägt sich darin Haltung nieder. Haltung erlaubt es ihm, unter sein Niveau zu gehen, ohne dass er dabei unter sein Niveau geht. Weil er Haltung hat, behält er auch in tropischen Klimaten sein Jackett an, während er es in kalten Klimaten um die Schultern seiner Begleiterin legt. Die Haltung des Dandys ist das, was den Heutigen am widerwärtigsten ist, weil sie sich gerade dann geltend macht, wenn die eigene ihnen längst abhandengekommen ist.

8

Liebe die Gefahr!

»Wer sich in Gefahr begibt, kommt darin um!« (Jesus Sirach 3, 27) und »Was mich nicht umbringt, macht mich stärker« (Friedrich Nietzsche, *Götzen-Dämmerung*). Kurzum, es gibt gute Gründe, die Gefahr aufzusuchen. Oder, wie Johann Gottfried Seume es formuliert: »Ehrenvolle, tätige Gefahr ist besser als der ruhige Schlaf eines Sklaven.«

Wie der Teufel das Weihwasser, so scheut der Heutige die Gefahr. Dessen Versuche, das Gefährliche durch diverse Techniken der Zivilisation, durch umfängliche Versicherungssysteme und Gesellschaftsverträge aus seinem Leben auszuschließen, hatte schon der frühe Ernst Jünger in *Über den Schmerz* sehr treffend beschrieben – ebenso wie die Vergeblichkeit dieses Ansinnens. Denn wer die eigene »Verhausschweinung« (Konrad Lorenz dixit) betreibt, soll sich nicht wundern, wenn ihn das Schicksal des Hausschweins ereilt.

Freilich ist das, was Jünger und Lorenz seinerzeit im Blick hatten, nichts im Vergleich zu der hysterischen Angst vor der Gefahr, wie sie den Menschen des einundzwanzigsten Jahrhunderts prägt. Das bedarf keiner weiteren Ausführung – der Hinweis auf Dinge wie Fahrradhelme und Rauchverbote genügt, um aufzuweisen, wohin die Reise geht.

Der Dandy sucht die Gefahr auf. Sei es auf Expeditionen zu den Quellen des Nils, als Fremdenlegionär in einem Land, von dem er vorher noch nie gehört hatte, oder auch nur als überzeugter Raucher. Wenn Walter Paters Aufruf »[t]o burn always with this hard, gemlike flame« et cetera heute irgendeine Bedeutung haben kann, dann hier.

Die Neigung des Dandys zur Gefahr ist jedoch keine Spielerei: Bungee-Jumping, Wildwasser-Kanu und Ähnliches liegen außerhalb seines Horizonts. Gefahr ist da, wo die reale Möglichkeit des eigenes Untergangs besteht. Wo demgegenüber Sicherheitsvorrichtungen das Überleben zu einer Frage technischen Funktionierens machen, da ist Jahrmarkt. Die Morgenzigarette ist in diesem Sinne manchmal gefährlicher als die Besteigung der Eiger-Nordwand.

Warum das alles? Zum einen, weil der Welt der Heutigen nichts so grundsätzlich entgegensteht, weil nichts so unzeitgemäß ist wie das Gefährliche. Der Dandy als der große Unzeitgemäße ist deshalb notwendigerweise der Gefahrensucher. Zum anderen, weil nur im Angesicht der Gefahr wirklich Haltung bewahrt werden kann, weil also der Dandy eine seiner Grundqualitäten nur im Ernstfall zur Geltung zu bringen vermag.

9

Folge der dandystischen Ethik!

»Manche mögen uns Nihilisten schelten, weil wir die totale Herrschaft des Nichts anerkennen; ganz sicherlich aber sind wir die Feinde des Nihilismus, insofern wir diesen gegen sich selbst wenden.« (Sekt. 4: »Verstehe dich als Gegenbild deiner Zeitgenossen!«) – In einem solchen Zusammenhang von Ethik und Werten zu sprechen erscheint zunächst sinnlos. Wo nichts gilt, hat auch die Ethik ihr Recht verloren. Dann gibt es allenfalls die Moralbürokratie der Heutigen: nihilistische Ideologie dieser oder jener Art, die moralisch aufgebrezelt daherkommt.

Mit Nietzsche ist der Dandy der Zerstörer der entleerten Formen und Begriffe: »was fällt, das soll man auch noch stoßen«. Nichts widert ihn mehr an als das, was den Heutigen das »Gute« ist. Darum gilt er als Zyniker und als bösartig.

Allerdings ist der Dandy alles andere als ein Relativist: Für ihn bedeutet Relativismus nichts als intellektuelle Faulheit, Disziplinlosigkeit, schlechte Haltung. Der Relativist geht den Weg des geringsten Widerstands, wo keine Gefahr droht und der Schmerz vermieden wird. Er hat immer recht und niemals. Auf ihn trifft Offenbarung 3:16 zu: »Weil du aber lau bist und weder kalt noch warm, werde ich dich ausspeien aus meinem Munde.« Das »Gute« in der Moralität der Heutigen ist die Vollendung dieses Relativismus.

Die Ethik des Dandys mag religiös oder atheistisch sein, vor allem aber ist sie rigide. Seine Selbstdisziplin ist entweder das Resultat einer rigiden Ethik oder fordert ihm – umgekehrt – die Unterwerfung unter eine solche ab. Wenn seine Haltung die äußere Form ausgeprägter Selbstdisziplin bildet, dann ist seine Ethik deren innere Form. Sie legt ihm fortwährend Hindernisse in den Weg, die er mit Mühe und Beharrlichkeit überwindet. Sie treibt ihn an, sich selbst Hindernisse in den Weg zu legen und diese zu überwinden; dies ist eine tiefere Begründung seiner Liebe zur Gefahr. Dinge wie Loyalität, Ehrlichkeit, Einzelkämpfertum und der Geist des verlorenen Postens leiten sich aus der Rigidität der dandystischen Ethik ab und prägen sie zugleich. So ist sie im umfassenden Sinne männlich.

Die Ethik des Dandys liegt nicht nur seiner Selbstdisziplin, seiner Haltung und seiner Liebe zur Gefahr zugrunde, sondern auch allen anderen Äußerungen seines Wesens. So ist ihm sein Stil – der seines Äußeren, der seiner Umgangsformen und der seiner Lebensumgebung – ein ethisches Problem, weniger ein ästhetisches. Wenn er zumal in Sachen der Form hohen Standards genügen muss, dann deshalb, weil er sich in ausnahmslos allem an hohen Standards misst. Dass es einen wesentlichen Unterschied zwischen Form und Inhalt gäbe, ist ein bourgeoises Vorurteil.

10

....

Wahre die Form!

»Dass es einen wesentlichen Unterschied zwischen Form und Inhalt gäbe, ist ein bourgeoises Vorurteil.« (Siehe oben) – Verachtung der Form ist an sich nichts Neues. Seit Rousseau – dem archetypischen Un-Dandy – zieht sich eine geistige Strömung durch die Geschichte des Westens, die auf eine Abwertung der Form innerhalb einer Substanz-Akzidenz-Dualität hinausläuft. Neu ist aber, dass diese Tendenz mit dem Aufstieg der Heutigen zu totaler Herrschaft gelangt ist.

Für die Heutigen liegt hier kein Problem vor: Die Formlosigkeit der Konsumgesellschaft, ihre Dressing-down-Kultur und ihr institutionalisiertes Duzen sind ihnen eine Selbstverständlichkeit. Im Straßenbild ebenso wie etwa in der Architektur schlägt sie sich in einer amorphen Amöbenhaftigkeit nieder, die etwas Niederschmetterndes an sich hat. Mehr noch, diese Formlosigkeit zu hinterfragen oder ihren Geboten zuwiderzuhandeln gilt als verdächtig.

Der Dandy ist hochverdächtig. Dies umso mehr, als sein Formbewusstsein sich keineswegs auf die Oberfläche beschränkt, sondern aus den Tiefenschichten gespeist wird. Darum lässt es keine Kompromisse zu – auch und vielleicht gerade dann nicht, wenn es sorglos und lässig daherkommt. Das Formbewusstsein des Dandys ist zum einen der Niederschlag seines Ethos, das ihn stets die schwierigere Variante zu wählen antreibt: Form kommt zustande, wenn ein Stoff sich widerständigen Kräften unterwirft.

Zum anderen rührt dieses Formbewusstsein von der Unzeitgemäßheit des Dandys her: schon insofern, als die moderne Formlosigkeit historisch einzigartig und das Unzeitgemäße mithin notwendig formhaft ist; aber auch insofern, als die dandystische Praxis, sich aus Elementen des Unzeitgemäßen selbst zu gestalten, ein ausgeprägtes Formbewusstsein sowohl voraussetzt als auch bedingt.

Und schließlich und grundsätzlich weist der Dandy jene Trennung von Substanz und Akzidenz, der Form von dem »Eigentlichen«, zurück: Für ihn ist die Form nichts Zweitrangiges, das man fortnehmen könnte, um dahinter irgendetwas Authentisches zum Vorschein zu bringen. Im Gegenteil gelten ihm Form und Substanz als zwei Seiten derselben Sache. Die Form ist die sichtbar gemachte, zu sich selbst gekommene Substanz, und deshalb kann die eine nicht wichtiger oder »echter« sein als die andere. Das heißt, dass etwas in sich Gutes immer eine gute Form aufweist, dass eine gute Form immer etwas in sich Gutes bedeutet und dass hinter einer schlechten Form nichts Gutes verborgen sein kann.

Dieser ästhetizistische Imperativ gilt ohne Ausnahme. Die Erscheinung des Dandys, sein Umgang mit anderen, seine ganze Lebensweise bauen auf dieser Einsicht auf. Für den Dandy ist ein Leben ohne Form ein Leben ohne Substanz.

11

Wahre Distanz!

Von allen Absurditäten der Französischen Revolution ist das kitschige Klischee der »fraternité« vermutlich eine der schlimmsten – gleich nach der schmierigen »égalité«, aus der es seinen Sinn bezieht. Dass wir alle Brüder, Freunde und auf Du und Du sind, durch die Bank echte Kumpel und praktisch eine große Familie über alle Grenzen hinweg, ist ein weiteres Axiom der Heutigen und ganz sicherlich eines der unangenehmsten. Man spürt förmlich die verschwitzte Hand, die einem jovial auf die Schulter klopft.

Das Verschwinden der gesellschaftlichen Strukturen, der Hierarchien und der dazugehörigen Umgangsformen, das mit dem Aufstieg der Heutigen einhergegangen ist, hat nicht nur die Unterschiede eingeebnet, sondern eben auch die Abstände der Menschen voneinander reduziert. Man rückt sich auf die Pelle und glaubt, damit auch noch etwas Gutes zu tun. Die Gesellschaft bietet ein Bild wie ein monströser evangelischer Kirchentag: Alles fasst sich an den Händen und gräbt sich gegenseitig die schmutzigen Fingernägel in die Handflächen.

Obwohl auch Nietzsches »Pathos der Distanz« mittlerweile zu einem Klischee verkommen ist, bleibt es doch ein Grundbegriff der dandystischen Existenz. Der Dandy ist die distanzierte Person par excellence. Und dies in jeder Beziehung: Er besteht auf dem Sie, wo das Hallo-Du ihm aus allen Richtungen entgegenschallt; seine Kleidung signalisiert Abstand, ebenso seine Haltung und sein ganzes Gebaren; seine Sprache ist von einer Objektivität, die jeglicher Empathie und Gefühligkeit von vornherein einen Riegel vorschiebt; seine Umgebung wird auf die eine oder andere Weise Sperrgebiet, das nur ausgewählten wenigen zugänglich ist; und wenn nichts hilft, zündet er sich eine Zigarette an und bläst dem Plumpvertraulichen den Rauch ins Gesicht.

Ist das Arroganz? Nach dem Maßstab der Heutigen ganz sicherlich, aber das besagt natürlich nichts. Letzten Endes geht es nur darum, die eigene Würde als Individuum zu wahren und sich dem Sog der rotierenden Massen zu entziehen, in deren Mitte ein schwarzes Loch gähnt. Nur wer Distanz übt, ist er selbst.

12

Lebe aus der Geschichte!

Der Begriff »die Heutigen« ist auch deshalb passend gewählt, weil der so bezeichnete Menschenschlag sich ausschließlich über sein Heute definiert. Alles ausblendend, was nicht im weiteren Sinne als Gegenwart bezeichnet werden könnte, lebt er eine Fellachenexistenz ohne Tiefe, Höhe und Weite. Der Raum, in dem Gestern,

Heute und Morgen sich aus dem Hintergrund der Ewigkeit herauslösen, schrumpft ihm auf den Punkt des Jetzt zusammen, und der Rest interessiert ihn auch gar nicht.

Wer das Glück erfunden hat, braucht keine Geschichte: Das Vorhergehende schert ihn nicht, weil das Gute erst mit ihm selbst in die Welt gekommen ist. Das ist freilich nicht ganz richtig: Es schert ihn schon, insofern es ihn insgeheim ängstigt und beunruhigt. Geschichte ist ja das Unzeitgemäße schlechthin und als solches eine Bedrohung seines Anspruchs, das Glück erfunden zu haben. Aber da er sich ungern ängstigen und beunruhigen lässt, wendet er sich umso entschiedener von ihr ab und seinem privaten, kleinen Jetzt zu. Ausgestattet mit den Artikeln der Konsumgesellschaft, bietet dieses Jetzt ihm gerade so viel Welt, wie er braucht und vertragen kann.

Der Dandy lebt schon insofern ganz aus der Geschichte heraus, als er unzeitgemäß ist. Die Form, die er sich selbst gibt, besteht aus geschichtlichen Bruchstücken, die sich zu einem geschlossenen Ganzen zusammenfügen. Aus Bruchstücken, weil auch für ihn das Vergangene vergangen ist, er keineswegs die Vergangenheit oder eine bestimmte geschichtliche Periode in sich wiederbeleben möchte. Vor allem aber steht für ihn außer Zweifel, dass der geschichtliche Zusammenhang selbst zerbrochen ist: kaputte Geschichte statt Ende der Geschichte. Indem er aus ihren Bruchstücken seine Existenz komponiert, versucht er, der nihilistischen Zerstörung einerseits gerecht zu werden und sie andererseits zu überwinden. Dies ist eine seiner Techniken, den Nihilismus gegen den Nihilismus selbst zu kehren.

Der Dandy lebt aber auch insofern ganz aus der Geschichte heraus, als er sich und seine Zeit stets vor dem geschichtlichen Hintergrund sieht. Sein eigenes Leben und wie er es führt, das Leben seiner heutigen Zeitgenossen und seine Zeit im Allgemeinen beurteilt er nach dem historischen Maßstab. So weiß er stets, was groß und was klein ist und was die Zeit von ihm verlangt.

13

Sei kultiviert!

Hier braucht es nicht viele Worte, denn im Grunde geht es für den Dandy bei Kultur um dasselbe wie bei Geschichte. Dabei ist es gleichgültig, ob man unter Kultur etwas Abstraktes wie die Identität einer zusammengehörigen Gruppe Menschen, etwas Konkretes wie die Artefakte und geistigen Hervorbringungen der toten und lebenden Zivilisationen oder etwas so Vertrautes wie die überkommene Kunst, Musik, Architektur und Philosophie der eigenen Zivilisation versteht. In jedem dieser Fälle wird man keinen größeren Kenner und Liebhaber finden als den Dandy. Diese Liebhaber- und Kennerschaft ergibt sich folgerichtig daraus, dass er selbst aus der Geschichte heraus lebt und von den unterschiedlichen Dimensionen geschichtlichen Werdens immer aufs Neue fasziniert ist. Der Dandy ist der archetypische Dilettant im Sinne des achtzehnten Jahrhunderts, der archetypische Sammler und »Altertümler«, der archetypische Entdecker. Er verfasst in seinen ruhigen Stunden diejenigen Bücher, die von den Fachwissenschaftlern seiner Zeit verworfen und zwei Generationen darauf als Marksteine der Kulturgeschichte oder Kulturphilosophie gefeiert werden. Ihm sind viele der wirklich bedeutenden Ausgrabungen ebenso zu verdanken wie die Entdeckungen oder Neuentdeckungen der wirklich großen Künstler. Sofern er über ausreichende Mittel verfügt, gehören ihm die exquisitesten und ausgesuchtesten Kunstsammlungen; sofern nicht, ist er dennoch in ihnen zu Hause und kennt sie wie kein Zweiter. Mit der geistlichen Musik des Hochmittelalters ist er auf ebenso vertrautem Fuß wie mit den Feinheiten des Zwölftonsystems; und was die Baukunst der Babylonier betrifft, macht ihm keiner ein X für ein U vor. Ihn als letzten Erben des Renaissancemenschen zu titulieren, wäre abgeschmackt, aber nicht ganz falsch.

Dass alles das mit dem erweiterten oder weniger erweiterten Kulturbegriff der Heutigen nichts zu tun hat, sei nur am Rande erwähnt, denn man ist es leid, diesen tristen Menschenschlag immer wieder als Gegenbild zu bemühen. Nicht, dass der Dandy deren Bemühungen um eine eigene Kultur nicht wahrnähme – möglicherweise studiert er sie sogar sehr genau –, aber er begreift die Ergebnisse dieser Bemühungen allenfalls als anthropologisches Kuriosum. Als solches mag er sie durchaus zu schätzen wissen, wie er denn überhaupt ein Faible für Absurditäten jeder Art hat. Aber das ist eine andere Geschichte.

14

Sei der letzte Aristokrat!

Die Aristokratie ist tot. Ihre finale große Geste vollführte sie am 20. Juli 1944, und diese Geste kann man gar nicht hoch genug schätzen, aber es handelte sich um das letzte Aufbäumen vor dem endgültigen Hinscheiden. Moribund war die Aristokratie seit dem Zeitalter des Absolutismus, also seit sie sich ihrer eigentlichen Funktion als gesellschaftliche Führungsschicht entledigte und in untergeordneter Stellung an den Hof des Souveräns begab. Die entschiedene Zurückweisung ihrer Ansprüche durch die Französische Revolution war deshalb in gewisser Hinsicht konsequent, denn eine Aristokratie, die sich aus der Gesellschaft und auf sich selbst zurückzieht, ist unnötig. (Das ändert natürlich nichts an der schieren Vulgarität der Französischen Revolution, ihrer Ideen und ihrer Akteure.) Nach 1789 vermochte die Aristokratie sich durch Besitz, Formbewusstsein, politische Strukturen, Patronage und den Snobismus anderer noch über ein weiteres Jahrhundert zu hangeln, bevor sie im Schlamm der Mediokrität vollends den Halt verlor. Freilich vollzog sich die Entwicklung in Deutschland anders oder vielmehr verzögert, aber spätestens seit dem Ende des Zweiten Weltkriegs hat auch die hiesige Aristokratie ihren Willen verloren, als Stand gesellschaftlich zu wirken und zu führen: Indem man – als Stand – den Zweck des eigenen Daseins nur mehr im Erhalt der Blutslinie und des Besitzes sieht, verabschiedet man sich aus der Geschichte, und sei es nur die kaputte Geschichte. Der Anspruch, etwas Anderes und wohl auch Höheres zu sein, wie er sich allein schon aus dem Führen eines Titels, ja eines historischen Namens ergibt, wirkt aus dieser Position der Selbstbezogenheit heraus anmaßend.

Das aristokratische Prinzip ist nicht tot, es ist auch nicht totzukriegen. Es liegt weniger dem Anspruch zugrunde, etwas Anderes und Höheres zu verkörpern, als vielmehr der instinktiven Anerkennung eines vielleicht nicht einmal gestellten Anspruchs. Der Anspruch allein ist nichtssagend, bei Nichtanerkennung ist er albern. Deshalb figuriert der Adelige in der populären Unterhaltung so gerne als Witzfigur oder tragischer Verlierer. Wo jedoch das Andere und Höhere im Gegenüber erkannt wird, da kommt das aristokratische Prinzip zur Geltung.

Die Heutigen erfahren den Dandy als das Andere und, ja, auch als das Höhere. Das bestürzt sie, denn das wahrhaft Andere ist nicht vorgesehen in der Ordnung absoluter Konformität, deren Vorstufe – die Ordnung absoluter Egalität – schon das Höhere aus sich verbannt hatte. Das Andere ist der Dandy insofern, als er alles das repräsentiert, was die Heutigen nicht sind; und weil diese das, was sie selbst nicht sind, sehr wohl noch als das Bessere wahrnehmen, ist er auch das Höhere. Gerade darum begegnen sie dem Dandy mit Ressentiment.

Aber das sind Nebensächlichkeiten. Die eigentliche Antwort auf die Frage, inwiefern der Dandy der letzte Aristokrat ist, wurde auf den vorangehenden Seiten bereits gegeben: Der Dandy ist Aristokrat, weil er sich als Mann und Herr einem rigiden Ethos unterwirft; weil er der ahistorischen Konsumgesellschaft ein Leben aus der Geschichte heraus und eine Liebe zum kulturellen Erbe entgegenstellt; weil er die Gefahr sucht und in jeder Situation Haltung bewahrt; weil er Distanz wahrt und ein ausgeprägtes Bewusstsein für die Form hat. Also kurzum, die aristokratische Natur des Dandys ist nicht eine von vielen Besonderheiten seiner Existenz, sondern es ist diese Existenz in ihrer Gesamtheit und Essenz.

15

Sei Rebell!

Damit kommen wir an das Ende dieses recht abstrakten Kapitels – abstrakt, aber von höchster Bedeutung für unser Vorhaben. Denn es ging darum, aufzuzeigen, dass die Figur des Dandys sich nicht in Äußerlichkeiten erschöpft, dass sie ungleich viel mehr ist als nur Erscheinung.

Der Dandy als Modegeck ist ein populäres Klischee, das aber schon vor zweihundert Jahren einem Missverständnis entsprang und im einundzwanzigsten Jahrhundert erst recht keine Gültigkeit mehr besitzt. Wenn bis heute der Eindruck vorherrscht, ein Dandy sei derjenige, der sich eine absonderliche Krawatte umbindet und zufrieden ist, wenn man sich auf der Straße nach ihm umdreht, dann ist das vor allem einem mittelmäßigen irischen Unterhaltungsschriftsteller zu verdanken: Oscar Wilde war kein Dandy – nicht im Mindesten –, inszenierte sich aber recht erfolgreich als ein solcher. Da er neben einer Reihe mediokrer Komödien auch einige intellektuell unbedarfte Essays verfasste – Minderleistungen wie etwa *The Soul of Man under Socialism* –, gilt er bis heute als »Rebell«. Dieser Ruf gebührt ihm ebenso wenig wie die Bezeichnung »Dandy«.

Wenn man die Figur des Dandys über historische Vorbilder bestimmen wollte, kämen vielmehr Männer wie Lord Byron, Charles Baudelaire, Benjamin Disraeli, Maurice Barrès, Gabriele

D'Annunzio, Henry de Montherlant oder Ernst Jünger infrage. Die äußere Erscheinung spielt bei all diesen eine gewisse Rolle oder auch nicht, ordnet sich aber in jedem Falle anderen Dingen unter und erlangt auch erst in dieser Unterordnung ihre spezifische Bedeutung – als Ausdruck, Symbol oder Illustration jener anderen Dinge.

Denn was den Dandy zuinnerst ausmacht, ist sein konsequentes Rebellentum. Dieses mag sich vorrangig literarisch äußern wie bei Baudelaire oder Jünger, vorrangig politisch wie bei Disraeli oder als eine Mischung von allem wie bei D'Annunzio oder Barrès. Es wäre allerdings falsch, dieses Rebellentum zuvörderst politisch oder gesellschaftlich zu verstehen: Der Widerstand des Dandys gilt zuallererst der Vulgarität – der Vulgarität in allen Bereichen des Daseins. Sofern der Widerstand gegen die Vulgarität auf den Feldern der Politik oder der Gesellschaft geleistet werden kann, mag er dort tätig werden; und auch darüber hinaus mögen politische und gesellschaftliche Phänomene sein Interesse finden; aber in der Rolle des Berufspolitikers oder des Gesellschaftsreformers wird man ihn nicht finden.

Aber auch wenn es ihn gelegentlich in die Politik zieht, so ist dies doch nur ein zweitrangiges Mittel zum Zweck. Die eigentliche Form seines Widerstands gegen das Vulgäre ist die Art und Weise seines Daseins – seines Denkens und Handelns, seiner Haltung und Lebensführung, seiner Erscheinung und seines Stils. Er leistet Widerstand, indem er ist, wie er ist, qua Existenz.

Noch ein Wort zur Vulgarität: Vulgarität hat es seit der Französischen Revolution – wie gesagt, selbst eines der vulgärsten Ereignisse der europäischen Geschichte – immer gegeben. Das Aufkommen des Dandys datiert nicht zufällig auf das frühe neunzehnte Jahrhundert, und von Anfang an bestand seine Mission im Widerstand gegen den vulgären Geist der revolutionären und postrevolutionären Epoche. In der europäischen Geschichte einzigartig ist jedoch die spezifische Vulgarität, die sich etwa seit dem Ende des Ersten

Weltkriegs herausgebildet hat – einzigartig in ihrer Qualität, ihrer mittlerweile weltweiten Verbreitung und der schieren Macht, mit der sie alles weniger Vulgäre fast überall verdrängen konnte.

Man wäre gut beraten, diese Beobachtung nicht zu leicht zu nehmen: Vulgarität ist weit mehr als eine Frage des Stils. Aber hier begeben wir uns auf ein Gebiet, das nicht das unsere ist. Unsere Aufgabe auf den vorhergehenden Seiten bestand darin, die Felder auszuleuchten, auf denen die Vulgarität der Heutigen sich besonders unangenehm bemerkbar macht, und dieser Vulgarität den Geist des Dandysmus entgegenzustellen. Jetzt sind wir hinreichend darauf vorbereitet, das Waffenarsenal der Rebellion zu betreten.

KAPITEL 2

Die Montur

16

**Nimm Äußerlichkeiten ernst,
um Oberflächlichkeit zu vermeiden!**

Wenn Alexander von Schönburg sagt, über Kleidung viele Worte zu verlieren sei fast so schlimm, wie schlecht angezogen zu sein, so hat er damit natürlich recht – Nonchalance ist die wesentliche Ingredienz der Eleganz, und Männer, die allzu viel Zeit auf ihre Erscheinung verwenden, wirken entweder albern oder unmännlich oder beides. Wenn auf den folgenden Seiten Schönburgs Verdikt getrotzt wird und über Kleidung viele Worte verloren werden, dann hat das seine Gründe.

Die äußere Erscheinung – sie macht den Dandy nicht aus, aber sie ist ihm wichtig. Nicht aus Eitelkeit, die er als Schwäche ansieht und in sich bekämpft; sondern weil sie den Punkt bezeichnet, an dem seine wesentlichen Eigenschaften sich treffen. Sein Formbewusstsein rührt aus dem Wissen darum her, dass das Außen und das Innen untrennbar aufeinander bezogen sind. Darum kann der Dandy nicht anders, als das, was ihn zuinnerst ausmacht, in seiner äußeren Erscheinung nachzuschaffen. Hierfür ist die Frage der Haltung exemplarisch: Haltung zu bewahren ist zugleich eine geistige als auch eine körperliche Übung, und beides gehört zusammen.

Diese typisch dandystische Übereinstimmung von Außen und Innen setzt sich fort: So besteht der Wesenskern des Dandys darin, Mann zu sein, Mann und Herr. In der Tradition des Westens ist es der Anzug, der – wenn auch in unterschiedlichen Varianten – den Mann und Herrn kennzeichnet. Ein Mann und Herr ist deshalb wesenhaft Anzugträger. Umgekehrt kann eine äußere Erscheinung, die nicht grundsätzlich auf dem Anzug fußt, niemals Ausdruck von Männlichkeit, geschweige denn Herrentum sein.

Auch der Wahrung von Distanz dient die gut geschnittene Variante des Anzugs: Seine Perfektion schreckt insbesondere jene ab, mit denen man ohnedies nichts zu tun haben möchte; signalisiert aber auch allen anderen, dass allzu große Vertraulichkeit unangemessen wäre. Natürlich ist auch ein unzeitgemäßes Auftreten, wie es den Dandy auszeichnet, nicht ohne den Anzug denkbar. Dabei ist es entscheidend, dass sowohl der Anzug selbst als auch alle anderen Elemente der äußeren Erscheinung sich vage auf irgendwelche Vergangenheiten beziehen, ohne dabei historisierend, nostalgisch oder eklektisch zu wirken.

Wenn dieses äußere Bild des Dandys als aristokratisch wahrgenommen wird, dann ist das zwar nicht beabsichtigt, aber auch kein Zufall: Das aristokratische Ethos von Dienst und Pflicht, Haltung und Distanz sowie Verpflichtung der Geschichte gegenüber, wie es im einundzwanzigsten Jahrhundert nur der Dandy repräsentiert, muss sich in dessen Erscheinung notwendigerweise niederschlagen. Mit einem Nachäffen abgelebter Klischees oder gar der trübseligen Reste eines dahinschwindenden Standes hat das freilich nichts zu tun.

Vor allem aber ist die Erscheinung des Dandys sowohl Ausdruck als auch Bestandteil seines qua Existenz gelebten Rebellentums – der letzten in unserer Zeit und gegen unsere Zeit denkbaren Rebellion: In seiner Erscheinung – in der sich Haltung, Distanz, Unzeitgemäßheit und alles andere zu einem in sich geschlossenen Bild vereinen – trägt der Dandy das, was er repräsentiert, in die öffentliche Sphäre hinein, die die Heutigen ganz zu beherrschen glauben. So stellt er sie und ihren Glücksanspruch offen infrage und versetzt ihnen damit den heftigstmöglichen Schlag ins Kontor.

17

Erschaffe dich selbst!

Die besondere Achtung des Dandys für die Form, jene dandytypische Übereinstimmung von Außen und Innen, ist keine bloße Laune, sondern entspringt einer tieferen Erkenntnis des menschlichen Wesens. Die philosophische Anthropologie etwa beschreibt den Menschen als ein »Mängelwesen«: Anders als das Tier, das ohne äußere Behelfe existiert, braucht der Mensch den zivilisatorischen Unterbau zum Überleben. Anders gesagt, wenn ein Mensch nicht wenigstens über eine Höhle als Behausung, ein Bärenfell als Bekleidung, einen spitzen Stock für die Jagd und einen Feuerstein verfügt, geht es ihm spätestens bei Einbruch des Winters auch dann an den Kragen, wenn er sich ansonsten fit hält. Oder noch anders gesagt, ein hypothetischer »natürlicher« Mensch außerhalb der zivilisatorischen Zusammenhänge wäre unvollständig, ein halber Mensch. Daraus leitet sich eine bemerkenswerte Schlussfolgerung ab: Die Dinge, mit denen der Mensch sich umgibt, um sein Überleben zu sichern, sind keineswegs nur Äußerlichkeiten, hinter denen irgendwo der »wahre« Mensch steckt, sondern sie sind Teil des Menschen und ebenso »wahr« wie der Rest. Das Haus, das wir uns bauen, die Wohnung, die wir uns einrichten, und eben die Kleider, die wir uns überstreifen, sind unsere fehlende Hälfte, sind wir in einem sehr konkreten Sinn. Indem wir diese fehlende Hälfte ergänzen, schaffen wir uns sozusagen selbst.

Diese Sichtweise verleiht den sogenannten Äußerlichkeiten eine ganz neue Bedeutung diesseits der Oberfläche: Nicht um Dekoration und Eitelkeit geht es, sondern um das, was wir aus uns selbst machen. Dass hinter einer schlampigen Erscheinung ein herrlicher Mensch stecken könne, ist ein seit Rousseau gepflegtes Vorurteil, in dem nur dann ein Körnchen Wahrheit steckt, wenn die Schlampigkeit sorgsam arrangiert ist – aber dann handelt es sich eigentlich nicht mehr um Schlampigkeit und mutet zudem ein wenig affektiert an. Ist die Schlampigkeit aber echt, dann steckt dahinter nichts Herrliches, weil solch ein Dahinter gar nicht existiert: Dann ist der Mensch schlampig und punctum und sollte gemieden werden. Ähnlich jemand, der vielleicht nicht schlampig, aber schlecht angezogen daherkommt – geschmacklos, billig oder nachlässig. Auch dahinter steckt kein guter Kern oder was auch immer, sondern es ist der Mensch selbst, der geschmacklos, billig oder nachlässig ist, denn er hat sich selbst so geschaffen. Ein höherer Mensch ist der, der sich selbst als höheren Menschen erschafft.

Um auf Alexander von Schönburgs Begriff der Nonchalance zurückzukommen – Nonchalance liegt dann vor, wenn der Mensch als ein unteilbares Ganzes erscheint, in dem jene zwei Hälften – die »natürliche« und die selbst gewählte – ganz miteinander verschmelzen. Nonchalance ist nicht gleichbedeutend mit Stil, sehr wohl aber die Voraussetzung dafür. Denjenigen, die etwa der Beruf gegen ihren Willen zum Anzug zwingt, oder jene, die vermeintlich elegante Kleidung wie ein Faschingskostüm zu »Gelegenheiten« tragen, fehlt es an Nonchalance und deshalb auch an Stil.

18

Kleide dich unzeitgemäß!

Dem Dandy ist all dies instinktiv verständlich. Als in sich gerundete und ästhetisch gebildete Persönlichkeit bereitet es ihm grundsätzlich keine Mühe, sich als höheren Menschen zu erschaffen, indem er sich mit stilvollen Dingen umgibt, die sich ihm anschmiegen und mit denen er eins wird. Nonchalance ist seine zweite Natur. Dennoch sei das Wort »grundsätzlich« hier als Einschränkung verstanden: Diese Einschränkung liegt in dem kulturgeschichtlichen Zusammenhang, in dem der Dandy sich bewegt.

Wir wissen, dass die Dandys früherer Epochen ihrer Gesellschaft nicht in einem unversöhnlichen Gegensatz gegenüberstanden, sondern ihre Rebellion gegen die Gesellschaft aus der Gesellschaft heraus betrieben, um die Metastasen der Vulgarität darin zum Platzen zu bringen. Für ihre Erscheinung bedeutete dies, den Stil und Geschmack ihrer Zeit nicht zu verneinen, sondern im Gegenteil in solcher Perfektion zu beherrschen, dass die vulgären Aberrationen dieses Stils daneben nicht zu bestehen vermochten. Dies war auch unschwer möglich, da jene früheren Dandys in Gesellschaften lebten, denen ein höfischer Imperativ – oder zumindest eine lebendige Erinnerung daran – in Sachen Stil, Form und Geschmack die Richtung wies. Guter Stil war zu jenen Zeiten keine Frage, sondern eine Antwort, die sich aus einer Kontinuität höfischer Kultur herleitete.

Mit dem totalen Sieg der modernen Vulgarität ist diese Kontinuität an ein Ende gekommen. Und wie die dandystische Rebellion des einundzwanzigsten Jahrhunderts nicht mehr aus der Gesellschaft heraus, sondern nur noch gegen sie zu vollziehen ist, so kann nichts am herrschenden Geschmack dieser Gesellschaft – der ausnahmslos vulgär ist – der Erscheinung des Dandys das Maß geben. Ebenso wenig aber kann der Dandy des einundzwanzigsten Jahrhunderts den Geschmack einer früheren, stilistisch noch intakten Gesellschaft in sich nachbilden; das wäre Nostalgie und gute alte Zeit und mithin so unmännlich wie absonderlich. So nimmt er Maß an einer tieferen Gegenwart, in der die Vergangenheiten sich ins Jetzt hinein erstrecken, aber keinen geschichtlichen Zusammenhang mehr zu bilden vermögen. Diese sich verlierenden Vergangenheiten geben dem Dandy des einundzwanzigsten Jahrhunderts jene Versatzstücke des Unzeitgemäßen, aus denen er seine Erscheinung schafft: unzeitgemäß, aber nicht historisch; wesentlich anders, aber nicht absonderlich; spöttisch, aber nicht komödiantisch. Kurzum, rebellisch.

19

Eigne dir den dandystischen Kleidungsstil an!

Im Grunde könnte dieser Abschnitt sich mit dem Hinweis auf einige herausragende Beispiele dandyhafter Erscheinung begnügen: auf Botticellis Porträt des Giuliano de' Medici etwa, Holbeins Porträt Heinrichs VIII., Gainsboroughs Bildnis von Sir John Edward Swinburne oder den britischen Schauspieler David Niven. Jeder der Vorgenannten ist ein Paradebeispiel für Nonchalance, zugleich aber auch für eine ausgeprägt männliche Variante der Eleganz. Nun ist Eleganz ohne Nonchalance nicht zu haben, geht aber darüber hinaus (wer sich in seinem ballonseidenen Jogginganzug besonders zu Hause fühlt, mag nonchalant erscheinen, doch ganz sicher nicht elegant). Es muss also noch etwas anderes geben, was die Vorgenannten miteinander verbindet und den Eindruck der Eleganz sogar über Jahrhunderte hinweg hervorruft. Dieses Etwas ist der Umstand, dass jeder von ihnen das jeweils zeitgenössische Leitbild der männlichen Erscheinung in Vollkommenheit beherrschte.

20

Trage einen Anzug!

Das zeitgenössische Leitbild der männlichen Erscheinung ist – wie auch schon für David Niven – der Anzug. Unter welchen Umständen aber lässt sich dabei von Vollkommenheit sprechen? Vom neunzehnten Jahrhundert bis in die Sechzigerjahre des zwanzigsten hinein gab es auch da keine Zweifel: Die vollkommene Aufmachung des Herrn bestand aus einem mitteldunklen bis dunklen Anzug aus feinem Stoff, kombiniert mit einem hellen Oberhemd, Krawatte in gedeckten Farben und schwarzen Schuhen. Die Dandys dieser Zeit zeichneten sich durch eine gewisse Überhöhung dieses Bildes aus – eine Perfektion des modischen Schnitts, wie nur erstklassige Schneider sie leisten konnten, die Verwendung besonders kostspieliger Materialien und möglicherweise eine leise Tendenz zum Overdressing. Nichts davon dient uns zum Vorbild. Erstklassige Schneider und kostspielige Materialien können wir uns nicht leisten, Overdressing ist clownesk, und ein modisch geschnittener

Anzug wirkt heutzutage nicht nur billig, sondern geht vor allem am Ziel vorbei: Der Dandy des einundzwanzigsten Jahrhunderts, der sich als letzter Rebell aus seiner Zeitgenossenschaft verabschiedet hat, kann nicht in Fundamentalopposition zu den Zeitgenossen treten, indem er deren Erscheinung lediglich optimiert. Wer dort haltmacht, wird vielleicht für einen besonders schicken Unternehmensberater gehalten, bringt aber mit Sicherheit nichts ins Wanken. Dem modernen Dandy geht es nicht mehr vorrangig um guten Geschmack – die Zeiten sind vorbei –, sondern um kompromisslosen Widerstand gegen die allgegenwärtige Vulgarität. Da sind andere Mittel vonnöten.

Das Unzeitgemäße ist das wichtigste dieser Mittel: Die dandystische Erscheinung fällt aus der Zeit, ohne dabei ulkig oder nostalgisch auszusehen, und stiftet deshalb Verwirrung. Das allein ist schon nicht einfach. Angesichts der Herkunft des Typus Dandy aus dem neunzehnten Jahrhundert mag mancher auf den Gedanken verfallen, sich typischer Elemente kaiserzeitlicher Garderobe zu bedienen: Vatermörderkrägen, altertümliche Krawattenformen oder gar Gehröcke und dergleichen. Das wäre ein grundfalscher Ansatz. Das Unzeitgemäße des Dandys sollte sich gerade dadurch auszeichnen, schwer fassbar zu sein und Misstrauen dadurch zu wecken, dass der Zeitgenosse es nicht einzuordnen vermag. Wirkt man eindeutig »altmodisch«, geht dieser Effekt verloren: Man ist sogleich eingeordnet und erzeugt Gelächter statt Verwirrung. Dass der Dandy wesentlich ein Produkt des neunzehnten Jahrhunderts ist, bedeutet keineswegs, dass der Stil dieser Zeit dandystischer sei als der etwa des zwanzigsten Jahrhunderts. Die Fundamente des Dandysmus liegen tiefer, wie die Lektüre des vorhergehenden Kapitels einen gelehrt haben sollte.

21

....

Trage einen Anzug, aber trage ihn imperfekt!

Das zweite wesentliche Charakteristikum der dandystischen Garderobe ist Imperfektion. Diese nimmt unterschiedliche Formen an: So trägt der Dandy des einundzwanzigsten Jahrhunderts selten neue Kleidung. Alte Anzüge mit sichtbaren Tragespuren, gerne auch dem einen oder anderen Mottenloch, sind neuen Anzügen in jedem Falle vorzuziehen. Generell sind Schäden alles andere als ein Ausschlusskriterium: Ein Riss im Ärmel des Mantels, ein völlig durchgescheuerter Ärmel, eine ebenso durchgescheuerte Hemdmanschette und eine fadenscheinige Krawatte dienen der Sache ebenso wie ein ausgebleichter Hut, eine mehrfach geflickte Hose und zwei unterschiedliche Manschettenknöpfe. Farben und Kontraste sollten über das Notwendigste nicht hinausgehen. Imperfektion ist allerdings nicht mit Schlampigkeit zu verwechseln: Anzüge sollen stets gebürstet, Bügelfalten nachgezogen, Oberhemden gebügelt, Schuhe poliert und Krawatten mit aller Sorgfalt gebunden sein. Das Idealbild des modernen Dandys wäre demnach ein Mann von exquisitem Geschmack, der sich vor sehr langer Zeit eine erstklassige Garderobe zugelegt hat und dann in die dauerhafte Mittellosigkeit abgesunken ist. Unten werden wir genauer darauf eingehen. Imperfektion leistet zweierlei: Zum einen stellt sie sicher, dass wir nicht mit dem modernen Anzugträger – dem Investmentbanker, Politiker oder Regierungsbeamten – verwechselt werden, dessen Kleidung zwar geschmacklos, aber intakt ist. Zum anderen setzen wir uns von der Sterilität und nihilistischen Glätte ab, die die Lebenswelt unserer Zeitgenossen prägt: ihren Bürogebäuden aus Stahl und Glas, ihren Rauchverbots-Restaurants, ihren pflegeleichten Einfamilienhäusern.

Unzeitgemäßheit und Imperfektion sind es, die dem Leitbild der männlichen Erscheinung im einundzwanzigsten Jahrhundert

Vollkommenheit verleihen. Dies trägt dem Zustand der kaputten Geschichte Rechnung, in dem nichts eigentlich existiert außer den beschädigten Ausläufern unverbundener Vergangenheiten; und es setzt der kaputten Geschichte ein »Trotzdem« entgegen, indem es diese Vergangenheiten ebenso wie ihre Schadhaftigkeit zu einem in sich geschlossenen Ganzen zusammenfügt. Im einundzwanzigsten Jahrhundert kann die Umsetzung des Leitbilds also nur dann vollkommen sein, wenn ihre Unvollkommenheit perfekt ist.

22

Trage einen Anzug, aber trage ihn richtig!

Was für den Römer Tunika und Toga und für den Mann der Renaissance Wams und Schaube waren, das ist für uns der Anzug: die Achse der Herrenkleidung, um die alles andere sich dreht. Eleganz setzt voraus, dass die äußere Erscheinung sich an diesem Leitbild ausrichtet, und zwar nicht nur an seinem Buchstaben, sondern vor allem an seinem Geist. Was heißt das? Wenn der Rausschmeißer in einem Nachtlokal einen schwarzen Polyesteranzug mit Oberhemd und Krawatte trägt, richtet er sich zwar an dem Buchstaben des Leitbildes »Anzug« aus, ist aber trotzdem nicht elegant. Wenn hingegen David Niven ohne Jackett und mit weit offenem Hemdkragen in Barbados an der Bar des Sandy Lane Hotels steht, dann bietet er ein Bild vollkommener Eleganz: Ein Anzug ohne Jackett und Krawatte – aber mit Oberhemd und passenden Schuhen – ist im Grundsatz noch immer ein Anzug, sodass Nivens legeres Outfit das Leitbild der Herrenkleidung seinem Buchstaben nach erfüllt; seinem Geist nach erfüllt es dieses Leitbild aber auch, denn solch eine reduzierte Variante des Anzugs ist einer zwanglosen Umgebung wesentlich angemessener als etwa ein Dreiteiler.

Also kurzum, die Eleganz des Dandys erfordert keineswegs immer den *vollständigen* Anzug, sondern vielmehr eine jeweils adäquate Variante des Anzugs. Allerdings weiß nur, wer das Leitbild des vollständigen Anzugs beherrscht, welche Variante hier und jetzt am Plätze ist. Denn die Regeln, die hierbei gelten, leiten sich aus dem vollständigen Anzug her, und die Kenntnis dieser Regeln macht die Variation erst möglich. Der Vergleich mit einem Künstler wie Kasimir Malewitsch drängt sich auf: Dieser konnte sein berühmtes »Schwarzes Quadrat auf weißem Grund« nur deshalb malen, weil er an der Schule für Malerei, Skulptur und Architektur in Moskau eine hervorragende akademische Ausbildung genossen hatte. Ebenso wirkt David Nivens lockere Erscheinung nur deshalb elegant, weil er mit Dreiteiler, Smoking und Frack auf Du und Du ist.

Ohne Anzug aber geht es nicht, wobei man sich darüber streiten kann, wo das Anzugsminimum liegt: Dass Baggy Jeans mit bedrucktem T-Shirt weder dandyhaft noch sonst wie elegant sein können, ist offenkundig. Aber die klassische 501 mit einem Oberhemd auf einer informellen privaten Party? Oder Flanellhosen mit einem schlicht-weißen T-Shirt in einem sportlichen Zusammenhang? Das sei jetzt einmal dahingestellt; für den Dandy ist es entscheidend, dass er das Leitbild beherrscht, den vollständigen Anzug.

23

Bedenke, dass ein »Anzug« heutzutage nur sehr selten ein *Anzug* ist!

Ein vollständiger Anzug ist zunächst Jackett, Hose und – wenn auch nicht zwingend – Weste aus demselben Stoff, getragen mit Oberhemd, Kragen und Krawatte. Dem Leitbild Anzug dem Buchstaben nach zu genügen ist also simpel, sofern man diese Regel einhält. Elegant ist man damit aber noch lange nicht, denn um dem Leitbild Anzug dem Geist nach zu genügen und es etwa David Niven gleichzutun, braucht es nicht nur irgendeinen Anzug, sondern einen Anzug von tadellosem Schnitt und tadelloser Qualität, der obendrein für einige Jahre oder Jahrzehnte eingetragen sein muss, um gut und proper auszusehen. Und an diesem Punkt wird es für uns Spätgeborene schon einmal eng, denn Anzüge von der Stange sind bestenfalls zweitklassig und überleben zudem die Jahre oder Jahrzehnte, die ein Anzug eingetragen werden muss, nur in den seltensten Fällen. Ein Anzug aus der Werkstatt eines guten Schneiders erfüllt freilich alle Voraussetzungen – aber sagen wir, wie es ist: Der Preis eines guten maßgefertigten Anzugs ist so hoch, dass nur die wenigsten von uns sich derlei erlauben können.

Aber selbst wenn wir uns einen guten Schneider leisten könnten, dann wäre ein solcher Anzug noch lange nicht dandystisch, sofern er dem Postulat der Unzeitgemäßheit nicht genügt. Es gilt eben, dass der Stil und Geschmack der Heutigen ausnahmslos vulgär ist, und vor dieser allgegenwärtigen Vulgarität sind auch gute Schneider nicht gefeit. Deshalb wäre selbst der beste Maßanzug, sofern der zeitgenössische Geschmack ihm die Form gibt, dem Dandy des einundzwanzigsten Jahrhunderts zuwider.

Was also tun? Die Geschichte vom letzten Herrn vermag diese Frage vielleicht zu beantworten.

24

Orientiere dich am letzten Herrn!

Mitte der Neunzigerjahre, als Thomas de Vriend Student in Wien war, begegnete ihm irgendwo auf der Mariahilfer Straße der letzte Herr. Die Mariahilfer Straße ist kein schlechtes Pflaster, recht durchschnittlich allerdings und sicherlich nicht die Gegend, in der er den letzten Herrn zu sehen erwartet hätte. Anderswo in Wien, etwa vor der Auslage eines jener exquisiten Antiquitätengeschäfte zwischen Kärntner Straße und dem Kohlmarkt, da wäre er ihm zwar aufgefallen, der letzte Herr, aber Leute – beinahe – wie er sind dort nicht so ungewöhnlich. Sie tragen zumeist Namen, die man aus Geschichtsbüchern kennt, und sind zugleich außerordentlich liebenswürdig und außerordentlich distanziert.

Aber der letzte Herr dort auf der Mariahilfer Straße betrachtete nicht die Auslage eines Antiquitätengeschäftes. So etwas gibt es dort gar nicht; zwischen dem Puma-Shop und dem Drogeriemarkt wäre es auch sicher fehl am Platze. Nein, er betrachtete die Auslage eines kleinen Geschäfts für Handschuhe, in der ein Schild »Räumungsverkauf wegen Geschäftsaufgabe« hing; über solche Geschäfte ist auch in Wien die Zeit hinweggegangen. Nachdem der letzte Herr sich die hübschen Rehlederhandschuhe, die dort in unterschiedlichen Schattierungen angeboten wurden, für einige Minuten sehr aufmerksam angeschaut hatte, zog er eine Brieftasche hervor und entnahm ihr vier Fünfzig-Schilling-Scheine, die er mehrmals hintereinander zu zählen schien. Einige Münzen, die er lose in der Hosentasche trug, zählte er ebenfalls. Dann schüttelte er leicht den Kopf, verstaute die Brieftasche und die Münzen wieder, betrachtete die Rehlederhandschuhe noch einmal für einige Minuten und ging weiter.

Wie wahrscheinlich war es, dass jemand wie der letzte Herr nicht imstande sein sollte, sich ein Paar Rehlederhandschuhe im Sonderangebot zu kaufen! Neugierig geworden, folgte Thomas de Vriend ihm. Er bog in eine Seitenstraße ein und betrat eine kleine Gaststätte, die schon bessere Zeiten gesehen, aber auch zu diesen wohl nicht viel hergemacht hatte. Thomas de Vriend ging ebenfalls hinein. Der letzte Herr bestellte eine Tasse Suppe, das billigste Gericht auf der Karte. Er war viel älter, als man aus der Ferne angenommen hätte; sicherlich in seinen Achtzigern, vielleicht noch älter. Sein Akzent war eine wunderliche Mischung aus irgendetwas Osteuropäischem und dem Altwiener Klang, den man mit Kaiser Franz Joseph I. assoziiert.

Er möge die Störung entschuldigen, sagte Thomas de Vriend zu dem letzten Herrn, aber ihm sei aufgefallen, dass er einen außerordentlich schönen Anzug trage. Der letzte Herr war zunächst etwas verwirrt, dann aber setzte Thomas de Vriend sich zu ihm, und sie kamen ins Gespräch. Es stellte sich heraus, dass der alte Mann Tscheche war und vor dem Zweiten Weltkrieg als Attaché an der tschechoslowakischen Botschaft in Wien gewirkt hatte. Damals habe er ganz in der Nähe gewohnt. Dies sei das erste Mal seit 1939, dass er Wien besuche. Vermutlich auch das letzte Mal, fügte er mit einem Lachen hinzu. Er könne nur zwei Tage bleiben, morgen fahre er wieder ab.

Was seinen Anzug betraf, erzählte der alte Mann dies: Seine Familie sei nacheinander von den Deutschen, den Sowjets und den tschechischen Kommunisten immer aufs Neue enteignet worden, und jedes Mal sei ihm buchstäblich nichts geblieben als das, was er auf dem Leibe trug. Das sei eben dieser Anzug gewesen. Es handele sich um einen besonders guten Anzug, den er sich als junger Mann 1936 zugelegt habe. Vor jeder Verhaftung habe er diesen Anzug angezogen, der ihn dann durch die Lager und Gefängnisse begleitete, denn, erklärte er, solange man einen ordentlichen Anzug am Leibe trage, könne man Haltung bewahren. Und solange man Haltung bewahre, sei man im Grunde ein freier Mensch.

Tatsächlich sah Thomas de Vriend erst jetzt, dass die Kleidung des letzten Herrn aufs Äußerste abgetragen war. Wenn er dies bis dahin nicht bemerkt hatte, dann zum einen deshalb, weil der Anzug sorgsam gebürstet und gebügelt war; noch mehr aber wohl deshalb, weil die Erscheinung des letzten Herrn so vollkommen war, dass es keine Rolle spielte.

Erst als Thomas de Vriend kurz darauf die Mariahilfer Straße in Richtung des Burgrings hinunterschlenderte, fragte er sich nach dem Grund, weshalb gerade dieser vollständig verarmte Greis, letzter schwacher Schatten eines längst untergegangenen Prager Großbürgertums, der letzte Herr sein konnte. Zunächst vermochte er es sich nicht zu erklären, aber schließlich verstand er, dass es um Geschichte ging: Der Anzug des letzten Herrn war eben nicht nur ein Kleidungsstück, sondern trug die Geschichte seines Eigentümers in seiner Textur – keineswegs in einem übertragenen, sondern in einem durchaus realen Sinn, denn Gefängnisse und Umerziehungslager hinterlassen an einem Kleidungsstück ebenso ihre Spuren wie an seinem Träger. Aber nicht nur die tragische und verzwickte äußere Geschichte des letzten Herrn hatte sich in diesen Anzug eingezeichnet, sondern auch die *innere* Geschichte einer Haltung im Angesicht des Tragischen. Mann und Anzug waren so zu einer derart vollkommenen Einheit geworden; derart hatte der letzte Herr sich vermittelst dieses Anzugs zu einem höheren Menschen geschaffen, dass nicht der geringste Rest blieb. Selbst ein Begriff wie Nonchalance – der ja noch immer auf die Möglichkeit mangelnder Übereinstimmung verweist – konnte hier keine Anwendung mehr finden. Dies war es, was den alten tschechischen Diplomaten zum letzten Herrn machte.

Seit diesem Tage kaufte Thomas de Vriend sich keine neue Kleidung mehr, denn sein Spiegelbild in einem fabrikneuen Anzug gleich welcher Marke und Preisklasse kam ihm jetzt billig und geschmacklos vor. Stattdessen verbrachte er viel Zeit bei Lumpenhändlern in den ärmlicheren Bezirken Wiens. Was er dort erstand, hätte das Rote Kreuz vermutlich nicht mehr angenommen. Auch war es nicht seine eigene Geschichte, die diesen Anzügen eingeschrieben war und mit der er sich selbst erschuf, sondern die Geschichte längst Verstorbener. Dennoch trug er seitdem nichts anderes mehr. Zunächst empfand er es allerdings als eigenartig, dass er nun seinerseits als einer der letzten Herrn galt und, wenn er bisweilen die Auslagen der teuren Antiquitätenhändler zwischen Kärntner Straße und dem Kohlmarkt betrachtete, ab und an von Aristokraten in 20.000-Schilling-Anzügen um den Namen seines Schneiders gebeten wurde.

25

Trage Anzüge aus den Dreißigerjahren!

In der vorhergehenden Sektion konnten wir beobachten, wie sich Thomas de Vriends Übergang ins Unzeitgemäße vollzogen hat. Dabei haben wir uns freilich eine Auslassung zuschulden kommen lassen. Die Erscheinung des letzten Herrn war nicht zuletzt deswegen so vollkommen, weil sein Anzug aus einer Zeit stammte, in der die Herrenkleidung von ganz außerordentlicher Eleganz und Vornehmheit war. Die späteren Dreißigerjahre des zwanzigsten Jahrhunderts bildeten ohne jeden Zweifel einen Höhepunkt in der Entwicklung der Herrenbekleidung, dem nichts vorher oder nachher gleichkam. Man mag darüber streiten, warum dem so war – ob es an der Linienführung der Anzüge dieser Zeit lag, die einem ästhetischen Ideal besonders nahekam, oder ob möglicherweise der Schneiderkunst zu diesem Zeitpunkt eine besondere technische Raffinesse eignete. Allerdings spielt in diesen Anzügen beides zusammen: Die leichte Polsterung in Brust- und Schulterpartie harmoniert mit der gemäßigten Schulterbreite und leitet organisch über in das gleichfalls gemäßigt weite und dabei leicht geschwungene Revers. Das Jackett ist recht kurz, anliegend, nicht jedoch eng, und bildet eine Linie mit den weit geschnittenen Hosen. Sowohl Zwei- als auch Einreiher verlangen nach einer Weste, die in Entsprechung zu dem sehr hohen Hosenbund extrem kurz ausfällt. Einerlei – die schiere Schlichtheit, Natürlichkeit und Schlüssigkeit eines Anzugs jener Jahre verleiht ihm eine Überlegenheit, die sich auf den ersten Blick mitteilt und vor der auch die besten Schneider der Gegenwart sich beugen müssen.

Es ist allerdings so, dass Anzüge der späteren Dreißigerjahre mittlerweile kaum noch erhältlich sind. Viel ist natürlich im Krieg und danach verloren gegangen, und was bis vor zwanzig oder fünfzehn Jahren noch beim Altkleiderhändler in Wien-Fünfhaus für einige Schilling über den Tresen gegangen ist, wird heute bisweilen für Tausende Euros nach Japan versteigert. Denn wir plaudern hier keineswegs aus dem Nähkästchen: Dank ihrer überragenden ästhetischen und handwerklichen Qualität werden diese Anzüge von einem stetig wachsenden Kreis wahrer Liebhaber begehrt, die in einigen Fällen maßlose Summen dafür zu zahlen bereit sind. Es war sogar schon die Rede von »Vintage-Anzügen« als Wertanlage, ähnlich Gemälden, Weinen und Antiquitäten. Aber so etwas ist unerfreulich.

26

Trage Anzüge aus den Vierzigerjahren!

Die meisten Anzüge in Thomas de Vriends Kleiderschränken stammen aus einer späteren Zeit: den Vierziger- und sehr frühen Fünfzigerjahren. Wenn man so will, handelt es sich hier um eine Schwundstufe des Stils, der den letzten Herrn auszeichnete. Die Schlichtheit und Natürlichkeit der Dreißigerjahre ist einem massiveren Formideal gewichen, das einem veränderten Begriff von Maskulinität in der Folge des Krieges entspricht. Schulter und Revers gewinnen zunehmend an Weite, die Auspolsterungen an Volumen. Es finden sich Anzüge aus den späten Vierzigerjahren, die die Gestalt ihres Trägers völlig verändern und beinahe Rüstungscharakter haben. Des ungeachtet weisen auch die Anzüge dieser Zeit ein hohes Stil- und handwerkliches Niveau auf: Die Schneiderkunst war noch in voller Blüte, und selbst die industriell gefertigten Anzüge – wie etwa der berühmte »Full Monty«, den die britische Regierung im Zuge der Demobilisierung ausgab – orientierten sich an der Praxis des klassischen Herrenschneiders. Nicht zuletzt lassen sich Anzüge der Vierzigerjahre, im Gegensatz zu den Modellen der Zwischenkriegszeit, noch recht häufig finden – weniger allerdings in

Deutschland, wo sie seinerzeit in Ermangelung von Ersatz schlicht aufgetragen worden sind, sehr wohl aber in Großbritannien und den Vereinigten Staaten. Elektronische Handelsplattformen helfen.

Und da wir gerade von den erfreulicheren Seiten der modernen Kommunikationstechnologie sprechen: Es finden sich auf dem Inter-Netz einige Handreichungen, die dem Neophyten die Details des Dreißiger- oder Vierzigerjahre-Stils nahebringen. (Details sind hier wichtig, denn letztlich liegt der alles entscheidende Unterschied immer im Detail.) Im deutschsprachigen Raum sei besonders »The Swingstyle Syndicate« (www.return2style.de) empfohlen. Anders als etwa bei der US-amerikanischen »Fedora Lounge« (www.thefedoralounge.com) geht es dort weniger um karnevaleskes *dressing-up*, sondern um die Wiederentdeckung eines Stils. Dass das »Swingstyle Syndicate« sich dabei selbst nicht zu ernst nimmt (auch hier in angenehmem Kontrast zu unseren transatlantischen Freunden), macht die Lektüre unterhaltsam.

27

Trage Anzüge aus den Sechzigerjahren!

Und schließlich das, was seit einigen Jahren als *Mad Men*-Stil bekannt ist: also der Stil der frühen bis mittleren Sechzigerjahre, dem die so betitelte Fernsehserie zu einer überraschenden Popularität verholfen hat. Eine erfreuliche Entwicklung, denn dieser Stil hat vieles für sich – eine fast schon puristische Schlichtheit, der jedes Zuviel an Stoff, Polsterung, Farbe, Muster und sonstiger Ornamentik zum Opfer fällt. Der einreihige, schmal geschnittene Anzug mit schmalen Hosen und schmalem Revers wirkt in seiner wahlweise dunkelblauen oder anthrazitfarbenen Strenge äußerst elegant, zumal wenn er stilgerecht mit schlichtem weißen Hemd und schmaler Krawatte kombiniert wird.

Dass der *Mad Men*-Stil die jüngere Herrenmode nicht unmaßgeblich beeinflusst hat, ist zu begrüßen, sollte einen aber nicht dazu verleiten, einer Nachahmung den Vorzug vor dem Original zu geben. Denn Anzüge der Sechzigerjahre finden sich in Fülle, und zwar sowohl in Deutschland als auch in Großbritannien und besonders den USA. Denn was zählt, ist ja nicht nur die ungefähre Silhouette; vielmehr tritt hinzu, dass die Sechzigerjahre die letzte Hochphase der traditionellen Schneiderkunst waren, sodass vieles aus dieser Zeit, was sich im Altkleiderhandel findet, hohen handwerklichen Ansprüchen genügt.

Der Stil der Sechziger mag zumal bei dem progressiv gesinnten Dandy Anklang finden, dem ein Anzug aus den Dreißiger- oder Vierzigerjahren bei aller Eleganz bereits eklektisch erscheint. Tatsächlich ist es ja so, dass die Perfektion etwa eines Anzugs aus den Dreißigern vom erbärmlichen Standard der Jetztzeit so sehr abweicht, dass sein Träger Aufmerksamkeit erregt. Weniger modern ist der Anzug aus den Dreißigern dabei keineswegs. Ganz im Gegenteil entspricht sein Schnitt einer kompromisslosen Moderne – einer Zeit, die in Stil und Haltung unvergleichlich viel moderner war als unsere Post-Postmoderne in ihrer nichtssagenden Beliebigkeit. Gerade weil jene Zeit so konsequent modern war, gelang es ihr, einen sehr eigenen Stil herauszubilden, der für Jahrzehnte nachwirkte und erst spät der stilistischen Willkür wich. Modernität bedeutet ja nicht Geschichtslosigkeit. Geschichtslos sind unsere Zeitgenossen, und darum sind sie auch nicht modern.

28

Vermeide alles Spätere!

Von hohen handwerklichen Ansprüchen ist in den darauffolgenden Jahrzehnten nicht mehr die Rede. Und tatsächlich geht mit der Überhandnahme der industriellen Fertigung nicht nur die Schneiderkunst koppheister, sondern auch Form und Silhouette und damit der Stil: Der moderne Anzug seit den Siebzigerjahren verdankt seine Grundform vor allem den technischen Anforderungen der industriellen Massenfertigung und -lagerung. So haben sich die Ärmel und Taschen des Anzugjacketts aus ihrer natürlichen Position zu Seiten des Körpers in eine ganz und gar unnatürliche Position davor verschoben, damit es weniger Raum einnimmt und mehr Anzüge pro Kubikmeter gelagert werden können. Keinesfalls soll man sich von Versuchen etwa in den Achtzigerjahren täuschen lassen, Formen der Vierzigerjahre zu »zitieren«: Die Ergebnisse sind jämmerlich und eigentlich auch keiner weiteren Erwähnung wert. Bedauerlicherweise beschränkt sich der Verfall keineswegs nur auf Primark und C&A, sondern kennzeichnet die kostspieligen »Marken« ebenso wie die Hervorbringungen der Herrenschneider, was besonders traurig ist. Die industrielle Fertigung mag es auch mit sich bringen, dass sich der Kleidung dieser letzten Jahrzehnte keine Geschichte mehr einzeichnet: Ein Anzug aus den Siebzigerjahren wirkt einfach nur alt in dem basalen Sinn, in dem jeder industriell hergestellte Gebrauchsgegenstand irgendwann seine besten Jahre hinter sich hat.

29

Vermeide alles Affektierte!

Ein letztes Wort an die eigentümliche Spezies der Nostalgiker: Es geht bei alldem nicht darum, die gute alte Zeit wieder aufleben zu lassen. Erstens waren die Dreißiger- und Vierzigerjahre bekanntermaßen keine gute alte Zeit, sondern eine Hochphase der nihilistischen Zerstörung, zweitens ist Nostalgie in jedem Falle albern. Auch hier eine Beobachtung aus Thomas de Vriends Zeit in Wien:

Jeden Morgen, wenn er an der U-Bahn-Station »Währinger Straße« in die U6 stieg, um in die Universität zu fahren, saß dort ein beleibter Herr in einem preußischen Waffenrock voller Orden, komplett mit Pickelhaube, neben sich die Aktentasche, auf seinem Weg ins Büro. Derlei ist absurd, allerdings kaum absurder als die Vorliebe einiger Zeitgenossen für Gehröcke, Morgenanzüge (außerhalb diplomatischer Empfänge, Hochzeiten et cetera) und Ähnliches. Es geht also nicht um die gute alte Zeit, sondern es geht um Stil. Wenn man vorzugsweise Anzüge aus den Dreißigerjahren trägt, dann tut man das nicht, weil sie einen gemütvoll in die Vergangenheit zurückversetzen, sondern vor allem deshalb, weil der Stil dieser Zeit die Grenze zwischen dem Unzeitgemäßen und dem Altertümlichen markiert: den äußersten Punkt, bis zu dem wir in der Wahl unseres Stils zurückgehen können; alles jenseits dieses Punktes ist absonderlich und Nostalgie.

30

Hüte dich davor, die Bedeutung eines Oberhemdes zu unterschätzen!

Vor allem ist zu bedenken, dass Oberhemden nicht für sich allein stehen, sondern Teil des Anzugs sind – und zwar auch dann, wenn sie ohne Jackett und Krawatte, ja selbst wenn sie etwa am Strand mit aufgerollten Hosen getragen werden. Deshalb dürfen bei Passform und Sitz unter keinen Umständen Kompromisse eingegangen werden. Das Muster eines Oberhemdes muss stets anzugsfähig sein, und Kragen und Manschetten müssen sich auch dann schließen lassen, wenn man sie gar nicht schließen möchte.

Apropos Muster – dass der vollständige Anzug nur mit hellen einfarbigen oder dezent gestreiften Mustern einhergehen kann, nicht aber mit Karos und allzu massiven Streifen oder gar dunkleren Farben, versteht sich. Reines Weiß kann bei einer sportlichen Kombination – etwa aus Tweed – nicht minder unpassend wirken; hier sind helle erdigere Farben oder leichte Karos ebenso am Platze wie gröbere Materialien oder Webungen.

Und apropos Manschetten – ob durchgeknöpft oder mit Manschettenknöpfen zu schließen, ist beim vollständigen Stadtanzug natürlich zugunsten des Letzteren zu entscheiden, bleibt einem ansonsten aber freigestellt. Eine sportliche Kombination kann mit Manschettenknöpfen sogar ein wenig unbalanciert erscheinen, aber das ist letztlich eine Sache des persönlichen Geschmacks.

Zwei Dinge sind insbesondere zu vermeiden. Erstens, die altertümliche Hemdenvariante mit Stehkragen außerhalb der Abendgarderobe. Dies zu betonen ist wichtig, weil der Stehkragen (angeblich je höher, desto besser) oftmals als in exemplarischer Weise dandystisch angesehen wird. Das ist er keineswegs. Vielmehr wirkt ein Stehkragen als Teil der Tagesgarderobe ausschließlich deplatziert und albern. Zweitens darf ein Oberhemd – wiederum außerhalb der Abendgarderobe – nie zu steif daherkommen. Die geklebten Kragen und Manschetten, die vielen modernen Oberhemden einen so unerquicklichen Charakter verleihen, sind ebenso zu vermeiden wie die totgestärkten Kragen und Manschetten des neunzehnten Jahrhunderts. Kragen wie Manschetten müssen sich dem Hals beziehungsweise den Handgelenken sanft anschmiegen und die Körperformen umsichtig nachzeichnen. Dabei ist es durchaus zu empfehlen, sie ein wenig anzustärken, und sei es nur, weil sie so weniger Schmutz aufnehmen.

Häufig wird man danach gefragt, wie es um anknöpfbare Kragen bestellt sei. Das ist leicht zu beantworten: Steife Kragen, etwa am Frackhemd, sind selbstverständlich niemals angenäht, sondern lose und mit Kragenknöpfen zu befestigen. Weshalb weiche Umschlagkragen anknöpfbar sein sollten, erschließt sich uns nicht: Zum einen ist es nicht erforderlich, zum anderen gibt es optisch keinen Unterschied zum angenähten Kragen, und schließlich kann man einen anknöpfbaren Kragen nicht offen tragen, was bei passenden Gelegenheiten ja durchaus wünschenswert ist.

Und weil zuvor so viel von Gesellschaftsgarderobe die Rede war: Beim Frackhemd gibt es keine Varianten, weshalb sich jedes Wort dazu erübrigt. Dass der Smoking nur mit weichem Hemd und weichem Kragen getragen werden sollte, ist ein modernes Vorurteil, das wir nicht teilen. Auch ein Smoking – insbesondere wenn er über die traditionelle weit ausgeschnittene Weste verfügt – gewinnt, wenn man ihn mit gestärkter Hemdbrust und angeknöpftem Stehkragen kombiniert. Allerdings sollten die Manschetten nach französischer Machart gestaltet sein, das heißt umgeschlagen, nicht – wie beim Frackhemd üblich – einfach. Der Morgenanzug verlangt nach einem gewöhnlichen Hemd mit Umschlagkragen, ein Stehkragen zum Morgenanzug wirkt amerikanisch.

31

Lege höchsten Wert auf anständige Schuhe!

Oberflächlich erkennt man gute Schuhe daran, dass sie weder modisch noch unmodern aussehen. Ein Schuh ist dann gut gestaltet, wenn man ihn auch vor siebzig oder hundert Jahren hätte tragen können, ohne Aufmerksamkeit zu erregen. Das gilt für legere Schuhe – bis hinunter zu den gröbsten Formen des Arbeitsstiefels – ebenso wie für formelle Schuhe. Der Schuh ist dasjenige Element der Herrengarderobe, an dem es seit vielen Jahrzehnten nicht mehr viel zu verbessern gibt und das sich deshalb im weiteren geschichtlichen Verlauf kaum verändert hat. Nichts außerhalb dieser Kontinuität ist für den Dandy akzeptabel. Seine Ablehnung gilt deshalb außer modischen Schuhen vor allem Varianten des Sportschuhs (außerhalb des Sports). Dass der Sportschuh in der Alltagskleidung besonders männlich sei, ist ein Fehlurteil. Im Gegenteil ist er ausgesprochen unmännlich und, wenn man so will, die Vorstufe zum Stöckelschuh.

Selbstredend achtet der Dandy strikt darauf, den gewählten Anzug stets mit dem passenden Schuh zu ergänzen – also etwa den Stadtanzug durch den geschlossenen schwarzen Schuh, die sportliche Kombination durch den braunen oder veloursledernen Schuh und bei Gelegenheit den groben Cordanzug durch einen ebenso groben Stiefel. Vor allem gilt seine Ablehnung dem schlecht gemachten Schuh.

Ein schlecht gemachter Schuh sieht nicht nur billig aus und ist es auch, sondern er trägt sich zudem unbequem und verursacht beim Gehen eigenartige Geräusche. Ein solcher Schuh ist aus minderwertigem Leder gefertigt, das Falten wirft, wo Falten nicht opportun sind, und verursacht Hühneraugen, die niemals opportun sind. Schlechte Schuhe verkünden der Welt, dass man die Dinge nicht so genau nimmt und ohnehin lieber nur Socken trüge. Schlechte Schuhe sind meistens modisch, vergewaltigen die Anatomie des Fußes und haben Nähte, die keinen Zweck erfüllen. Schlechte Schuhe sind indiskutabel und nicht einmal mitleiderregend.

Also gute Schuhe. Das aber ist leichter gesagt als getan, denn gute Schuhe sind kostspielig; und da der Dandy sich zumeist den Erwerbs- und Verwertungslogiken der heutigen Gesellschaft entzieht und folglich ohne hinreichendes Einkommen ist, kann er sich derlei nicht erlauben. Nun mag man sagen, ein guter Schuh, der für Jahrzehnte hält, sei letzten Endes weniger kostspielig als die trübselige Abfolge jährlich fortgeworfener schlechter Schuhe. Das ist nicht falsch, doch über die Mittel, sich einen guten Schuh zuzulegen, verfügt der Dandy trotzdem nicht.

Was bleibt? Kurz und gut, es gibt viele gute Schuhe in der Welt, deren Träger entweder verstorben oder anderweitig abhandengekommen sind. Schuhe, die man beiseite getan hat, obwohl ihnen noch Jahrzehnte treuen Dienstes innewohnten; Schuhe, deren Träger plötzlich ein modisches Bewusstsein entwickelt haben; und so fort. Diese Schuhe lassen sich – zu einem Bruchteil ihres wahren Wertes – beim Lumpenhändler ebenso wie auf elektronischen Handelsplattformen erwerben. Tut man dies, erwächst daraus nicht nur einem selbst großer Nutzen, sondern auch dem zu Unrecht verworfenen Schuh widerfährt Gerechtigkeit.

Der ganze Rest ist selbsterklärend: dass der Brogue dann und wann, aber nicht hier und da am Platze ist; dass das beste Leder für Schuhe noch immer vom Pferd stammt et cetera et cetera. Das ist jedoch eine Materie für Moderatgeber.

32

Trage Krawatte!

Wer heute eine Krawatte trägt, hat es nicht geschafft und verdient nicht einmal mehr Mitleid. Wer heute eine Krawatte trägt, schafft alle und schuldet niemandem mehr Mitleid.

Genaugenommen gibt es drei Arten des Krawattentragens, von denen eine allerdings im Schwinden begriffen ist: Die Krawatte als selbstverständliche Ergänzung jeder sportlichen wie formellen Garderobe hat bis in die Sechzigerjahre hinein dem Triumphzug der Vulgarität mehr schlecht als recht widerstanden, kann aber nach deren endgültigem Sieg über Geschichte und Kultur nur noch von sehr alten Männern überzeugend geführt werden. Diese Selbstverständlichkeit des Krawattentragens ist nur demjenigen eigen, der in seinen jüngeren Jahren nichts anderes gekannt und späteren Entwicklungen kein rechtes Interesse entgegengebracht hat.

Es bleiben die Krawatte als Symbol der Knechtschaft und die Krawatte als Symbol des Widerstandes. Symbol der Knechtschaft ist die Krawatte dann, wenn ihrem Träger aufgrund seiner beruflichen oder gesellschaftlichen Funktion keine Wahl bleibt. Dabei spielt es keine Rolle, ob sie die Livree des Bahnangestellten, den Maßanzug des Investmentbankers oder die triste Aufmachung des Bundestagsabgeordneten ergänzt. Ebenso wenig spielt es eine Rolle, ob etwa der Bundestagsabgeordnete oder der Investmentbanker ihre Krawatte wirklich tragen oder versuchen, durch deren ostentatives Weglassen eine vermeintliche Nonkonformität auszudrücken. Dieser erbärmliche Versuch eines infantilen Revoluzzertums unterstreicht den Knechtschaftscharakter nur noch und wird dann zur Farce, wenn es nunmehr die fehlende Krawatte ist, mittels derer man seiner Konformität Ausdruck verleiht. Der Manager oder Politiker mit offenem Hemdkragen repräsentiert die Sklavenattitüde des avancierten Mittelmaßes in ihrer schauerlichsten Form.

Als Symbol der Knechtschaft ist die – an- oder abwesende – Krawatte das Attribut des Funktionärs: Aus dieser Perspektive sind der Polyesterschlips des Rausschmeißers, der im Puff für Ordnung sorgt, und Joschka Fischers offenes Sporthemd am 12. Dezember 1985 ein und dasselbe. Dies sind die Diener der Heutigen, die Vollstrecker ihrer nihilistischen Vulgarität.

Als Symbol des Widerstands gegen diese Vulgarität ist die Krawatte bei sehr oberflächlicher Betrachtung ein ähnliches, in Wahrheit aber ein völlig anderes Kleidungsstück.

33

Vermeide die Krawatte als Symbol der Knechtschaft!

Die Krawatte als Symbol der Knechtschaft ist ein illegitimer Nachkomme, eine perverse Seitenlinie der moribunden Tradition des selbstverständlichen Krawattentragens. Sie entstand dadurch, dass den Institutionen – Banken, Bordellen, Bundestag – ein ausgeprägtes Trägheitsmoment eignet, aufgrund dessen sich Entwicklungen dort langsamer vollziehen als anderswo. So trug man innerhalb dieser Institutionen auch dann noch konsequent Krawatte, als deren Selbstverständlichkeit außerhalb schon im Schwinden begriffen war. Je weiter dieser Schwundprozess aber fortschritt und der Abstand zwischen dem Kleidungsstil innerhalb und außerhalb der Institution sich erweiterte, desto mehr wurde die Krawatte zu etwas der Institution Eigenem, einer Uniform oder besser Livree. Die Krawatte des Funktionärs wandelte sich also von einem allgemeinen männlichen Attribut, das man eben *auch* in der Institution anlegte, zu einem institutionellen Attribut, das seinen Sinn allein aus der Institution heraus bezieht und ansonsten keine Daseinsberechtigung hat. Da nun die Institutionen – Bordell wie Bundestag – fest in der Hand der Heutigen sind, weist die Krawatte ihren Träger als deren eilfertigen Diener aus. Deshalb ist sie ein Symbol der Knechtschaft.

34

Trage die Krawatte als Symbol des Widerstands!

Da die selbstverständlich getragene Krawatte ein Attribut des Männlichen war, verwundert es nicht, dass die Heutigen ab den Sechzigerjahren ihre Abschaffung betrieben haben. Wir erinnern uns an unseren Ausflug in die philosophische Anthropologie und deren Deutung des Menschen als »Mängelwesen« (Sekt. 17: »Erschaffe dich selbst!«): Mittels der Krawatte erschuf sich der Mann selbst als Mann und als Herr.

Eben hierauf nimmt der Dandy des einundzwanzigsten Jahrhunderts Bezug. Die Krawatte als Symbol des Widerstands artikuliert vor allem den Anspruch ihres Trägers, Mann und Herr zu sein. In einer Gesellschaft, die sowohl die Nivellierung als auch das Unmännliche als moralische Güter feiert, ist schon die sichtbare Zurschaustellung dieses Anspruchs ein revolutionärer Akt. Das ehemals selbstverständliche Attribut des Männlichen erfährt in einer entmännlichten und entmannten Gesellschaftsordnung eine Aufladung, die es zu etwas völlig Anderem und Neuen macht. Die Krawatte des Dandys unterscheidet sich deshalb wesensmäßig von jener anderen Krawatte, die als Livree der Institutionen Symbol der Knechtschaft ist: also der Krawatte eines Bundeskanzlers oder Bordellbetreibers. Die Krawatte des Dandys bezieht ihren spezifischen Sinn allein aus der Vielheit der dandystischen Imperative: Mann und Herr zu sein, das heroische Ethos der Selbstüberwindung zu pflegen und aus der Geschichte heraus zu leben.

35

Trage die Krawatte des Dandys!

Zu behaupten, hier seien die Übergänge fließend, wäre falsch. Die Krawatte als Symbol des Widerstands ist auf den ersten Blick zu erkennen und unverwechselbar. Dabei kommt es weniger auf die Krawatte selbst als vielmehr darauf an, wie man sie trägt. Das Moment des Unzeitgemäßen gibt in dieser Sache den Ausschlag.

Unzeitgemäß hat vor allem die Zusammenstellung des Anzugs zu sein, in den die Krawatte eingepasst wird. Für diesen gelten drei Voraussetzungen: Vor allem muss sein Anblick beim Betrachter den undeutlichen Eindruck hervorrufen, dass hier etwas nicht stimmt, nicht recht in die Zeit passt. Je undeutlicher dieser Eindruck bleibt, desto besser. Keinesfalls darf der Anzug als historisches Kostüm daherkommen! Das heißt, das Unzeitgemäße ist so subtil einzusetzen, dass es Verwirrung, nicht aber nostalgische Gefühle erzeugt. Zum anderen darf der Anzug nicht der institutionellen Livree des Funktionärs ähneln; das heißt, wenn man sich einen Bundesminister oder Investmentbanker darin vorstellen kann, liegt ein Fehler vor. Drittens muss das Gesamtbild in sich stimmig sein. – Nur wenn diese drei Voraussetzungen erfüllt sind, kommt die Krawatte als

Symbol des Widerstands zur Geltung, indem sie der zuvor noch vage unzeitgemäßen Erscheinung des Dandys ein eindeutiges Element hinzufügt. Erst in diesem Moment erfolgt der Umschlag des dandystischen Bildes ins Revolutionäre.

Bei der Wahl der Krawatte ist weniges zu beachten. Vermieden werden muss natürlich das offenkundig Zeitgemäße; zudem ist die Schlüssigkeit der gesamten Erscheinung im Blick zu behalten, was einen gewissen Geschmack voraussetzt. Hier ist nun ein kleiner Exkurs zu der Frage angebracht, wie wichtig guter Geschmack für den Dandy des einundzwanzigsten Jahrhunderts ist. Kurz gesagt, ein guter Geschmack ist hilfreich, aber nicht entscheidend. Anders als dem Dandy des neunzehnten Jahrhunderts geht es uns nicht um den Kampf gegen den schlechten Geschmack, sondern um die Rebellion gegen eine allbeherrschende Vulgarität, die selbst schlechten Geschmack noch als Wohltat erscheinen lässt. Wichtiger als ein guter Geschmack ist die Fähigkeit zum Unzeitgemäßen. Diese setzt Kenntnisse voraus, die man sich aneignen kann, während ein guter Geschmack sich nur bedingt aneignen lässt. Freilich hat auch der gekonnte Umgang mit dem Unzeitgemäßen – und insbesondere die Vermeidung des Theatralischen – etwas mit Geschmack zu tun, insofern wird man gut daran tun, sich in Geschmacksfragen zu schulen, sofern Zweifel bestehen.

Generell gilt, dass man zu jedem Zeitpunkt eine Krawatte tragen sollte. Damit stellen wir uns radikal der geltenden Auffassung unserer Zeitgenossen entgegen, denen eine Krawatte jenseits beruflicher oder ritueller Notwendigkeiten als verdächtig gilt. Aber wir gehen noch einen Schritt weiter: Man sollte insbesondere dort eine Krawatte tragen, wo unsere Zeitgenossen sie für völlig unpassend erachten. Dann vor allem kommt sie als unzeitgemäß und Symbol des Widerstands zur Geltung, als grundsätzliches Unterscheidungsmerkmal, das uns den Zeitgenossen entfremdet.

36

Trage Krawatte unzeitgemäß!

Dabei stellt sich freilich folgende Frage: Was ist zu tun, wenn es den Dandy beruflich in eine kommerzielle oder politische Institution verschlägt, deren Funktionäre die Krawatte als Amtskleidung tragen, sodass sie als grundsätzliches Unterscheidungsmerkmal ausfällt? Wenn man es in einer solchen Situation versäumt, den Unterschied auf andere Weise zu betonen, dann besteht die Gefahr der Verwechslung: Man gilt dann womöglich als besonders adretter Funktionär – und die Krawatte als Symbol des Widerstands ist entschärft. Um das zu vermeiden, um also den Unterschied zwischen der eigenen Widerstandskrawatte und der Knechtschaftskrawatte der anderen hervorzuheben, sollte man das Unzeitgemäße in der eigenen Erscheinung so auf die Spitze treiben, dass das Ergebnis zwar noch nicht theatralisch daherkommt, sich aber entschieden irritierend von der Masse abhebt. Der subtile Einsatz von Tweed und Tracht in sorgsam gewählten Formen wirkt hier Wunder. Auch mag man – sofern das möglich ist – den Langbinder durch ein Halstuch ersetzen, die sogenannte Schalkrawatte: Das Halstuch anstelle des Langbinders verdeutlicht, sofern geschickt kombiniert, dass die eigene Erscheinung mit der Amtskleidung der Institution nichts zu schaffen hat.

Demgegenüber kann der Querbinder (die sogenannte Fliege oder Schleife) diesen Zweck nur bedingt erfüllen. Zum einen gilt der Querbinder häufig als Merkmal des Büroclowns, zum anderen verträgt er sich nicht mit jedem Körperbau und jeder Physiognomie. Kleine und füllige Männer wirken mit einem Querbinder ebenso unvorteilhaft wie sehr dünne Personen. Ferner sind die Gesichtsform und die Länge des Halses zu bedenken. Aber auch außerhalb der Institutionen steigert der Querbinder die ohnehin stets präsente Gefahr, nicht unzeitgemäß, sondern karnevalesk zu erscheinen.

Deshalb sollte man den Querbinder nur dann wählen, wenn man dem eigenen Geschmack großes Vertrauen entgegenbringt. Dass Smoking und Frack den Querbinder erfordern, versteht sich; ein Smoking mit schwarzem Langbinder ist absurd.

Strikt zu vermeiden sind archaische Formen der Krawatte wie das Plastron oder die Biedermeierschleife. Abgesehen davon, dass das Plastron amerikanisch wirkt, gilt hier dasselbe, was zuvor über andere Kleidungsvarianten des neunzehnten Jahrhunderts gesagt worden ist: Sie verleihen der Erscheinung in jedem Falle und ausnahmslos etwas Kostümiertes und Gewolltes. Wer es nostalgisch mag, soll sich einer Reenactment-Gruppe anschließen; mit Dandysmus hat dies nichts zu tun.

37

Verwende Accessoires sparsam!

Hinsichtlich der sogenannten Accessoires kann im Grunde nur auf das verwiesen werden, was aus jedem Ratgeber für Herrenmode hervorgeht: dass ein jegliches Zuviel einem Zuhälter durchaus angemessen, außerhalb dieses Berufsstandes aber strikt zu vermeiden ist. Über Halsketten, Armbänder und Ohrringe brauchen wir kein Wort zu verlieren, und auch über Herrenringe ist schon alles gesagt (nämlich dass außer dem Ehering nur ein weiterer Ring akzeptabel ist – vorzugsweise ein Universitäts- oder Wappenring, sofern die eigene Biografie oder Familiengeschichte derlei zulässt, andernfalls ein schlichter Ring mit einem zurückhaltenden Stein, also keinesfalls Brillanten oder dergleichen).

Manschettenknöpfe sollen vor allem die Hemdmanschetten schließen; ihr dekorativer Zweck ist zweitrangig. Schon daraus geht hervor, dass sie weder zu groß noch zu extravagant sein dürfen: Ein optisches Eigenleben ist ihnen zu verweigern. Dasselbe gilt für

Krawattenspangen: Deren Funktion ist es, die Krawatte in Form zu halten und punctum. Eine völlig schlichte silberne oder goldene Spange erfüllt diese Funktion ganz und gar adäquat; Ornamente oder dergleichen sind strikt untersagt – umso mehr, als Krawattenspangen aufgrund ihrer prominenten Positionierung auf der Brust ihres Trägers den Blick des Betrachters auf sich ziehen.

Auch auf die Krawattennadel findet diese Regel Anwendung: Die Krawattennadel dient dem Zweck, den Sitz der Krawatte zu regulieren, weshalb mehr als eine einfache Perle, gefasst oder ungefasst, nicht nur nicht nutzt, sondern schlechterdings schadet. Bei der Krawattennadel handelt es sich um ein Relikt des neunzehnten Jahrhunderts, das aber so zurückhaltend ist, dass die Gefahr des Karnevalesken nicht besteht. Dennoch ist sie mit Umsicht einzusetzen: Nur sehr förmliche Anzüge vertragen die Krawattennadel, in allen anderen Zusammenhängen wirkt sie unpassend.

Es bleibt die Uhr. Die ausufernd großen Herrenuhren der Gegenwart sollten in jedem Fall vermieden werden: Nicht nur sind sie protzig, sondern sie zwingen auch die Hemdmanschetten in eine ungünstige Position. Zurückhaltender gestaltete Uhren sind heutzutage meist kostspielig, da sie vor allem aus den Werkstätten der traditionellen Uhrmacher hervorgehen. Da aber bis in die Sechzigerjahre hinein gefertigte Uhren generell hohen ästhetischen Ansprüchen genügen, und zwar auch dann, wenn sie damals wie heute auf einem mittleren Preisniveau angeboten werden, lässt sich dieses Problem durch den Erwerb einer alten Uhr unschwer bewältigen. Taschenuhren haben ihren Reiz, doch sollte man moderne Nachfertigungen vermeiden. Dass wir keine Quarzuhren, sondern nur solche mit Handaufzug oder Automatik tragen, versteht sich von selbst.

38

Trage Mantel!

Ein Mantel ist nicht nur ein Überwurf, der einen warm hält, sondern ein vollgültiger Bestandteil der dandystischen Erscheinung. Insbesondere während der kalten Jahreszeit bestimmt der Mantel eher noch als der Anzug das Bild des Mannes im öffentlichen Raum. So bildet der Mantel während dieser Zeit sogar ein vorrangiges Instrument unserer Rebellion und muss den dandystischen Prinzipien der Unzeitgemäßheit mithin ganz und gar entsprechen. Zudem sollte man sich vergegenwärtigen, dass der Mantel als eines der wenigen verbliebenen Kleidungsstücke der Herrengarderobe den Namen Gewand verdient. Hier ist großes Drama einmal zulässig, und daraus wird man in Hinsicht auf Schnitt und Material größtmöglichen Nutzen ziehen. Mit anderen Worten – ein Mantel sollte mehr und anderes sein als ein Jackett über dem Jackett.

Nun gibt es grundsätzlich eine Fülle Manteltypen, die beide Voraussetzungen erfüllen (etwa den Paletot, den Chesterfield und den Raglan, wobei dahingestellt bleiben kann, worin diese sich unterscheiden – für solche Dinge interessieren sich nur noch Nerds oder Kostümkundler). Dem Dandy des einundzwanzigsten Jahrhunderts sind diejenigen Manteltypen besonders angemessen, die der Militärform des Mantels ähneln oder davon abgeleitet sind. Damit ist nicht der Militärmantel selbst gemeint. Die Vermischung ziviler und militärischer Garderobe kann zwar mitunter gelingen, birgt aber Risiken, und ein Militärmantel wirkt im zivilen Zusammenhang fast immer deplatziert. Wovon wir sprechen, sind deshalb die zivilen Mantelformen, die eine Verwandtschaft zum Militärmantel aufweisen.

Drei Gründe sind hierfür ausschlaggebend. Zum einen birgt diese Mantelform Bezüge zum Stilmoment der Imperfektion – intrinsische Bezüge, also unabhängig davon, ob der konkrete Mantel nun intakt oder schadhaft sei. Das liegt daran, dass die militärische Mantelform mit Nachkriegszeiten assoziiert wird, das heißt den Epochen der jüngsten Geschichte, in denen materielle Not herrschte, Kleidung aufgetragen wurde und Uniformen zum zivilen Gebrauch notdürftig umgeschneidert wurden. Tatsächlich war es insbesondere während der Krisenjahre nach dem Ersten Weltkrieg, dass der Stil des Schützengrabenmantels sich in genuin zivilen Kleidungsstücken wiederfand. Dies gilt keinesfalls nur für den sogenannten Trenchcoat; vielmehr entwickelte zu dieser Zeit auch der traditionelle Ulster eine merkliche Ähnlichkeit zum Militärmantel, und überhaupt gaben nun dessen bestimmende Merkmale – der Gürtel oder Rückengurt, die markante Aufschlag- und Kragenpartie et cetera – den meisten sportlichen Mänteln ihr Gepräge.

Die erwünschte Wirkung erzielt man allerdings nur mit Mänteln, die auch wirklich aus dieser Zeit stammen, den Zwanziger- bis Vierzigerjahren des zwanzigsten Jahrhunderts. Natürlich gab es auch danach – und gibt es noch immer – militärisch inspirierte Mäntel, aber den echten Krisenstil atmen nur die Mäntel jener Jahre. Besonders adäquat für unseren Zweck sind die diversen Ableitungen des Ulster, die damals in Großbritannien gängig waren. Diese wurden aus festen Tweedstoffen gefertigt, deren schlammiger Farbton und raue Webung ein Übriges tun, Erinnerungen an die Weltwirtschaftskrise wachzurufen. Einen derartigen Mantel wird man selbst dann mit wirtschaftlicher Not und abgetragener Kleidung in Verbindung bringen, wenn er sich in einem tadellosen Zustand befindet.

Zum anderen ist der militärisch inspirierte Mantel der Zwischenkriegszeit eines der männlichsten Kleidungsstücke, die es jemals gab. Das hängt natürlich vor allem mit dem militärischen Stil selbst zusammen, der aus einer originär und ausschließlich männlichen Lebenswelt herrührt. So vermittelt dieser Mantel den Eindruck von Unnahbarkeit, Kraft und Tatendrang. Er ist, wenn man so will, das exakte Gegenteil der verzärtelten Garderobe unserer Zeitgenossen, deren Weichheit und Empfindsamkeit sich gerne in freundliche Farben und leichte Materialien kleidet. Insbesondere der aus

Tweed gefertigte Mantel ist zudem so schwer und fest, dass Wetterverhältnisse, die unsere Zeitgenossen in ihren Kunstfaserjäckchen das Fürchten lehren, seinen Träger nur am Rande zu interessieren brauchen – wenn er sich denn für das Wetter überhaupt interessiert, was unwahrscheinlich ist.

Schließlich verleiht der militärisch inspirierte Mantel der Erscheinung seines Trägers einen Kampfcharakter, wie er dem letzten Rebellen wohl ansteht. Als eines der wenigen deutlich militärisch inspirierten Kleidungsstücke einer zivilen Garderobe gestattet er seinem Träger ein subtil kriegerisches Auftreten in allen Zusammenhängen. Das liegt wohl auch daran, dass der Uniformstil des Ersten Weltkriegs, an dem diese Art Mantel sich orientiert, in einem sehr basalen Sinne soldatisch war: Man hatte den Operettenstil des neunzehnten Jahrhunderts hinter sich gelassen, indem die Form der klassischen Uniform auf das Wesentliche vereinfacht und ihre Farbgebung dem Ton der Schützengrabenlandschaft angepasst worden war. So war die Uniform des Ersten Weltkriegs zugleich traditionell und radikal simplifiziert. Sie war, wenn man so will, elementar soldatisch, eine Manifestation dessen, was der Begriff des Soldatischen für die alten Armeen im Kern bedeutete. Dieser Stil war die Vorlage für den militärisch inspirierten zivilen Mantel der Zwischenkriegszeit, dem das elementar Soldatische damit sozusagen ins Genom gewoben war. Wer einen solchen Mantel in einer zeitgenössischen Großstadt trägt, fühlt instinktiv, notfalls für einen Sturm ins Niemandsland gerüstet zu sein.

Abschließend ein Wort zum Thema Pelz. Natürlich ist es völlig legitim und sogar empfehlenswert, Pelz zu tragen – allerdings nur in der Form eines Innenfutters. Ein Pelzkragen ist aus einem rein formalen Blickwinkel heraus zulässig, sofern der Mantel mit dem gleichen Pelz gefüttert ist, doch wirkt dieses Arrangement unweigerlich feminin und muss deshalb vermieden werden. Ein Pelzkragen bei einem Herrenmantel ohne Pelzfutter ist nicht nur feminin, sondern darüber hinaus absurd.

39

Trage eine Kopfbedeckung!

Für Männer gibt es innerhalb der zivilen Garderobe nur zwei Arten der Kopfbedeckung: den klassischen Hut in seinen zahllosen Varianten und die klassische Schirmmütze in den ihren. Alles andere ist der Befassung nicht wert: Die Baseball-Mütze zeichnet weniger die Jung- als vielmehr die Zurückgebliebenen aus, die Strickmütze die Non-Entitäten, die Trappermütze die Bekloppten. Es ist deshalb bemerkenswert, dass es gerade die letzteren Formen der Kopfbedeckung sind, die das Straßenbild der Jetztzeit prägen. Die Kopfbedeckung des echten Mannes hingegen erregt unweigerlich Aufmerksamkeit, insbesondere der klassische Hut, sofern er zu Anzug oder Mantel getragen wird. (Dass der Hut bisweilen auch dazu herhalten muss, die infantile Aufmachung des großstädtischen Retardierten zu komplettieren, braucht uns in diesem Kontext nicht zu interessieren.)

Mit dem Hut verhält es sich im Grunde wie mit der Krawatte: Bildete er bis in die Sechzigerjahre hinein noch ein selbstverständliches Requisit der männlichen Garderobe, so verschwand er kurz nach dem endgültigen Sieg der Vulgarität. Aber da er sich, anders als die Krawatte, nicht dafür eignete, zum Bestandteil einer institutionellen Livree zu mutieren, war sein Verschwinden so komplett, dass er kurz darauf im Straßenbild schlicht nicht mehr vorkam. »Straßenbild« – dieser Begriff ist hier wichtig, denn anders als die Krawatte, die vor allem den Innenräumen entspricht und außen durch Schal und Mantel verdeckt sein kann, entspricht der Hut ganz und gar dem öffentlichen Raum. Hier diente er zur Kennzeichnung des Mannes als Herrn. Dass er mit dem Sieg der *castrati* über den Mann, der Nivellierer über den Herrn, verschwinden musste, ist konsequent. Damit war der Herr im öffentlichen Raum nicht mehr vertreten, war der öffentliche Raum egalisiert und entmännlicht.

Wenn der klassische Hut deshalb Aufmerksamkeit erregt, so nicht nur seiner Unzeitgemäßheit wegen. Vielmehr behauptet er im okkupierten öffentlichen Raum, den die Heutigen ganz nach ihrem Gusto umgestaltet haben, ein diesen todfeindliches Prinzip. Sein Träger ist der Feind im eigenen Haus, der die kulturelle Dominanz der Heutigen in aller Frechheit infrage stellt. Für sich genommen sowie in seiner Unzeitgemäßheit bedeutet das Ensemble des Hutes und des militärisch inspirierten Mantels der Zwischenkriegszeit einen so subtilen wie effektiven Akt des Widerstands im Herzen des besetzten Territoriums.

40

Trage eine Kopfbedeckung, aber trage sie richtig!

Dabei ist einiges zu beachten, denn wie kaum ein anderes Element der dandystischen Ausstattung ist der Hut dazu angetan, bei unsachgemäßem Einsatz das exakte Gegenteil des beabsichtigten Effekts zu erzielen. Ein falsch gewählter Hut wirkt lächerlich und erzeugt Amüsement statt Verwirrung, und – das kann gar nicht häufig genug wiederholt werden – nichts schadet der Sache mehr als das clowneske Zerrbild des Dandys.

Zunächst muss man sich darüber im Klaren sein, welcher Typ Hut überhaupt infrage kommt. Das ist recht einfach zu beantworten: Ausschließlich der schlichte Klapprandhut in seinen unterschiedlichen Varianten fügt sich dem Gesamtbild so ein, dass das Ergebnis nicht affektiert, nostalgisch oder anderweitig gewollt wirkt. Den Homburg tragen nur sehr alte Männer mit Panasch, jeder andere gibt ein nostalgisches Bild ab. Das ist bedauerlich, denn im Grunde bildet der Homburg eine sehr harmonische Ergänzung der urbanen oder förmlichen Garderobe. Gar nicht bedauerlich ist es demgegenüber, dass der *bowler hat* mit einem strikten Verbot belegt werden muss. Der *bowler hat*, dessen tradierte deutsche Bezeichnung »Melone« bereits zur Vorsicht mahnen sollte, war schon immer eine fragwürdige Angelegenheit: Während der Klapprandhut wie auch der Homburg eher zur Schärfung der Gesichtszüge beitragen, löst der *bowler hat* sie in ein rundliches Etwas auf. Die gute alte Zeit heraufbeschwörend, ist er obendrein nostalgisch, und lächerlich macht man sich damit in jedem Falle. Ebenso lächerlich macht man sich natürlich mit einem Zylinder, und zwar auch dann, wenn man ihn zu Frack oder Morgenanzug trägt. Hier gilt, was wir zuvor über typische Elemente der Garderobe des neunzehnten Jahrhunderts gesagt haben.

Aber auch beim schlichten Klapprandhut ist Umsicht geboten. Während etwa ein eckiges Gesicht nach einem Hut mit breiterer Krempe verlangt, sieht ein breitkrempiger Hut über einem sehr schmalen Gesicht schon wieder albern aus, da die so entstehende Kontur der eines Pilzes gleicht. Ein schmales Gesicht verlangt deshalb nach einem schmalkrempigen Hut, der wiederum einem eher runden Gesicht nicht gut ansteht. Dieses verträgt sich am besten mit einem etwas höheren Hut mit mittelbreiter Krempe. Dieselben Regeln gelten für sommerliche Hutvarianten, also den Panama-, Stroh- oder Canvashut. Dass der *boater* (zu deutsch: »Kreissäge«) völlig inakzeptabel ist und weder beim Stechkahnfahren noch bei Bootsrennen noch sonst irgendwo getragen werden sollte, versteht sich von selbst.

41

Trage Tweed!

Für einen Briten ist es verhältnismäßig leicht, seiner Opposition gegen das Establishment Ausdruck zu verleihen: Ein Tweed-Sakko, mehr noch ein Tweed-Anzug, gar mit Pullunder und Woll-, Schul- oder College-Krawatte, gelten als Zeichen rebellischer Distanz zum Zeitgeist und seinen Vertretern. Das liegt daran, dass der Tweed nach gängigen (wenngleich inakkuraten) Klischees die Kleidungsgewohnheiten der britischen Vorkriegs-Oberschicht prägte. Obwohl diese Schicht samt ihren Regeln und Statussymbolen längst im Hintertreffen ist, dient ihre Projektion den Heutigen dortzulande noch immer als nützliches Feindbild: Wem nachgesagt werden kann, er sei ein *toff*, muss sich erklären; und wer sich etwa als Politiker auf der Fuchsjagd, im Frack oder eben in einem Tweed-Anzug, ablichten lässt, wird die nächste Kabinettsumbildung kaum überstehen. – Der britische Dandy-Rebell (wie ihn etwa die Zeitschrift *The Chap* kultiviert) dreht diesen Spieß nun um. Indem er alles daran setzt, jenem Feindbild des *toff* bis ins Detail und darüber hinaus zu entsprechen, indem er also Fuchsjagd, Frack und Tweed ostentativ zum Besten gibt und dabei nicht verschämt, sondern außerordentlich fröhlich aus der Wäsche schaut, geht das Tabu hinten gegen die Wand, und aus dem Feindbild wird ein Gegenbild: das Gegenbild zum säuerlich dreinblickenden Puritaner und Gleichheitsaficionado, den eh niemand leiden kann und der in diesem Kontrast nochmals unsympathischer wirkt. In diesem Sinne ist Tweed sehr gefährlich, und deshalb wird man David Cameron ebenso wenig in Tweed antreffen wie den etablierten Typus Hochschullehrer, Unternehmenslenker oder Journalist. Allerdings handelt es sich beim Tweed um Rebellion in jener sanften und kompromissbereiten Form, wie sie für gebildete Briten so typisch ist und dazu führt, dass diese sich fortwährend auf dem Rückzug befinden. Zudem ist Tweed auch an den Rändern des Establishments nichts Ungewöhnliches, was seinen rebellischen Charakter abermals schwächt.

Im deutschen Sprachraum ergeben die Bezüge des Tweeds auf die untergegangene britische Klassengesellschaft umso weniger Sinn, als es etwas substanziell Ähnliches auf dem europäischen Kontinent nie gegeben hat. Ganz im Gegenteil wird Tweed (oder

Tweedähnliches) in Kontinentaleuropa völlig wahllos als Substitut für den städtischen Anzug getragen, da man seine Logik nicht versteht. Tweed findet sich im Theaterfoyer ebenso wie in der Bank und im Bundestag (und vermutlich auch im Bordell). Den widerständigen Charakter, der ihm unter Briten eignet, vermag er deshalb hierzulande nicht einmal andeutungsweise zu entfalten.

Des ungeachtet spielt Tweed eine wichtige Rolle für uns, sofern zwei Bedingungen erfüllt sind: Zum einen muss das fragliche Kleidungsstück britischer oder irischer Provenienz sein. Ein Tweed-Sakko aus deutscher Produktion ist ähnlich absurd wie ein Trachtenjanker aus Spanien oder ein Cowboyhut aus Japan. Nur der klassische britische Schnitt verträgt sich mit dem Material. Zum anderen muss ein Tweed-Jackett schäbig sein. Ein intaktes Tweed-Jackett evoziert das Bild eines wohlhabenden Gebrauchtwagenhändlers beim Gosch auf Sylt. Ein schäbiges Tweed-Jackett hingegen erfüllt zum einen die Voraussetzungen, die uns die Geschichte vom letzten Herrn lehrt (Sekt. 24: »Orientiere dich am letzten Herrn!«); und es beugt noch entschiedener als ein alter Anzug der Gefahr vor, mit einem institutionellen Funktionär verwechselt zu werden. Und schließlich ist ja doch zu bedenken, dass ein gutes englisches Tweed-Sakko etwa aus den Dreißiger- oder Vierzigerjahren einer seinerzeit noch lebendigen aristokratischen Tradition entstammt, die (auch wenn man sich scheut, den allzu stereotyp gewordenen Begriff »Gentleman« zu nennen) das meiste von dem verkörpert, wofür der Dandy des einundzwanzigsten Jahrhunderts steht.

Auch hier einige praktische Ratschläge. Lederflicken an den Ärmeln sind nur – und zwar ausschließlich dann – zulässig, wenn diese völlig durchgescheuert sind oder besser, wenn sie schon Löcher aufweisen. Da dieser Fall angesichts der Robustheit des Materials selbst bei jahrzehntelangem Gebrauch äußerst selten auftritt, enthält unser Kleiderschrank mit großer Wahrscheinlichkeit keine Tweed-Jacketts mit Lederflicken. Kombinieren kann man Tweed mit fast allem, sofern der Grundsatz der Unzeitgemäßheit gewahrt bleibt: *Cavalry-Twill-* und Flanellhosen natürlich, Chinos weniger gerne, wenn man nicht für einen BWL-Studenten auf Heimaturlaub gehalten werden möchte. Pullover und Pullunder bilden eine gute Ergänzung zum Tweed-Jackett, wobei insbesondere solche mit Fair-Isle-Muster der Erscheinung etwas Unzeitgemäßes verleihen. Krawatten sollten so gewählt werden, dass man kein unnötig urbanes Element in die Erscheinung einführt. Wollkrawatten erfüllen diese Bedingung, ebenso Schul- oder Universitätskrawatten, sofern man eine Schule oder Universität besucht hat, die eigene Krawatten ausgibt. Ist Letzteres nicht der Fall, sollte man sich nicht mit fremden Federn schmücken. Ein Halstuch verträgt sich mit Tweed ausgezeichnet. Auf das Einstecktuch sollte man demgegenüber verzichten. Schwarze Schuhe sind keinesfalls zulässig.

42

Trage Tracht!

Nicht, dass es im deutschen Sprachraum kein Äquivalent zum britischen Tweed-Modell der Rebellion gäbe. Allerdings sind die Voraussetzungen völlig andere, wenn auch ähnliche Vorbehalte gelten. Der Unterschied erklärt sich, kurz gesagt, wie folgt. Das britische Modell funktioniert vor dem Hintergrund einer historischen gesellschaftlichen Hierarchie, deren gewesener Oberschicht das moderne britische Establishment eine künstlich gepflegte Feindschaft entgegenbringt. Da Tweed mit dieser Oberschicht assoziiert wird (was eigentlich Unsinn ist), wird der Tweed-Träger als Provokateur empfunden.

Das deutsche Modell bezieht sich demgegenüber nicht auf gesellschaftliche, sondern auf kulturelle Oppositionen: In Deutschland wie auch in Österreich wird traditionelle Tracht üblicherweise mit Almbauern, Volksmusik und Schützenvereinen assoziiert, kurz, als Requisit einer zurückgebliebenen und hinterwäldlerischen Subkultur gesehen, die außer einigen Greisen niemanden mehr interessiert und über kurz oder lang im Mahlstrom des Nihilismus verschwinden wird. Dass diese Subkultur eine ausgeprägte Identität behauptet, eine natürliche Unzeitgemäßheit, die der Welt der Heutigen entgegensteht, bereitet diesen darum keine schlaflosen Nächte. Kitzlig wird es erst dann, wenn diese Subkultur ihre ländlichen und folkloristischen Reservate verlässt und in die Zentren vordringt.

Damit ist freilich kein Bauernaufstand gemeint, und was da vordringt, hat tatsächlich mit Almbauern, Volksmusikanten und Schützenvereinen nichts zu tun – ebenso wenig übrigens wie mit den verbliebenen Landadeligen, aber zu dem Thema hatten wir uns ja schon geäußert. Sehr wohl aber hat es etwas mit der Identität und Unzeitgemäßheit zu tun, die all jenen zugeschrieben wird: einer geistigen Tendenz, die mehr aus dem konkret Fassbaren, dem Hier und Jetzt, als aus den abstrakten Begriffen eines nihilistischen Humanismus heraus lebt. Das übersetzt sich bisweilen in politische Oppositionen, aber um die geht es uns nicht.

Es kommt darauf an, wer Tracht trägt und wo er sie trägt. Während ein achtzigjähriger Landwirt in der Steiermark keine Gefahr darstellt, sieht es schon ganz anders aus, wenn ein dreißigjähriger Juniorprofessor der soziologischen Fakultätsratssitzung an der Universität Wien im Steireranzug beiwohnt. Das ist nicht nur unzeitgemäß, sondern transportiert zudem ein uraltes Prinzip in die Welt derer hinein, die das Glück gerade erst erfunden haben, und stellt sowohl diese Welt als auch ihr Glück infrage. Wenn die Heutigen sagen, im Grunde sei alles gleich und Unterschiede hätten nur dann ihre Berechtigung, wenn sie dem Grundsatz der allgemeinen Gleichförmigkeit nicht in die Quere kämen, so symbolisiert die Tracht den Unterschied, der sich nicht in Gleichförmigkeit aufheben lässt.

Wien ist natürlich eine Sache, aber der nichtalpine Raum eine ganz andere: In Hamburg oder Berlin fällt der Unterschied nochmals stärker ins Gewicht. Vor allem in Berlin als der durch und durch nivellierten Hauptstadt aller Zeitgenossen bewährt sich der Trachtenjanker oder -anzug ausgezeichnet dabei, Opposition gegen das Axiom der Mediokrität zu verlautbaren. Generell ist Tracht insbesondere dort am Platze, wo niemand sie erwarten würde.

Auch hier sind Regeln zu beachten. Vor allem darf der Träger eines Trachtenjacketts oder -anzugs unter keinen Umständen den Eindruck erwecken, er meine es ironisch. Ironie ist die Waffe der Schlechtweggekommenen und Ressentimentgeladenen und deshalb verwerflich. Somit ist die Tracht – außerhalb jener Bergregionen, wo ihr eine andere Bedeutung eignet – stets in sehr reduzierter Form anzuwenden, um der Gefahr vorzubeugen, den Effekt durch Übertreibung zu zerstören. Lederhosen, Gamsbärte und dergleichen stellen eine solche Übertreibung dar, aber schon ein vollständiger Trachtenanzug im Sinne einiger bestimmter alpiner Traditionen kann in unserem Zusammenhang kontraproduktiv wirken. Darum beschränken wir uns auf eine Trachtenjacke oder einen Trachtenanzug (die Hose eher ohne Biesen), die ansonsten mit nicht-trachtigen Elementen zu kombinieren sind – hier geht alles, was auch zu Tweed passt. In der kalten Jahreszeit empfehlen sich dazu ein Lodenmantel – vielleicht sogar mit Hamsterpelzfutter – und ein Lodenhut, der allerdings so schlicht wie möglich gehalten sein sollte. Die Trachtenjacke selbst sollte ebenfalls puristisch sein: also hochgeschlossen mit Stehkragen sowie Rückenspange und eher ohne Revers. Hirschhornknöpfe sind Metallknöpfen vorzuziehen. Auch farblich ist auf Zurückhaltung zu achten: Der klassische graue Steirer Anzug gibt die Richtung an.

Es gilt hier allerdings derselbe Vorbehalt, der auch die revolutionäre Potenz von Tweed im britischen Zusammenhang begrenzt: Tracht ist selbst in Hamburg (weniger allerdings in Berlin) an den oberen Rändern des Establishments nichts allzu Ungewöhnliches und findet sich auf Zusammenkünften der Rotarier ebenso wie auf Gartenpartys des Norddeutschen Regatta Vereins. Um bei solchen

Gelegenheiten (aus welchem Grunde auch immer es einen dorthin verschlagen sollte) nicht aus der Rolle zu fallen, ist Augenmaß gefragt: So mag ein entschieden schäbiges Tweed-Jackett hier eher am Platze sein als die Trachtenjacke. Aber das sind Randphänomene. Grundsätzlich gilt: Überall dort, wo die Heutigen das allgemeine Glück feiern, kann ihnen ein Mann im hochgeschlossenen Trachtenanzug zumindest die Festtagssuppe versalzen.

KAPITEL 3

Rauchwerfer und entflammbare Flüssigkeiten

43

Sei Kulturmensch und lass die Puritaner leiden!

Der amerikanische Schriftsteller H. L. Mencken prägte die bekannte Definition: »Puritanismus: die quälende Angst, dass irgendjemand irgendwo glücklich sein könnte«. Zwar ist der Puritanismus ursprünglich aus einem religiösen, genauer einem antikatholischen Impetus heraus entstanden, aber das ist nur die halbe Wahrheit. Vor allem handelt es sich um eine totalitäre Haltung, die auch ganz losgelöst von religiösen Begründungszusammenhängen besteht. Sie fußt gemeinhin auf einem militanten Moralismus, der sich umso eifriger gebärdet, desto zweifelhafter seine Legitimation ist.

Dass den Heutigen eine starke puritanische Tendenz zu eigen ist, mag zunächst überraschen: Kaum etwas scheint sich ja mit den Grundsätzen der Konsum- und Überflussgesellschaft weniger zu vertragen als der Puritanismus. Doch natürlich sind die Heutigen keine Puritaner nach dem historischen Modell. Lag diesem eine übermäßige Hingabe an religiöse Vorstellungen zugrunde, so prägt die Heutigen der Glaube an nichts, der Nihilismus. Bemerkenswerterweise ist es aber gerade dieser Glaube an nichts, dem jener Hypermoralismus der Heutigen entspringt, in dem sie den Puritanern vergangener Tage so bestürzend ähnlich sind. Ähnlich – aber freilich nicht gleich; denn natürlich schlägt sich der Hypermoralismus eines nihilistischen Menschenschlags in ganz anderen Formen nieder als der religiös begründete Puritanismus.

Im nihilistischen Zeitalter konzentriert sich militanter Moralismus vor allem auf den Körper. Das kann auch nicht überraschen, denn der Sinnhorizont des Nihilisten musste notwendig auf diesen Punkt zusammenschnurren: Wer Transzendenz, Seele, Ethos und Idee aus seiner Existenz verbannt hat, dem bleibt nichts als der Körper, und dieser ist dann sein Ein, Alles und Höchstes. Der »Sinn« seiner Existenz besteht nun darin, den Körper zu pflegen, zu erhalten und zu optimieren, die Bedürfnisse des Körpers zu erfüllen und schließlich alles zu bekämpfen, was dem Körper irgendwie schaden könnte. Der Körper gibt ihm die Regel vor, und da der (wenn man so will) Wille des Körpers im biologischen Überleben liegt, wird dieses biologische Überleben das übergeordnete Ziel des nihilistischen Menschen, der Sinn seines Daseins.

Unter diesem Gesichtswinkel bedeutet Moral vorrangig das biologische Wohlergehen des Körpers, jedes Körpers: Was den Bedürfnissen und Funktionen von Körpern dient, ist moralisch. Wenn etwas demgegenüber dem Wohlergehen des Körpers schadet, ist es verwerflich oder auch kriminell. »Gut« sind Medizin, Sport und gesunde Ernährung; »böse« alles, was dem entgegensteht.

Damit reduziert sich das Dasein auf seine biologische Quantität: Der puritanische Nihilist überlebt, aber seine Existenz entspricht der des Tieres – nein, steht hinter der des Tieres zurück, denn während das Tier seine Potenz im Überleben verwirklicht, verschwendet der nur überlebende Mensch die seine, macht sich künstlich klein. Demgegenüber der Kulturmensch: Dieser lebt, indem er den Körper hintanstellt und gelegentlich bis zur Möglichkeit des Untergangs gefährdet; indem er die Balance zwischen Untergang und geistiger Steigerung so lange wie möglich hält, denn nur in dieser Balance ist wahres, wertvolles Leben, ist Glück möglich. Gerade die Wahrscheinlichkeit, dass die Balance irgendwann kippt und der Untergang unausweichlich wird, verleiht diesem Glück seine Dauer, denn »Glück« ohne die Aussicht auf den Tod ist vulgär, ist kein Glück.

Das Dasein des Kulturmenschen, seine Formen der Vergeistigung, erachtet der puritanische Nihilist notwendig als »böse«: Wo die Hege des Körpers in sich selbst einen moralischen Wert bildet, ist die wissentliche Gefährdung des Körpers ein moralisches Übel, und wo der Kulturmensch glücklich ist, da gilt die Moral des Puritaners nicht. Darum erfasst den nihilistischen Puritaner beim Anblick des kulturmenschlichen Glückes jene »quälende Angst, dass irgendjemand irgendwo glücklich sein könnte«, und er sucht es zu unterbinden: durch öffentliche Anklage und in letzter Instanz durch die Kriminalisierung dieses Glücks. Dann werden die großen Bürokratien aufgefahren, um den Kulturmenschen zu zwingen, seinem Glück zu entsagen.

Im einundzwanzigsten Jahrhundert ist der Dandy der Kulturmensch schlechthin. Die von ihm kultivierten Formen des Genusses erzeugen ebenjene Vergeistigung des Daseins und jenes Glück, das der puritanische Nihilist verabscheut: Dass diese Vergeistigung ein Balancieren zwischen Steigerung und Untergang bedeutet, kommt zudem seiner Liebe zur Gefahr entgegen, die das Ungefährliche für tendenziell wertlos erachtet.

Für den religiös begründeten Puritanismus stehen Namen wie Calvin oder Cromwell – schwierige Leute, bezüglich derer die Meinungen auseinandergehen. Vieles von dem, was den Puritanismus unserer Gegenwart ausmacht, haben diese beiden – und andere – vorweggenommen: Hypermoralismus und die Verrechtlichung der Moral, ausgedehnte Ordnungssysteme, deren Bürokratien jede Abweichung vom Moralkodex mit Strafen belegen, die Feindschaft gegen den Genuss. Nicht umsonst ging ein Aufatmen durch die Britischen Inseln, als die Puritaner sich 1620 auf der *Mayflower* davonmachten, um ihr Unwesen fortan als »Pilgerväter« in den Überseekolonien zu treiben. Die weniger einnehmenden Seiten des nordamerikanischen Nationalcharakters sind wesentlich eine säkularisierte Form des Eiferertums dieser »Pilgerväter«.

Verglichen mit dem Puritanismus unserer Zeitgenossen waren Calvin und Cromwell allerdings recht gemütlich: Von einer antirömischen Deutung des christlichen Gedankens getrieben, blieb ihre Bösartigkeit insofern konkret und berechenbar, als sie menschliche Verhaltensweisen nur im Rahmen ihrer Bibeldeutung kriminalisierte. Der Puritanismus der Jetztzeit beschränkt sich nicht auf etwas derart Überschaubares, im Gegenteil: Gerade weil er religiöse Letztbegründungen ausschließt und das »Gute« in abstrakten, allumfassenden und unendlich dehnbaren Begriffen ortet, ist sein Anspruch total. Er bewirkt eine Moralisierung aller, auch der privatesten Lebensbereiche, von der Calvin und Cromwell nicht zu träumen gewagt hätten. Sein Ziel ist erst dann erreicht, wenn auch der letzte Herrgottswinkel nach seinen moralischen Begriffen umgestaltet ist, und zwar gemäß allen denkbaren Facetten dieser Begriffe.

Im Zuge dieser Umgestaltung müssen dem Einzelnen bestimmte Verhaltensweisen, die sein Glück einschränken, aufgezwungen werden. Denn was für den Einzelnen Glück bedeutet, bedeutet für den Puritaner einen Verstoß gegen das »Gute«. Hiermit haben wir den Bogen zu Menckens Definition des Puritanismus geschlagen, denn wenn irgendjemand irgendwo glücklich wäre, dann gälte dort die Moral des Puritaners nicht, und dieser Gedanke ist ihm unerträglich. Sobald er die Macht an sich gerissen hat – wie Calvin in Genf, Cromwell auf den Britischen Inseln oder die Heutigen weltweit –, werden deshalb Zuwiderhandlungen gegen seine Moral mit Strafen belegt. Strafbar sind diese Zuwiderhandlungen nicht in dem trivialen Sinn, in dem etwa ein Mord strafbar ist, sondern in einem höheren, moralischen Sinn, weshalb auch die Strafe härter ausfällt.

Alles das wäre für sich genommen jedoch nicht der Erwähnung wert, denn um persönliches Glück geht es in diesem Buch nicht. Es geht um Rebellion, und Glück ist nur insofern für uns interessant, als es die nihilistisch-puritanische Moral der Heutigen bricht. Wo man diese Gesetze gegen den Tabak erlässt, was das Zeug hält, verantwortungsvollen Alkoholkonsum anmahnt und ansonsten dazu rät, viel Gemüse zu essen, da raucht der Dandy, bis die Gesundheitsapostel an ihrem gekünstelten Hüsteln ersticken, und trinkt einen darauf. So wie in der Geschichte von den Lebenden.

44

Schaue auf die Lebenden!

Gerade noch rechtzeitig war Thomas de Vriend der Geburtstag seines Großonkels Valentin eingefallen. Diesen Geburtstag zu versäumen wäre nicht angegangen, denn erstens handelte es sich bei Onkel Valentin um einen derjenigen Verwandten, die Thomas de Vriend am Herzen lagen, und zweitens war es Onkel Valentins letzter Geburtstag.

Die Privatklinik, in der Onkel Valentin seit einem Jahr lebte, war in einem mittelgroßen Herrenhaus einige Kilometer von Berlin untergebracht. Architektonisch war das Gebäude unbedeutend, passabler Gründerzeitstil allenfalls, aber inmitten des großen Parks bot es mit seiner sorgsam geweißten Fassade, seinem hohen, mit Biberschwanzziegeln gedeckten Dach und der Pappelallee, die vom Tor herabführte, doch einen erfreulichen Anblick.

Thomas de Vriend stieg die Freitreppe hinauf und betrat das Vestibül. Von der Atmosphäre eines Krankenhauses war hier nichts zu spüren; im Gegenteil hatte man sich sichtlich bemüht, dem Charakter des Gebäudes mittels einiger hübscher Möbelstücke und Gemälde gerecht zu werden. Als Thomas de Vriend eines dieser Gemälde – eine Landschaft im Stil von Watteau – gerade genauer in Augenschein nehmen wollte, trat eine junge Frau in Schwesterntracht aus einer der Türen, die von der Halle abgingen. Man sollte erwähnen, dass auch diese Schwesterntracht nicht dem tristen Standard moderner Krankenhäuser entsprach, sondern – hellblaues Kleid, weiße gestärkte Schürze und Haube – im Gegenteil überaus bekömmlich wirkte. Hübsch war das Mädchen obendrein.

»Bitte, ich suche Herrn von Loudéac«, rief Thomas de Vriend der Krankenschwester zu.

Diese errötete und lachte gleichzeitig. »Zimmer sieben. Sie müssen nur die Treppe hinaufgehen, dann den Gang entlang. Zimmer sieben ist ganz hinten rechts.«

Thomas de Vriend dankte. Auch der Gang im ersten Stock war mit Gemälden behangen, unter denen vor allem ein recht gelungenes Porträt aus dem Biedermeier ins Auge stach. Nachdem Thomas de Vriend das Porträt für einige Minuten betrachtet hatte, klopfte er an die Zimmertür seines Onkels. Eine kräftige Stimme hieß ihn eintreten.

»Guten Tag, Onkel Valentin!«, begrüßte Thomas de Vriend den hochgewachsenen Mann, der sich aus einem Sessel am Fenster erhoben hatte und auf ihn zutrat. »Herzliche Glückwünsche zum Geburtstag!«

»Schön, dass du dran gedacht hast, mein Junge«, sagte Valentin von Loudéac, schüttelte Thomas de Vriends Hand und nahm sein Geschenk entgegen. »Ein Ardbeg Kildalton, 57,6 Prozent – großartig, herzlichen Dank auch dafür!« Er entkorkte die Flasche und füllte zwei Gläser, die er einem großen Eichensekretär entnahm.

»Dein Wohl, Onkel Valentin!«, rief Thomas de Vriend und hob sein Glas.

»An dem gibt es keinen Zweifel!«, antwortete Onkel Valentin fröhlich, und sie stießen an.

Der Krebs hatte Valentin von Loudéacs eindrucksvoller Erscheinung nichts anhaben können. Dünner war er wohl geworden, aber da er schon immer sehr schlank gewesen war, fiel das kaum ins Gewicht. Auch der kahle Schädel ließ ihn allenfalls schneidiger erscheinen, stellte das Soldatische an ihm noch prägnanter heraus. Hinzu kam freilich, dass er – wie stets, anders hatte Thomas de Vriend ihn noch nie gesehen – einen gut geschnittenen Anzug und Krawatte trug.

Sie plauderten über Familienangelegenheiten, über dieses und jenes, und kamen schließlich auf Onkel Valentins derzeitige Situation zu sprechen. »Fabelhafte Sache, diese Klinik«, erläuterte Onkel

Valentin, »erinnert mich immer wieder an unser Offizierskasino in Bogotá.« In den Fünfzigerjahren, während seiner Zeit als Söldner, hatte Valentin von Loudéac als Offizier auf irgendeiner Seite des kolumbianischen Bürgerkriegs gedient und dachte gerne an jene Tage zurück. »Vielleicht ist es sogar noch besser hier – bist du den Schwestern schon über den Weg gelaufen?«

Thomas de Vriend erzählte von seiner Begegnung in der Halle und dass die Krankenschwester bei der Erwähnung des Namens Loudéac seltsam reagiert habe. Onkel Valentin lachte laut auf. »Das will ich meinen! Als sie vorhin hier war, um meine Fenster zu schließen, habe ich ihr durch das Kleid hindurch den Büstenhalter geöffnet. Keine geringe Leistung, Übung macht den Meister! – Aber jetzt lass uns ein wenig hinuntergehen, ich möchte dich den Kameraden vorstellen.«

Der Gemeinschaftsraum der Klinik hatte den Umfang eines kleinen Ballsaals. Decke und Wände waren mit ansehnlichen Stuckaturen versehen, französische Fenster gingen auf den Park hinaus. Wohlwollend bemerkte Thomas de Vriend, dass man sich auch hier große Mühe mit der Einrichtung gegeben hatte: Empiremöbel aus Mahagoni, Ledersessel, Kristallkronleuchter, Gemälde in schweren Rahmen sowie Gobelins verliehen dem Raum die Atmosphäre eines Herrenclubs. Die Herren selbst, die in kleinen Gruppen beieinandersaßen, plauderten, Schach spielten oder lasen, taten ein Übriges, diesen Eindruck hervorzurufen. Wie Valentin von Loudéac selbst, so waren auch seine Kameraden makellos gekleidet; ihre gedämpften Stimmen und sparsamen Gesten teilten dem Raum eine Atmosphäre gediegener Vornehmheit mit. Kahlköpfig waren sie alle, ebenso sehr dünn, wobei einigen bereits Zeichen des bevorstehenden Untergangs ins Gesicht geschrieben standen. Aber das schien niemanden zu stören, am allerwenigsten die solcherart Gezeichneten selbst: Gerade sie legten eine unbeschwerte Heiterkeit an den Tag, die nichts von kompensierter Furcht oder Torschlusspanik an sich hatte.

»Meine Herren«, rief Onkel Valentin, indem er auf eine der Gruppen zutrat, »erlauben Sie mir, Ihnen meinen Neffen Thomas de Vriend vorzustellen! – Thomas, das sind Justizrat Breuning, Brigadier Reger-Reckbaum und Minister a. D. Graf Weil.«

Die drei Herren erhoben sich und hießen Thomas de Vriend willkommen. »Setzen Sie sich doch«, schlug der Brigadier in einem eleganten Wiener Tonfall vor, der in Thomas de Vriend Erinnerungen an seine Studentenzeit weckte. »Bevor Sie hereingekommen sind, hatten wir uns gerade darauf geeinigt, dass es so gut wie achtzehn Uhr und damit Zeit für eine Erfrischung und eine Zigarre ist. Mögen Sie sich uns anschließen?« Thomas de Vriend schaute unwillkürlich auf seine Armbanduhr, die halb drei Uhr nachmittags anzeigte, und grinste. In diesem Moment betrat ein Mann in einem weißen Kittel den Raum. »Oberarzt Dr. Vandefeld!«, rief der Brigadier, »die strategische Situation verlangt nach Rauchwerfern und leicht entflammbaren Flüssigkeiten, aber ohne direkten Befehl des Oberkommandos schweigt die Artillerie. Wie lautet Ihre Anweisung?«

»Alle Batterien Feuer frei!«, antwortete der Oberarzt lachend. »Darf ich mich zu Ihnen setzen?« Der Brigadier schlug die Hacken zusammen. Während Thomas de Vriend noch einige Sessel heranzog, platzierte Onkel Valentin ein Silbertablett mit Karaffe und Gläsern auf einem kleinen Tisch und entnahm einem Schränkchen, das sich bei genauerer Betrachtung als Humidor herausstellte, eine Kiste Zigarren. Man schenkte ein und ließ die Kiste herumgehen, Streichhölzer flammten auf, und sogleich lag das sanfte Aroma kubanischen Tabaks in der Luft. Mit Ausnahme von Thomas de Vriend und des Oberarztes husteten zunächst alle ein wenig. »Sie müssen das Geröchel entschuldigen«, sagte der Oberarzt zu Thomas de Vriend. »Eine Minderung der Lungenfunktion hat auch ihre Nachteile.«

»Die sich durch intensivierten Tabakkonsum aber unschwer ausgleichen lassen«, fügte der Justizrat keuchend hinzu. »Wer raucht, wird unsterblich.«

»Zumindest für das nächste halbe Jahr!«, ergänzte der Minister a. D. unter allgemeinem Gelächter.

»Das ist unerhört!«, ließ eine dünne, hohe Stimme sich vernehmen. Thomas de Vriend wandte sich um. Die Stimme gehörte einem kleinen Mann mit weißem Kittel und randloser Brille, der unbemerkt hereingekommen sein musste und vor Zorn kurz vor dem Platzen schien. »Unerhört ist das! Herr Kollege –«, er blickte den Oberarzt an, »ich muss mich über Sie wundern.« Der Oberarzt zog an seiner Zigarre, was den kleinen Mann noch mehr in Rage versetzte. In dem offenkundigen Bemühen, einen autoritären Eindruck zu machen, blickte er langsam in die Runde der Rauchenden. »Gemäß der Hausordnung ist Tabakkonsum auf dem gesamten Klinikgelände strikt untersagt. Wollen Sie sich alle den Tod holen?« Allgemeines Gelächter scholl durch den Raum.

»Nun gut, Sie haben es nicht anders gewollt« – die Stimme des kleinen Mannes wurde noch schriller – »und sagen Sie nicht, ich hätte Sie nicht mehrfach gewarnt! Der Nächste, den ich rauchend erwische, wird umgehend in das Kreiskrankenhaus verlegt. – Und was Sie angeht, Herr Kollege –«, wieder richtete er seinen Blick auf den Oberarzt, »so kann ich ernsthafte disziplinarische Maßnahmen leider nicht ausschließen. Guten Tag!« Mit einem Knall schloss der kleine Mann die Tür hinter sich.

»Der neue Chefarzt, Professor Koch«, erklärte Onkel Valentin. »Eine lästige kleine Kreatur.«

»Denken Sie, er wird seine Drohung wahr machen?«, fragte der Minister a. D.

Der Oberarzt nickte nachdenklich. »Was mich betrifft, auf jeden Fall. Die Sache mit dem Kreiskrankenhaus sollte man auch nicht auf die leichte Schulter nehmen. Professor Koch ist bekanntermaßen ein schlechter Mediziner und nur über politische Patronage an seine diversen Pöstchen gelangt. Seit Neuerem agiert er sogar als medizinischer Berater irgendeiner größeren Bundestagsfraktion. Da hat er einiges zu verlieren, wenn bekannt wird, was wir hier treiben.«

»Dann müssen wir wohl handeln«, sagte Onkel Valentin und legte seine Zigarre in einen Aschenbecher.

Eine Viertelstunde später betraten Onkel Valentin, der Oberarzt, der Brigadier, der Justizrat, der Minister und Thomas de Vriend ohne anzuklopfen das Büro des Chefarztes, der soeben ein Telefonat mit der Europäischen Kommission führte und dabei wichtig dreinblickte. Onkel Valentin nahm ihm den Hörer aus der Hand und legte ihn auf die Gabel. »Hören Sie, Koch«, sagte er ruhig, während der Chefarzt vor Wut kein Wort herausbrachte, »Ihr Auftritt vorhin im Gemeinschaftsraum war unangemessen. Dass Sie sich dafür entschuldigen, erwarten wir von jemandem wie Ihnen nicht, aber weitere Szenen dieser Art können wir nicht tolerieren. Sowohl mich als auch meine Kameraden wird es in einigen Monaten nicht mehr geben, und was wir während dieser Monate tun oder lassen, ist allein unsere Angelegenheit. Wir haben alle ein gutes Leben geführt, besser als Sie, Koch, es je führen werden. Wenn wir deswegen ein wenig früher abtreten müssen, so macht uns das nichts aus. Aber diese letzten Monate wollen wir so leben, wie wir es gewohnt sind, nicht, wie Sie oder Ihre politischen Freunde es für richtig halten. Im Übrigen missfällt es uns, dass Sie Oberarzt Dr. Vanderfeld am Zeug zu flicken versuchen, das unterlassen Sie bitte. Haben wir uns verstanden?«

Der Chefarzt sprang von seinem Sessel auf und schrie, man solle sofort sein Büro verlassen, sonst rufe er die Polizei, und er werde alle sofort ins Kreiskrankenhaus einweisen lassen, und der Oberarzt sei ohnedies schon so gut wie gefeuert.

»Nun gut«, erwiderte Onkel Valentin. Er und der Brigadier, die ein Gutteil ihrer körperlichen Kraft bewahrt hatten, ergriffen den Chefarzt und zwangen ihn zu Boden. Dr. Vanderfeld hatte indes eine Spritze aufgezogen, die er nun an Professor Kochs Oberarm heranführte. Der Chefarzt brüllte wie am Spieß, und Dr. Vanderfelds Beteuerung, er werde überhaupt nichts spüren, trug nicht dazu bei, ihn zu beruhigen. Mit Hilfe der anderen gelang es schließlich, ihn so weit unter Kontrolle zu bringen, dass die Kanüle eingeführt werden konnte.

Nachdem die Polizei Professor Koch einige Stunden darauf am Bahnhof Zoo, wo er orientierungslos herumirrte, in Gewahrsam genommen hatte, fand man reichlich Heroin nicht nur in seinem Blut, sondern auch in seinen Taschen. Das Ganze ergab einen kleinen Skandal, seine politischen Freunde ließen ihn fallen, und nur eine Woche darauf wurde Oberarzt Dr. Vandefeld zum Chefarzt ernannt. Abermals bestätigte sich so die Regel, dass letztendlich doch immer das Gute siegt.

Als man Professor Koch also sachgerecht versorgt und im Anschluss erneut im Gemeinschaftsraum Platz genommen, die Gläser nachgefüllt sowie die Zigarren entzündet hatte, fragte Thomas de Vriend: »Das Leben gilt hier wenig, nicht wahr?«

»Aber ganz im Gegenteil, mein Junge!«, rief Onkel Valentin aus. »Das Leben gilt hier alles, nur das Überleben ist uns gleichgültig. – Wenn du noch ein wenig bleibst, werde ich dir zeigen, was ich meine.«

Man verbrachte einige sehr unterhaltsame Stunden über viel Whisky und einigen weiteren Zigarren im Gemeinschaftsraum. Schließlich blickte der Oberarzt auf die Uhr und sagte: »Es ist Zeit.«

Thomas de Vriend schaute seinen Onkel fragend an. Dieser sagte: »Unser Kamerad Monsignore Delling wird in einer Stunde abgeholt, um ins Universitätskrankenhaus verlegt zu werden, wo er in ein oder zwei Tagen sterben wird. Wir wollen uns jetzt von ihm verabschieden.« Er wandte sich um. »Haben Sie alles, meine Herren?«

»Jawoll«, rief der Brigadier fröhlich und hielt mit der einen Hand eine Flasche Cognac, mit der anderen eine mittelgroße Kiste Zigarren in die Höhe.

Gemeinsam gingen sie in den zweiten Stock hinauf und betraten das Zimmer des Monsignore, in dem sich schon zahlreiche weitere Herren sowie einige Krankenschwestern eingefunden hatten.

»Alles in Butter, Monsignore?«, fragte Onkel Valentin den alten Mann, der, an diverse Schläuche angeschlossen, in seinem Bett lag.

»Quicklebendig wie stets!«, flüsterte der Monsignore grinsend. Man brannte ihm eine Zigarre an, die ihm dann und wann an den Mund gesetzt wurde, damit er einen Zug nehmen konnte. Der Monsignore keuchte nicht schlecht, genoss die Party aber augenscheinlich sehr. Den Cognac verabreichte man ihm mit einem Teelöffel. Schließlich wurde er so munter, dass er einer der Krankenschwestern die Hand auf den Hintern legte, die dies einen Augenblick duldete. Nach einiger Zeit erklangen Schritte auf dem Gang, und die Pfleger traten ein, um den Monsignore abzuholen. Mit launigen Zurufen wie »Bis bald!«, »Gute Überfahrt!« und »Sehe Sie auf der anderen Seite, Monsignore!« verabschiedeten sich die Gäste.

Als Thomas de Vriend spät an diesem Abend am Schreibtisch saß und arbeitete, ging ihm eine kleine Szene durch den Sinn, die er beobachtet hatte, als der Monsignore schon abfahrbereit im Krankenwagen lag. Was sich abspielte, war dies, dass der Monsignore der Krankenschwester, die ihm jene kleine Anzüglichkeit hatte durchgehen lassen, auf eine sehr eindeutige Weise zuzwinkerte, worauf sie errötete und ihm eine Kusshand zuwarf. – Thomas de Vriend hielt kurz inne, grinste in sich hinein und fuhr dann mit seiner Arbeit fort.

45

»Thou shalt never not smoke«!*

»Ich verstehe es nicht, wie jemand nicht rauchen kann – er bringt sich doch, sozusagen, um des Lebens bestes Teil und jedenfalls um ein ganz eminentes Vergnügen! Wenn ich aufwache, so freue ich

* Aus »The Chap Manifesto«, *The Chap Magazine*.

mich, dass ich tagsüber werde rauchen dürfen, und wenn ich esse, so freue ich mich wieder darauf, ja ich kann sagen, dass ich eigentlich bloß esse, um rauchen zu können, wenn ich damit natürlich auch etwas übertreibe. Aber ein Tag ohne Tabak, das wäre für mich der Gipfel der Schalheit, ein vollständig öder und reizloser Tag, und wenn ich mir morgens sagen müsste: heut gibt's nichts zu rauchen – ich glaube, ich fände den Mut gar nicht, aufzustehen, wahrhaftig, ich bliebe liegen.« (Thomas Mann, *Der Zauberberg,* Hans Castorp dixit)

Es gibt viele Gründe zu rauchen, die sich grob in persönliche und politische aufteilen lassen. Hans Castorps Erwägungen verraten einen durch und durch persönlichen Blickwinkel, was man bei diesem Charakter nicht anders erwarten würde, und daran ist auch nichts Schlechtes: Wer das Rauchen nicht als geistigen und höchst privaten Genuss empfindet, der sollte gar nicht rauchen und die Politik auf anderem Wege betreiben.

46

Rauche zum Genuss!

Zu den persönlichen Gründen für das Rauchen: Ähnlich anderen Formen hohen Genusses ist auch das Rauchen vollendet synästhetisch. Der exquisite Geschmack des Rauches auf der Zunge verbindet sich mit seinem nochmals exquisiteren Duft, seinem Anblick, wie er in kleinen Schwaden emporsteigt und gemächlich verweht, und nicht zuletzt dem knisternden Geräusch des abbrennenden Tabaks bei einem stärkeren Zug. Dass dies einen ästhetisch begabten Menschen nicht ansprechen könnte, ist schlechterdings unvorstellbar. Zu den Eigenheiten unterschiedlicher Varianten des Tabakgenusses werden wir im weiteren Verlauf noch kommen, aber so viel sei schon gesagt: Das Rauchen ist ein unersetzlicher

Begleiter jeder geistigen Arbeit, gleich ob es sich um anspruchsvollere Formen der Lektüre oder um wissenschaftliche, literarische, musikalische oder bildende Schöpfung handelt.

Das kann auch nicht überraschen. Seit der Entdeckung des Feuers vor einer Million Jahren ist der Geruch des Rauchs ein Kennzeichen des Heimeligen: des Ortes, an dem Helligkeit, Wärme, Sicherheit und Schutz vor wilden Tieren gegeben war, der das Obskure aus sich verbannte und die Gemeinschaft zusammenführte. Noch bis vor sehr kurzer Zeit schien es auch in unserer Kultur unvorstellbar, dass körperliches und geistiges Wohlbefinden außerhalb einer Situation erlangt werden konnte, in der Feuer und Rauch eine Rolle spielen. Das Rauchen eines guten Tabaks ist die sublimierte und kultivierte Form, der menschlichen Ursehnsucht nach Feuer und Rauch zu genügen; im Zeitalter der Zentralheizungen ist es sogar die letzte. Wird dem Menschen die Erfüllung dieser Ursehnsucht verweigert – oder verweigert er sie sich selbst –, so ist eine tiefe Unzufriedenheit die Folge, die bei anhaltender Abstinenz die Form schlimmster geistiger Verwerfungen annehmen kann. Die psychischen und in deren Folge vielleicht auch die konkret medizinischen Folgen des Rauchentzugs lassen mithin einen verstörten und möglicherweise kranken Menschen zurück, ein Wrack seiner selbst. Dass ein solcher Mensch zu schöpferischen Taten unfähig ist, steht außer Frage; dass er auf lange Sicht hin schlicht lebensunfähig wird, ist wahrscheinlich. Diese Lebensunfähigkeit kompensiert er durch Flucht in absurde Kompensationsformen wie übermäßigen Sport, übermäßige Arbeit, übermäßige Sexualität oder seltsame politische Ideologien. Vor allem wird er persönlich unangenehm, und zwar schon allein deswegen, weil sein ästhetischer Sinn und seine Fähigkeit zur Kontemplation schwinden. Schlechter Geschmack in allen Dingen und ein verengter Blick auf die Welt sind unvermeidliche Folgen dieses Schwundprozesses. Kurzum, viele abstoßende Wesenszüge unserer Zeitgenossen lassen sich allein daraus erklären, dass sie nicht rauchen.

Im Gegensatz dazu steht der Raucher. Ein guter Raucher ist mit seiner Urnatur und sich selbst im Reinen. Dies bewirkt, dass ihm eine gesunde, ausgeglichene Persönlichkeit eignet, dass er frei von Maßlosigkeit ist und die Welt mit Kennerblick betrachtet und beurteilt. Er ist notwendigerweise ein Ästhet und Genießer, der sich Zeit nimmt, über das Wesentliche nachzusinnen und Entscheidungen nach dem Maßstab des Großen und Ganzen zu treffen. Vor allem ist er schöpferisch, denn Schöpfertum setzt eine geistige Ruhe voraus, die nur aus der Befriedigung menschlicher – nicht tierischer! – Urbedürfnisse hervorgehen kann. Als Mensch ist der Raucher durch und durch gesund; als Person ist er ruhig und besonnen, ein angenehmer Gesprächspartner und zuverlässiger Freund. Solch ein Mensch ist der Dandy.

Um kein Missverständnis entstehen zu lassen: Es gibt auch weniger gute Raucher. Wer das Rauchen nicht als sublimes Vergnügen für stille Stunden, sondern als Zwang empfindet, dem ist zu irgendeinem Zeitpunkt ein bedauerlicher Fehler unterlaufen. So wie die Menschen der Frühzeit sich nur im Geist der Muße um das Feuer versammelt haben, so sollte auch das Rauchen des Kulturmenschen eine beschauliche und reine Freude rein. Das ist keine quantitative, sondern ausschließlich eine qualitative Frage: Wer den ganzen Tag über die Pfeife zwischen den Zähnen trägt und unablässig pafft, dem ist vermutlich das ganze Leben eine einzige Mußestunde. Mit Abhängigkeit hat das nichts zu tun, und die Pfeife beiseitezulegen, wenn es denn sein muss, bereitet diesem Mann keine Mühe. Wem hingegen jede U-Bahn-Fahrt zuwider ist, während derer er sich keine Zigarette anstecken kann, der ist offenbar auf eine abschüssige Bahn geraten. Das ist kein Rauchen im eigentlichen Sinne.

Um Victor Hugo das letzte Wort zu geben: »Le tabac transforme les pensées en rêves.« Dem ist aber auch gar nichts hinzuzufügen.

47

Rauche revolutionär!

Rauchen empfiehlt sich auch deswegen, weil es von unseren Zeitgenossen als feindseliger Akt begriffen wird. Dafür gibt es mehrere Gründe. Da die Moral unserer Zeitgenossen zu großen Teilen auf einer Verehrung des Körpers, seiner Funktionen und Bedürfnisse fußt, erscheint ihnen alles, was sie als Bedrohung körperlicher Unversehrtheit wahrnehmen, als unmoralisch. Rauchen in gleich welcher Variante erfüllt aus ihrer Sicht diesen Tatbestand, weshalb sie es mit hysterischem Eifer bekämpfen. Es ist wichtig, sich diesen Zusammenhang immer vor Augen zu halten: Für die nihilistischen Puritaner, die unsere Zeitgenossen ausmachen, bedeutet das Ungesunde zugleich immer auch das Unmoralische. Und da jedes System, in dem der Puritanismus herrscht, das Unmoralische kriminalisiert, gilt ihnen auch das Rauchen in letzter Instanz als rechtliches Problem, das sie mithilfe ihrer politischen und administrativen Bürokratien zu lösen suchen. (Nebenbei angemerkt: Dass gutes Rauchen – also beschauliches, liebenswürdiges und kontemplatives Rauchen – der körperlichen Gesundheit abträglich sei, möchten wir stark bezweifeln; es ist im gegebenen Zusammenhang aber auch nicht wichtig. Dass gutes Rauchen die geistige Gesundheit fördert, das wenigstens ist offenkundig.)

Für unsere Zeitgenossen ist Rauchen also unmoralisch und tendenziell kriminell – allein das wäre schon ein guter Grund, viel und öffentlich zu rauchen. Wer erlebt hat, wie das Entzünden einer Kräuterzigarette auf der Theaterbühne die Hundertfünfzigprozentigen im Publikum zu einem artifiziellen Hüsteln bewegt, mit dem sie ihrer moralischen Missbilligung Ausdruck verleihen; wen im Gartencafé nach dem ersten Zug aus der Pfeife ein entrüsteter Mittfünfziger darauf hingewiesen hat, dass sich möglicherweise in der Nähe Kinder aufhalten, deren Leben nun auf dem Spiel stehe;

wer auch nur in das moralisch erhellte Gesicht eines Gesundheitspolitikers geblickt hat, der sich zur Esoterik des Passivrauchens äußert – der kann gar nicht anders, als sogleich seinen Tabakvorrat aufzustocken, zum Streichholz zu greifen und mit Feuer und Rauch den heiligen Krieg zu führen.

Es gibt aber noch andere gute Gründe dafür. Rauchen ist eine genuin männliche Beschäftigung. Dass auch Frauen rauchen, mag sogar – unter einem historischen Blickwinkel – als Beleg dieser These herhalten, war es doch aus dem emanzipatorischen Impetus heraus, es den Männern gleichzutun, dass Frauen Anfang des zwanzigsten Jahrhunderts zur Zigarette griffen. Rauchen ist also eine genuin männliche Beschäftigung und schon deshalb ein Feindbild unserer Zeitgenossen und uns lieb und teuer. Vom achtzehnten Jahrhundert an und bis in die Sechzigerjahre hinein galt das Rauchen – oder zwischenzeitlich das Schnupfen, niemals aber die Tabakabstinenz – als Attribut des Mannes. Die Abenteurer, Händler und Seefahrer bei Joseph Conrad sind ohne ihre Cheroots unvorstellbar, und auch Rudyard Kiplings Charaktere wären ohne Pfeife ein schlechter Scherz. Ob Jack London oder Arthur Conan Doyle – Männer und Tabak gehören zusammen wie Schild und Schwert oder Pech und Schwefel. Wenn deshalb ein Menschentypus wie die Heutigen dem Mann an sich ans Leder will, dann wird er damit beginnen, ihm seine Attribute zu nehmen, unter denen der Tabak eines der wichtigsten ist. So bedeutet Rauchen für uns eben auch, gegen die *castrati* unseren Mann zu stehen.

Zudem bringt Rauchen Unordnung mit sich, ein wenig subtilen Schmutz. Auf dem Gehsteig liegt ein Zigarrenstummel, ein Hauch von Asche fällt auf den Teppich. Der Rauch legt eine dünne Staubschicht auf alles, und die weißen Tapeten sind nicht mehr gar so weiß. Der Aschenbecher wurde nicht sogleich geleert, die Zigarette hat ein Loch in das Sesselpolster gebrannt. Kurzum, es ist alles etwas weniger steril, etwas geschichtlicher: Hier lebt jemand, existiert nicht nur. Für eine Zeit, die das Klinische zum Ideal erhoben hat, deren Kinderzimmer so antiseptisch sind wie ihre Bäder und die vorzugsweise in Stahlglaskonstruktionen haust, ist das ein Skandal. Die Aufgeräumtheit und Sterilität unserer Zeitgenossen spiegelt dabei nur ihre geistig-seelische Leere wider, ihren Mangel an Gewordenheit, an Kraft und an Leben. Denn Gewordenheit, Kraft und Leben sind nie ordentlich, sondern werfen die Dinge schöpferisch durcheinander, während der Nihilismus sich im Kleinen wie im Großen zu unfruchtbaren, konstruierten Ordnungen hingezogen fühlt. Wenn innerhalb solcher Ordnungen die Asche auf den weißen Teppich fällt, dann fällt sie auch in das seelische Vakuum seines Besitzers. Indem wir rauchen, negieren wir das Klinische und Antiseptische, schaffen um uns herum ein wenig Gewordenheit, Kraft und Leben, sodass die Heutigen eilig beiseitespringen und uns den Weg freimachen.

48

Rauche Pfeife!

Die Pfeife ist das Sinnbild des Rauchens schlechthin. In ihr präsentiert sich das Rauchen in seiner schönsten, erhebendsten und anspruchsvollsten Form. Zugleich ist sie einer der männlichsten Gegenstände überhaupt. Wollte man der zuvor beschriebenen synästhetischen Erfahrung des Rauchens noch die Krone aufsetzen, so wäre die Pfeife hierfür das angemessene Mittel, denn eine gut gestaltete, gut gemachte Pfeife in der Hand zu wiegen und zum Munde zu führen, ist schon allein ein Vergnügen.

Eine Pfeife zu rauchen bedeutet, einen Zustand vollendet entspannter Erregung zu erreichen, der wahre Schöpfung allererst möglich macht. Dass die Pfeife über lange Zeit hinweg der fast schon sprichwörtliche Begleiter von Schriftstellern und Gelehrten war, ist kein Zufall; und dass deren Hervorbringungen beliebig und schal wurden, nachdem sie die Pfeife aus der Hand gelegt hatten, ebenso wenig. Anders als die Zigarette, versetzt die Pfeife ihrem Raucher keinen plötzlichen und kurzzeitigen Nikotinstoß, sondern wirkt über lange Zeit hin – mindestens eine halbe Stunde lang – auf einem mäßigen und ebenen Niveau. Dann und wann geht sie aus, dann legt man sie aus der Hand und lässt sie liegen, bevor man sie wieder aufnimmt und erneut entzündet. Wenn sie zu Ende geraucht ist, werden die meisten guten Raucher es damit erst einmal bewenden lassen und vielleicht einige Stunden darauf erst die nächste Pfeife aus dem Ständer nehmen.

Für den schnellen Nikotinstoß ist die Pfeife schon deshalb ungeeignet, weil ihre technische Handhabung ein wenig mühsam ist: Eine Pfeife zu stopfen, zu entzünden und anzurauchen, sie schließlich auszuklopfen und sachgerecht zu reinigen – alles das braucht Zeit und Muße. Es ist auch ein Ritual, das ebenso zum Pfeiferauchen gehört wie das Rauchen selbst und das der gute Raucher um keinen Preis missen möchte. Wer sich an das Rauchen eines guten Pfeifentabaks gewöhnt hat – jene stets feucht zu haltenden, nicht zu klein geschnittenen Blätter der Tabakpflanze, die auch im verarbeiteten Zustand das Aussehen und die Textur einer Pflanze nicht verloren haben –, der wird sich mit nichts anderem mehr zufriedengeben.

Ein Wort noch mit Blick in eine düstere Zukunft: In einigen Ländern, die die Tyrannei der »Moral« noch etwas rascher vorangetrieben haben, wird ein vollständiges Verbot des Vertriebs von Tabakprodukten erwogen. Derlei mag auch hierzulande bald eintreten, und man sollte sich darauf vorbereiten. Tabak lässt sich unschwer im eigenen Garten ziehen, und auch seine Verarbeitung bereitet nicht allzu viel Mühe. Es gibt eine hilfreiche Ratgeberliteratur hierzu, die einem alles Nötige vermittelt. Dann braucht es nur noch einen großzügigen Vorrat an Tabaksamen, und man ist für die nächste Phase des nihilistischen Puritanismus wohlgerüstet.

Ein Mann mit Pfeife – das erst ist ein wahrer Mann. Der Dandy ist ein wahrer Mann.

49

....

Rauche Zigarre!

Der grundlegend philosophische Unterschied zwischen einer Pfeife und einer Zigarre ist verhältnismäßig gering. Wie die Pfeife, so beschreibt auch die Zigarre das Rauchen als genuin männliche Aktivität; eine Frau mit Pfeife oder Zigarre bleibt ein Kuriosum, auch wenn gegen weibliches Zigarren- und Pfeiferauchen grundsätzlich nichts einzuwenden ist. Wie die Pfeife, so wird auch die Zigarre langsam und – wenn man möchte – mit Unterbrechungen geraucht; wie jene, so verlangt auch diese nach hochwertigem Tabak, dessen Pflanzlichkeit sicht- und fühlbar bleibt; und auch die dem Schöpfertum so zuträgliche entspannte Erregung lässt sich durch das Rauchen der Zigarre hervorrufen. Davon abgesehen, fallen Pfeifen- und Zigarrenraucher schon deshalb in einer Person zusammen, weil Pfeife und Zigarre gepafft werden, während man Zigarettenrauch inhaliert.

In gewisser Hinsicht ist die Zigarre der Pfeife sogar überlegen: Die Tabake, die zur Herstellung einer guten Zigarre verwendet werden, haben selbst einem guten Pfeifentabak einiges voraus. Deshalb wird sich auch der in der Wolle gefärbte Pfeifenraucher ab und an eine Zigarre anzünden. Dennoch gibt es gute Gründe, der Pfeife grundsätzlich treu zu bleiben und die Zigarre den Ausnahmefällen vorzubehalten. Um mit dem simpelsten dieser Gründe zu beginnen: Eine anständige Zigarre ist teuer, gut und gerne ebenso teuer wie ein ganzer Beutel guter Pfeifentabak. Für denjenigen, der sich den kapitalistisch-sozialistischen Verwertungszusammenhängen aus Überzeugung entzieht und mit einem schmalen Einkommen vorliebnehmen muss, ist deshalb die Wahl nicht schwer. Zwar spricht im Grundsatz nichts dagegen, billige Zigarren zu rauchen, aber deren Tabak ist dem Pfeifentabak qualitativ deutlich unterlegen, sodass man lieber gleich bei der Pfeife bleibt.

Ein weiterer Grund, sich an die Pfeife zu halten, besteht darin, dass die Zigarre traditionell und auch jetzt noch mit den Vertretern des Monopolkapitalismus und des lateinamerikanischen Kommunismus in Verbindung gebracht wird. Ob das jemals gerechtfertigt war, sei dahingestellt; dahingestellt sei auch, ob gerade der moderne Kapitalist oder Kommunist überhaupt einen Sinn für so exquisite Dinge wie das Rauchen besitzt. Entscheidend ist, dass das Rauchen einer Zigarre in der Öffentlichkeit schon immer ein wenig *nouveau riche* gewirkt hat. Deshalb sollte man seine gelegentlichen Zigarren privat genießen, und das ist ja ohnedies viel angenehmer. Schließlich sei gerade dem schöpferischen Menschen die Pfeife eher anempfohlen als die Zigarre. Obwohl auch diese, wie gesagt, eine entspannte Erregung hervorruft, scheint etwa bei einem Zigarre rauchenden Schriftsteller das Moment der Erregung etwas zu stark ausgeprägt zu sein: Der zuvor zitierte Thomas Mann ist ein Beispiel dafür, ebenso Evelyn Waugh – beides herausragende Künstler, aber doch ein wenig unausgeglichen.

Aber anders als die meisten anderen Dinge, die in diesem Buch beschrieben werden, ist die Wahl zwischen Pfeife und Zigarre letztlich eine Sache des persönlichen Geschmacks. Wichtig ist nur, dass man überhaupt raucht.

50

Rauche vielleicht auch Zigarette!

Hier wird es nun ein wenig schwierig, denn obwohl wir dem Rauchen in all seinen Varianten zugetan sind, können wir uns mit der Zigarette nicht recht anfreunden. Dabei gibt es einen herausragend guten Grund, gerade in der Öffentlichkeit Zigaretten zu rauchen: Verbunden mit der richtigen Haltung sowie der richtigen Gestik und Mimik kann die Zigarette der eigenen Erscheinung eine so kalte, unnahbare und arrogante Note verleihen wie kaum ein anderer Gegenstand. Das ist freilich nichts Neues: In Zeiten wie den Zwanzigerjahren, als man so exquisite Qualitäten wie Kälte, Unnahbarkeit und Arroganz noch allgemein zu schätzen wusste, bediente man sich der Zigarette sehr bewusst zu diesem Zweck.

Und dennoch – so recht mag die Zigarette uns nicht gefallen. Das ist zum einen eine Sache der Qualität. Dass moderner Zigarettentabak ein Abfallprodukt der Zigarrenproduktion und jedenfalls minderwertig ist, weiß man. Dass ihm chemische Zusatzstoffe beigemischt werden, ist auch bekannt. Gleich ob diese sich nun schädlich auf den Organismus auswirken oder nicht, so verdirbt einem schon der Gedanke daran die Freude am Rauchen.

Noch ungünstiger wirkt es sich aber auf das Rauchvergnügen aus, dass Zigaretten nicht zu Unrecht mit denjenigen gesellschaftlichen Schichten assoziiert werden, von denen man sich eher fernhalten möchte. Während die Pfeife und die Zigarre – ob das nun zutrifft oder nicht – mit den gebildeten oder zumindest vermögenden Ständen der Vergangenheit in Verbindung gebracht werden, gilt die Zigarette als schichtenspezifisches Phänomen der Gegenwart. Man mag das bedauern oder auch für einen snobistischen und mithin unberechtigten Einwand erachten, aber da wir das Rauchen nicht nur als persönliches Vergnügen, sondern immer auch im Kontext unserer Revolte gegen die Vulgarität der Gegenwart verstehen, dürfen wir es nicht ignorieren.

Die schichtenspezifischen Assoziationen lassen sich freilich abmildern – so indem man seine Zigaretten nicht der Schachtel, sondern etwa einem silbernen Etui entnimmt und anstelle des Feuerzeugs mit einem Streichholz anzündet. Zigarettenspitzen wirken demgegenüber – bei Männern ohnehin, aber auch bei Frauen – affektiert und albern. Und schließlich lässt sich der Eindruck der Kälte, Unnahbarkeit und Arroganz auch mit einem Zigarillo wecken. Ein Zigarillo rauchender Mann, der gemächlich durch den Park schlendert, bietet ein wesentlich anderes Bild als der Büroangestellte, dessen eiliger Trip zum Sandwich-Stand ihm gerade genug Zeit für eine Zigarette bietet.

Genug, alles das mag nicht überzeugen; und wer sich einmal daran gewöhnt hat, Zigarettenrauch zu inhalieren, mag es schwierig oder unmöglich finden, Pfeife, Zigarre oder Zigarillo zu paffen. Wem zudem die Selbstgedrehte mit Halfzware Shag locker von der Hand geht, braucht sich auch kulturell nicht hinter dem Pfeifenraucher zu verstecken. Nichtsdestoweniger ist unsere Empfehlung eindeutig.

51

Nimm Schnupftabak!

Wenn die Zwangsmaßnahmen der nihilistischen Puritaner zur Bekämpfung des Rauchens einen Nutzen gehabt haben, dann bestand dieser darin, dem Schnupftabak wenn nicht zu neuer Blüte, so doch zu erneuter Wahrnehmung verholfen zu haben. Denn dass der Siegeszug der Zigarette während des zwanzigsten Jahrhunderts dem Schnupftabak seinen Rang streitig gemacht, ihn in das Dasein eines Sonderlings unter den Tabakvarianten abgedrängt hat, ist ewig schade und völlig ungerechtfertigt. Zwischenzeitlich waren es nur noch einige alte Männer in der Alpenregion und in Oxford, die die Tradition des Schnupfens überhaupt am Leben erhalten haben – diesen sollte man dankbar sein, denn ohne sie gäbe es den Schnupftabak wohl nicht mehr; aber zugleich zeichnete sich darin eine Marginalisierung ab, die er nicht verdient hat.

Die Hochphase des Schnupftabaks war das frühe neunzehnte Jahrhundert, das englische *Regency*. Die Plebs hatte sich in den vorangegangenen Jahrzehnten das Tabakrauchen zu eigen gemacht und es den gebildeten Ständen damit verleidet – eine Situation, die uns selbst in Bezug auf die Zigarette ja durchaus vertraut sein mag. Da die Aristokraten des *Regency* aber Männer waren, kam die Aufgabe des Tabakgenusses für sie nicht infrage, und so verfiel man auf das Schnupfen. Dieses bot zudem den Vorteil, dass es eine Positur ermöglichte, die an Kälte, Unnahbarkeit und Arroganz der späteren Tradition des Monokoleinsetzens in nichts nachstand: Man entnahm der Schnupftabakdose mit Daumen und Zeigefinger eine Prise, hob den Kopf, sodass man dem Gegenüber von oben herab ins Gesicht blickte, führte die Prise mit spitzen Fingern an die Nase und sog sie ein, indem man die Augenbrauen leicht anhob. Derlei braucht Übung, aber wenn man den Kupferstichen aus der Zeit Glauben schenken darf, mangelte es daran nicht.

Die *Regency*-Tradition des Schnupfens ist originär dandystisch. Jene britischen Aristokraten, die damals den Schnupftabak für sich entdeckten, repräsentierten den Dandysmus in seiner frühesten Form – ein wenig naiv, ganz sicherlich nicht rebellisch in unserem Sinne, aber doch schon vom Widerwillen gegen eine Vulgarität getragen, wie sie mit der Französischen Revolution zu ebendieser Zeit in die Welt gekommen war. Vor allem aber entwickelten jene Männer diejenige Strategie gegen die Vulgarität, die im Grundsatz noch immer die unsere ist: vorrangig durch die Form der eigenen Existenz zu wirken – nicht durch Theorien oder Aktivismus, denn auf diesen Feldern ist der Gegner stärker. Zu sein und die Ansprüche des Gegners durch das eigene Sein zurückzuweisen ist damals wie heute die Kampftaktik des Dandysmus, die einzige Taktik, der der Gegner wehr- und ratlos gegenübersteht.

Wer schnupft, steht also in einer großen und eleganten Tradition des ursprünglichen Dandysmus. Für den Dandy des einundzwanzigsten Jahrhunderts ist Schnupfen freilich auch deshalb eine gute Wahl, weil kein noch so clever ersonnenes Rauchverbot es ihm streitig machen kann: Selbst in den Machtzentralen des nihilistischen Puritanismus – Ministerien, Kommissionen und Universitäten – kann ihn niemand daran hindern, bei jeder Gelegenheit seine Schnuptabakdose hervorzuholen, ihren Deckel mit einem musikalischen Klicken aufspringen zu lassen und sich eine bekömmliche Prise zu gönnen. Umso besser, wenn es sich bei der Dose um ein ausgesuchtes Exemplar aus der Hochzeit des Dandysmus handelt, die den umstehenden Puritanern schon durch ihre Gestaltung verdeutlicht, woher jetzt der Wind weht.

52

Trinke Alkohol!

Auch diesbezüglich empfiehlt sich eine Unterscheidung zwischen persönlichen und politischen Gründen. Erstere sind offenkundig: Alkoholische Getränke sind bekömmlicher als nichtalkoholische und eine notwendige Ergänzung insbesondere der Mahlzeiten. In leicht alkoholisiertem Zustand ist man besser gestimmt, intellektuell beweglicher und wendiger im Umgang mit anderen. In schwer alkoholisiertem Zustand werden brillante Gedanken und Ideen freigesetzt, denen ansonsten rationalistische Vorurteile den Weg versperren.

Die politischen Gründe für kontinuierliches Trinken ähneln denen für das Rauchen. Dem nihilistischen Puritaner ist der Alkoholgenuss kaum weniger zuwider als der des Tabaks: Auch jener schadet aus seiner Sicht der körperlichen Unversehrtheit, ist mithin moralisch fragwürdig und letzten Endes zu kriminalisieren: Zum Zeitpunkt der Drucklegung existieren in mehreren fortschrittlichen deutschen Kommunen Alkoholverbote auf einigen öffentlichen Plätzen und in öffentlichen Verkehrsmitteln (die, so mögen einige einwerfen, leicht umgangen werden können, wenn man das Getränk in neutrale Behältnisse umfüllt, aber das sei einmal dahingestellt). Auch wurde, in Vorbereitung weiterer Kriminalisierungen, der Begriff des »passiven Trinkens« geschaffen. Kurzum, ostentatives Trinken bricht nihilistisch-puritanische Moral, und je unpassender dem nihilistischen Puritaner Ort und Zeit des Alkoholgenusses vorkommen, desto konsequenter sollte an diesen Orten, zu diesen Zeiten dem Alkohol zugesprochen werden.

Dass wie das Rauchen, so auch das Trinken eine durch und durch männliche Angelegenheit ist, lohnt kaum der Erwähnung. Kein Männerbund, in dem nicht hart und viel getrunken würde – oder vielmehr wurde, denn seit der Geist der Heutigen auch hier herrscht, wird sogar in Studentenverbindungen und den Streitkräften auf »verantwortlichen Alkoholkonsum« Wert gelegt. Aber das ist eine ebenso offensichtliche Verfallserscheinung wie die Tatsache, dass Investmentbanker, Bordellbesitzer und Bundestagsabgeordnete es nunmehr für geboten erachten, ihre Geschäftsessen mit Mineralwasser und Latte macchiato anstatt Wein und Brandy abzurunden. Genug, *castrati* mag ein Mineralwasser mit einem Spritzer Zitrone zufriedenstellen. Dandys trinken, weil Männer trinken – mehr ist dazu nicht zu sagen.

Und dass, wie das Rauchen, so auch das Trinken Unruhe und Unordnung erzeugt, wissen wir ebenfalls zu schätzen. Ähnlich der Asche auf dem klinisch weißen Teppich, so durchbricht auch das mehr oder weniger entfesselte Verhalten des mehr oder weniger Angetrunkenen die Sterilität der nihilistisch-puritanischen Welt. Ob sich dies auf ein umgeworfenes Glas Rotwein oder einen gewagten Scherz beim Geschäftsessen beschränkt, oder ob es später in einen Cancan im Konferenzzimmer ausartet, spielt keine Rolle – in jedem Falle wird die Art von Unordnung erzeugt, die der innerlich so fragilen (da durch und durch abstrakten) Stahlglashaftigkeit der nihilistisch-puritanischen Welt ihre Stabilität raubt. Tritt dieser Fall ein, ist im Kleinen das erreicht, was wir im Großen anstreben: Die vermeintliche Perfektion der Welt der Heutigen zerfällt innerhalb weniger Augenblicke – und sei es auch nur *für* wenige Augenblicke –, und sie stehen hilflos davor.

53

Trinke Alkohol von morgens bis abends!

Dass das Trinken nur abends angemessen sei, ist ein völlig unbegründetes Vorurteil. Gerade tagsüber wirkt der Alkoholgenuss – persönlich wie politisch – überaus förderlich auf unsere Fähigkeit, anstehenden Aufgaben gerecht zu werden. Es ist allerdings sicherzustellen, dass man überhaupt handlungsfähig bleibt – dafür ist es wichtig, das richtige Getränk zur richtigen Zeit zu sich zu nehmen. Um dieses allzu praktische Thema in aller Kürze abhandeln zu können, verweisen wir im Folgenden nur auf die Grundstoffe und lassen Mischungen außen vor.

Dass Schaumwein ein Frühstück vervollständigt, ist zwar zutreffend, aber auch unerträglich klischeehaft. Besser darum etwa ein leichter Rheinwein. Entweder zum Frühstück oder danach ist Gin immer am Platze. Überhaupt sollte man dieses leider unterschätzte und fast nur noch in Cocktails anzutreffende Getränk zu einem festen Bestandteil der täglichen Diät machen: Es gibt keine Zeit des Tages, zu der ein Gläschen Gin nicht erfrischend und kräftigend wirken würde – mit Ausnahme der Stunden nach dem Abendessen, aber auch das nur, weil anderes dem Geist und der Stimmung dieser Stunden angemessener ist. Insbesondere vor dem Mittagessen – wie auch bekanntermaßen vor dem Abendessen – entfaltet der Gin eine sehr willkommene appetitanregende Wirkung, aber auch nach dem Mittagessen gibt es im Grunde nichts Besseres. Wie gesagt, ein wahres Wundergetränk und den lieben langen Tag über ein treuer Begleiter. Zum Mittagessen selbst trinken wir einen mittelschweren Wein, Spätburgunder, Riesling oder Ähnliches. Einige Gläser Sherry am Nachmittag bereiten uns dann auf das Abendessen vor, zu dem so viele unterschiedliche Weine wie nötig gereicht werden. Nachdem wir zum Dessert Portwein getrunken haben, ziehen wir uns mit ausreichend Whisky oder Cognac, aber sehr gerne auch einem guten Fruchtbrand zurück.

Bier wurde hier nicht erwähnt: Wir erachten es als ein Erfrischungsgetränk, das niemals fehl am Platze ist, obwohl es, am frühen Morgen genossen, ermüdend wirken kann. Was wir vermeiden, sind Modegetränke wie Prosecco, Grappa und Vergleichbares. So etwas ist kaum besser als Latte macchiato und mithin zu verwerfen. Weshalb man Prosecco, Grappa und Latte macchiato zu sich nehmen sollte, wenn es so etwas Gutes wie Gin gibt, erschließt sich uns ohnehin nicht.

54

Trinke Alkohol in rauen Mengen!

Ein weiteres völlig unbegründetes Vorurteil besteht darin, dass zwar nichts gegen ein gelegentliches Glas Rotwein oder auch einmal einen leichten Schwips zu sagen, dass aber der Zustand der Volltrunkenheit erniedrigend und entwürdigend sei. Zum einen ist diese Haltung einer jener typischen Kompromisse, die der nihilistische Puritanismus vorübergehend eingeht, um einen »Kulturwandel« herbeizuführen, der dann später das Fundament für umfassende Verbote bildet. Wir erachten Kompromisse grundsätzlich für verwerflich und lehnen diese lauwarme Sicht der Dinge schon deshalb ab. Zum anderen ist Volltrunkenheit in regelmäßigen Abständen einfach eine kulturelle Notwendigkeit.

KAPITEL 4

Befestigte Stellungen

55

Achte auf deine äußerste Schicht!

Erinnern wir uns an unseren kleinen Exkurs in die philosophische Anthropologie: Der Mensch ist ein »Mängelwesen« (Sekt. 17: »Erschaffe dich selbst!«), das zur Sicherung seiner Existenz des zivilisatorischen Zubaus bedarf. Fehlt dieser, ist der Mensch nicht lebensfähig und überhaupt nur ein halber Mensch. Deshalb ergänzt er sich: umgibt sich gemäß seinem freien Willen mit Kleidung und Wohnung und erschafft sich damit als ganzer Mensch. Und weil er ein ganzer Mensch erst im Akt dieser Selbsterschaffung wird, sind Kleidung und Wohnung nicht weniger er selbst als das unvollständige Rumpfselbst, das sich diesen beiden Schichten einfügt. Somit gilt: Sind Kleidung und Wohnung gut, ist der Mensch gut; umgekehrt kann sich hinter schlechter Kleidung und Wohnung kein guter Mensch verbergen.

Zur Frage der Kleidung haben wir uns bereits geäußert – aber gute Kleidung ist eine zwar notwendige, nicht jedoch eine hinreichende Bedingung dafür, dass der Mensch *in toto* gut sei. Damit aus der Selbstergänzung des Mängelwesens ein guter Mensch werde, muss er sich auch mit einer guten Lebensumgebung umgeben. Erst wenn das Rumpfselbst sich durch gute Kleidung und gute Wohnung ergänzt hat, ist der Mensch gut.

Im bisherigen Verlauf der Untersuchung wurde deutlich, dass das aus dandystischer Sicht Gute stets auf Unzeitgemäßheit aufsetzt, also unter anderem auf Männlichkeit, Haltung, Form, Distanz und Geschichte. Seinen revolutionären Kampf gegen die Heutigen und ihre Vulgarität führt der Dandy des einundzwanzigsten Jahrhunderts also, indem er in einer Weise gut ist, die seinen Zeitgenossen verwerflich oder zumindest verdächtig anmutet. Es gilt jetzt zu klären, wie sich diese rebellischen Grundsätze in der Lebensumgebung des Dandys manifestieren.

56

Lebe geschichtlich!

Wir gehen auch hier von der Grundannahme aus, dass dem Dandy des einundzwanzigsten Jahrhunderts nennenswerte finanzielle Mittel nicht zur Verfügung stehen. Im Einzelfalle mag das anders sein, etwa wo größere ererbte Vermögen oder dergleichen vorliegen, aber das sind Ausnahmen. Da im Regelfalle nur diejenigen über größere Einkommen verfügen, die sich mit den herrschenden Verhältnissen auf die eine oder andere Weise arrangiert haben, ist derjenige, der diese Verhältnisse bekämpft, im Umkehrschluss finanziell schlecht oder bestenfalls nicht gut gestellt. Deshalb gilt: So wie der Kleidungsstil des Dandys keine umfangreichen Ausgaben verlangt, ist auch eine angemessene Lebensumgebung keine Frage des Geldes. Ganz im Gegenteil findet die Unzeitgemäßheit, die den Stil des Dandys zuinnerst auszeichnet, sich vermutlich gerade in Lebensumgebungen wieder, deren Erwerb und Unterhalt wenig kostet. Dabei verhält es sich ähnlich wie mit einem Anzug vom Lumpenhändler: Ein altes Möbelstück, das für hundert Jahre in pausenlosem Gebrauch gewesen und in dieser Zeit nicht aufgearbeitet worden ist, mag schäbig und verkommen aussehen; aber es trägt eine hundertjährige Geschichte in sich, die sich gerade in all den Schrammen, Schadstellen und Brandflecken dartut. Es trägt auch mehr Geschichte in sich als ein ebenfalls hundertjähriges Parademöbel, das kaum je genutzt worden und noch immer in einem tadellosen Zustand ist. Darum gilt: je schäbiger, desto besser.

Denn um Geschichte geht es auch hier. Der Dandy lebt in der Geschichte und aus der Geschichte heraus, und so ist er nur in einer geschichtlich aufgeladenen, einer wahrhaft unzeitgemäßen Lebensumgebung wirklich zu Hause. Architekturen, Innenräume und Einrichtungen, die diesem Grundsatz nicht genügen, stoßen ihn ab. Das ist auch keine Frage des Geschmacks, sondern der Existenz.

Allerdings gilt auch hier, dass Unzeitgemäßheit nicht die Wiederbelebung von Vergangenem bedeutet: Der Dandy des einundzwanzigsten Jahrhunderts – das kann gar nicht häufig genug wiederholt werden – ist kein Nostalgiker, sondern akzeptiert die Zerstörung des geschichtlichen Zusammenhanges als eine Tatsache. Unzeitgemäßheit rekurriert auf Geschichte, aber dergestalt, dass deren essenzielle Bruchstück- und Trümmerhaufenhaftigkeit zur Geltung gelangt, indem geschichtliche Fragmente zu einem Ganzen geschmiedet werden. Da dieses Ganze aber keine Nachschaffung eines intakten historischen Zusammenhanges ist, bleibt es ein – wenngleich in sich geschlossenes – Gefüge von Bruchstücken. So wird auch hier der nihilistische Zerfall zugleich hingenommen und gegen sich selbst gerichtet.

57

Lebe herrschaftlich!

Wenn wir nunmehr stipulieren, die Lebensumgebung des Dandys müsse herrschaftlich sein, dann erscheint dies zunächst als Widerspruch zu der Feststellung, dass sie keine umfänglichen finanziellen Mittel voraussetze. Das wäre jedoch ein Trugschluss, der auf einen fehlerhaften Begriff von Herrschaftlichkeit zurückgeht. Herrschaftlich ist keineswegs gleichbedeutend mit teuer: Manches Kostspielige mag herrschaftlich sein, aber vieles Herrschaftliche ist mitnichten kostspielig. Und tatsächlich können die meisten Häuser und Interieurs, die heutzutage zu hohen Preisen gehandelt werden, keinen Anspruch auf Herrschaftlichkeit erheben.

Welche Art Lebensumgebung also verdient die Bezeichnung »herrschaftlich«? Im Grunde dürfte jeder einen ungefähren Begriff von Herrschaftlichkeit haben: Schlösser und Herrenhäuser sind herrschaftlich, ebenso gründerzeitliche Apartments in den besseren

Lagen. Man ginge aber fehl in der Annahme, Herrschaftlichkeit rühre von Säulen am Eingang, Fassadenornamenten, vergoldeten Möbeln und dergleichen her. Das ist es nicht, was ein Schloss oder Herrenhaus im Kern ausmacht. Auch schiere Größe – vor allem im Sinne von Grundfläche – entscheidet nicht darüber, ob eine Lebensumgebung herrschaftlich ist oder nicht. Herrschaftlich ist vielmehr das, was dem Lebensstil eines Herrn entspricht und zugleich denjenigen, der kein Herr ist, vor den Kopf stößt. Herrschaftlich ist eine Umgebung, wenn man in ihr nur ein herrschaftliches Dasein führen kann, während sie den zu einem herrschaftlichen Dasein Unfähigen von sich weist.

Um dies anhand des Schlosses als der archetypischen herrschaftlichen Lebensumgebung zu illustrieren: Die hohen, großen Räume eines Schlosses sind schwer zu heizen, weshalb der Bewohner nicht umhin kann, sich vollständig anzukleiden. Die Wege zwischen den Sektionen des Gebäudes sind bisweilen sehr lang, weshalb man ohne feste Schuhe nicht auskommt. Das Mobiliar lässt es schon rein technisch nicht zu, dass man sich darin flegelt. Und so fort. Kurzum, nur derjenige kann in einem Schloss wirklich zu Hause sein, dessen Lebensstil den Anforderungen des Gebäudes und der Einrichtung genügt. Wessen Lebensstil demgegenüber kleinbürgerlich ist und einem modernen Bungalow entspricht – kleinteilig, stets gut geheizt und ohne längere Wege –, dem wird ein Schloss, in dem er eben nicht alle fünfe gerade sein lassen und im Unterhemd die Füße vor dem Fernseher hochlegen kann, keine Heimat bieten. Im Gegenteil, er wird sich eingeschüchtert und unwohl fühlen, und genau auf diesen Effekt gegenüber dem Kleinbürger (beziehungsweise seinen historischen Vorgängern) ist das Schloss ja auch ausgelegt.

Eine in diesem Sinne herrschaftliche Lebensumgebung korrespondiert mit wesentlichen Eigenschaften des Dandys: Dass das Herrschaftliche im Grundsatz männlich ist, ergibt sich schon aus dem Begriff. Aber das ist zu allgemein; präziser lässt sich der Sachverhalt über den Begriff der Haltung fassen: Das Dasein in einer herrschaftlichen Lebensumgebung setzt Haltung einerseits voraus und bedingt sie andererseits. Wir sagten: »Haltung bewahren bedeutet in letzter Instanz, alle Anwandlungen körperlicher und geistiger Schwäche zu unterdrücken.« (Sekt. 7: »Wahre Haltung!«) Eine herrschaftliche Umgebung ist unbequem und ungemütlich; Komfort im Sinne des neuzeitlichen Bungalows findet sich dort nicht. Es kann also nur der in einer herrschaftlichen Umgebung leben, der die körperlichen Schwächen, die nach solchem Komfort verlangen, in ihre Schranken weist, der (mit anderen Worten) Haltung auch in einer privaten Situation bewahrt. Wer demgegenüber zu Haltung unfähig ist oder Haltung nur nach außen hin markiert, dem bleibt die herrschaftliche Umgebung immer fremd. Zugleich *fördert* die herrschaftliche Umgebung Haltung, indem sie ihren Bewohner erzieht. Wessen Dasein sich im neuzeitlichen Bungalow abspielt, gewöhnt sich notwendig die Unsitten an, die mit dessen Komfort einhergehen, und büßt Haltung auch dann ein, wenn er sie eigentlich zu bewahren sucht. Wer sich demgegenüber einer herrschaftlichen Lebensumgebung aussetzt, den hält der schiere Mangel an Bequemlichkeit auch dann aufrecht, wenn er eigentlich gerne einmal alle fünfe gerade sein lassen möchte.

58

Lebe kultiviert!

Die herrschaftliche Umgebung korrespondiert auch darin mit dandystischen Eigenschaften, dass ihr Form und Kultur – im Sinne von Kultiviertheit – zu eigen ist und dass sie in ihrem Bewohner beides ebenso voraussetzt wie fördert. Eine herrschaftliche Umgebung ist im Kern nicht wohnlich, sondern repräsentativ. Das Wohnliche ist der Repräsentation auch dann nachrangig, wenn gar nicht repräsentiert wird, also wenn niemand außer dem Bewohner je zugegen ist. Repräsentativ ist eine Lebensumgebung dann, wenn die Form im Vordergrund steht und die Funktion – Menschen zur Wohnung zu dienen – dem untergeordnet wird. Dieses Charakteristikum der herrschaftlichen Lebensumgebung findet seine Entsprechung in der Bedeutung, die der Form im Dasein des Dandys zukommt: Der Dandy ist nicht zuerst Mensch, dessen Form sich dem Menschlichen unterwirft, sondern er ist zunächst Form, die dem Menschlichen seine Grenzen setzt und den Menschen nur als Kulturgegenstand zulässt. Der menschliche Mensch befindet sich in einer Umgebung, die ganz Form ist, fehl am Platze und kommt dort nicht zurecht; er braucht die wohnliche Wohnung. Den anderen aber, der Kulturgegenstand und selbst ganz Form ist, schert die Wohnlichkeit nicht, solange die Form seiner Umgebung stimmt. Das ist nicht nur eine Sache der grundsätzlichen Übereinstimmung, sondern gilt auch insofern, als der Dandy seine Wohnung als Teil seiner selbst versteht – als Teil seines selbst erschaffenen Selbst, das ihn erst als ganzen Menschen ausmacht (Sekt. 17: »Erschaffe dich selbst!«). Wenn der Dandy sich vor allem als Kulturgegenstand und wenn er seine Wohnung als Teil seiner selbst ansieht, dann muss diese notwendigerweise demselben Maßstab entsprechen, an dem er sich auch sonst misst, und auch deshalb dem Diktat der Form gehorchen.

59

Lebe distanziert!

Weil also die Lebensumgebung des Dandys ein Teil seiner selbst ist, muss sie ihm fürderhin darin entsprechen, dass sie Distanz wahrt. Auch darin korrespondiert das Herrschaftliche zu den dandystischen Grundeigenschaften: Das Herrschaftliche ist distanziert, verhält sich zu den Dingen aus der Entfernung heraus und vermutlich auch immer von einer gewissen Höhe herab. Das gilt uneingeschränkt für herrschaftliche Lebensumgebungen: Diese sind niemals einladend und freundlich, sondern vielmehr kalt, abweisend und von oben herab. Teilt man nicht die herrschaftliche Haltung ihres Bewohners, kommt man sich in ihnen fremd und ungeborgen vor, vielleicht abgestoßen und unwillkommen. Wer den Dandy in seinem Zuhause aufsucht, ohne dafür geeignet zu sein, wird sich deshalb unwohl und ruhelos fühlen und tief aufatmen, wenn er seinen Besuch beendet hat. So dient seine Lebensumgebung dem Dandy auch dazu, die Heutigen aus seinem Kreis auszuschließen. Zu diesem Zweck spielen alle genannten Faktoren zusammen: Die Männlichkeit, die Haltung, die Form und die Distanziertheit dieser Umgebung ergeben zusammen mit ihrer Unzeitgemäßheit ein Bild, das unseren Zeitgenossen widerwärtiger kaum sein könnte. Die Wohnung des Dandys ist deshalb wie ein Kokon, eine undurchdringliche Schale, die ihn und die Welt der Heutigen voneinander trennt: ein Monument der Aufkündigung seiner Zeitgenossenschaft.

60

Wohne ungemütlich!

In welcher Art Gebäude kann der Dandy des einundzwanzigsten Jahrhunderts leben? Geschichte und Herrschaftlichkeit umschreiben die Regel. Demnach ist die Behausung des Dandys zum einen alt und zum anderen unkomfortabel in dem Sinne, dass sie menschlicher Bequemlichkeit mit voller Absicht entgegensteht und dabei Männlichkeit, Form und Distanz atmet. Wie verhält es sich bei alldem mit architektonischer Güte? Diese ist natürlich wichtig, aber zweitrangig. Wenn man die Wahl zwischen einem architektonisch gelungenen Gebäude ohne Geschichte oder Herrschaftlichkeit und einem hässlichen, aber geschichtsträchtigen und herrschaftlichen

Gebäude hat, entscheidet man sich für das letztere. Hier scheint einmal mehr der Unterschied zwischen dem Dandy des einundzwanzigsten Jahrhunderts und etwa dem des neunzehnten Jahrhunderts auf: Stand es diesem frei, seine Behausung ganz nach ästhetischen Kriterien auszuwählen, weil Herrschaftlichkeit selbstverständlich und Unzeitgemäßheit – zu Zeiten intakter Geschichte – kein Thema war, so können wir uns derartigen Luxus auch abgesehen von unserer finanziellen Situation heute nicht mehr erlauben. Vielmehr müssen wir uns ganz auf die Essenzialien konzentrieren, ohne die es nicht geht. Wenn architektonische Schönheit dabei zu kurz kommt, ist das ein notwendiges Opfer.

Alles andere kommt mit einiger Sicherheit zu kurz: Einen makellosen baulichen Zustand, dichte Fenster, eine angenehme Raumtemperatur, einfach zu bedienende Heizungen und dergleichen können und dürfen wir vernachlässigen. Vielleicht müssen wir derlei sogar vernachlässigen, denn unsere Existenz ist ja kein Spaß, sondern Pflicht und Dienst. Praktisch gedacht, können wir uns derlei Annehmlichkeiten vermutlich auch gar nicht leisten: Haben wir, die wir aus Überzeugung knapp bei Kasse sind, den Anforderungen der Geschichtlichkeit und Herrschaftlichkeit Genüge getan, so reichen die verbleibenden Mittel mit großer Wahrscheinlichkeit nicht für Renovierungsmaßnahmen, den Einbau einer Zentralheizung und dergleichen aus. Aber Komfort ist ohnedies unmännlich, also verwenden wir keinen weiteren Gedanken darauf.

61

Wohne auf einem Schloss!

In der vorletzten Sektion war viel von Schlössern die Rede. Das sollte nicht zu wörtlich genommen werden: Der Rekurs auf diesen Archetyp des herrschaftlichen Gebäudes diente vor allem dem

Zweck, alle Ausprägungen des Herrschaftlichen anhand eines besonders passenden Beispiels zu verdeutlichen. Aber selbstredend ist nicht jedes herrschaftliche Gebäude ein Schloss.

Gleichwohl hat ein Schloss vieles für sich – wobei wir den Begriff umfänglich verstehen und auch Herrenhäuser, Gutshäuser, aufgelassene Klöster, den großzügigeren Typus Villa und dergleichen darunter fassen. Dass wir uns derlei finanziell nicht erlauben könnten, trifft nicht zu: Abstriche müssen wir freilich beim Komfort machen, aber darüber haben wir ja schon gesprochen. Insbesondere in den neueren Bundesländern – aber ebenso in allen anderen Staaten des ehemaligen Ostblocks – finden sich zahllose Gebäude dieser Art, die sich um wenig Geld erwerben lassen. Darunter befinden sich besonders viele klassische Gutshäuser, aber auch große Schlossanlagen, Burgen und dergleichen – von Villen im Stil der Jahrhundertwende ganz zu schweigen, diese gibt es in rauen Mengen, wenn auch meist in eher unattraktiven städtischen Umgebungen. Schlösser hingegen finden sich zumeist auf dem Lande, abseits der kleineren oder größeren Städte, die – sofern es sich nicht gerade um die Metropolen handelt – in jenen Gegenden wenig einnehmend sind. Tatsächlich kann man sich kaum eine dandystischere und zugleich angenehmere Wohnumgebung vorstellen als etwa ein Gutshaus in Vorpommern, umgeben von einem alten Park und Weizenfeldern, so weit das Auge reicht. Natürlich ist der Park verwildert, und weil wir uns keinen Gärtner leisten können und keine Zeit dafür haben, uns selbst darum zu kümmern, bleibt er das auch. Aber ein verwilderter Park ist besser als kein Park. Und natürlich ist das Haus in keinem perfekten Zustand – sehr wahrscheinlich befindet es sich sogar in einem recht bedenklichen Zustand, wobei man allerdings darauf achten sollte, dass es nicht durchregnet und das Mauerwerk frei von Schwamm ist. Alles andere lässt sich mit einigen Schichten Farbe in Ordnung bringen. Hat man sechs oder sieben Zimmer in einen bewohnbaren Zustand versetzt, dann gilt ansonsten: »Un palacio del que se conocían todas las habitaciones no era digno de ser habitado«, wie es in Giuseppe Tomasi di Lampedusas *El Gatopardo* so schön heißt. Beim Bewohnen eines Schlosses kommt es nicht darauf an, *genügend* Platz, sondern *zu viel* Platz zu haben. Wenn in einem Schloss nicht zumindest die Hälfte der Räume permanent leer steht, sollte man den Umzug in ein größeres Schloss erwägen. Da jene vorpommerschen Herrenhäuser allenfalls über einen Stromanschluss, aber ganz sicher nicht über eine Zentralheizung verfügen, heizt man mit Kaminen und Öfen und zieht sich ansonsten warm an. Das Anfeuern der Öfen erfordert in den kalten Monaten einen gewissen Aufwand; deshalb schließt man während dieser Zeit weitere Teile des Hauses und beschränkt sich auf ein oder zwei Zimmer: vorzugsweise die Bibliothek und ein Schlafzimmer. Eine herrschaftlichere und männlichere, kurzum dandystischere Art, ein Haus zu bewohnen, lässt sich wohl nicht denken. Die absolute Distanz zur Welt der Heutigen, die man in der Bibliothek eines ansonsten kalten und unbewohnten Herrenhauses erfährt, wo ein Kachelofen gerade genug Wärme spendet, dass man mit einem dicken Hausmantel nicht allzu sehr friert, und wo man dann auch noch auf das elektrische Licht verzichtet und im Schein einer Petroleumlampe bei einer Pfeife seinen Baudelaire liest – das ist wohl das höchste Glück, das dem Dandy des einundzwanzigsten Jahrhunderts widerfahren kann. Bisweilen dringt er aus dieser befestigten Stellung in die Städte hinein, um durch seine Präsenz im okkupierten Gelände, im Kernland des Gegners, das dandystische Prinzip zur Geltung zu bringen und damit den Kampf gegen die Vulgarität seiner Zeitgenossen zu führen. Aber diesen Kampf kann er nur deshalb unter Einsatz seiner ganzen Existenz führen, weil er sich seines Rückzugsortes gewiss ist, des Baudelaire in der Bibliothek seines vorpommerschen Herrenhauses, wo diese Existenz fernab der Welt der Heutigen Ruhe findet.

62

Wohne in einem schlossähnlichen Gebäude!

Ein solches Glück kann sich freilich nicht jeder erlauben: Wer auf Gelderwerb in den Städten angewiesen ist, muss sich, so gut das eben geht, sein vorpommersches Gutshaus in Berlin, Hamburg oder München schaffen. Die Grundsätze – Herrschaftlichkeit und Geschichte – finden auch hier ungeschmälert Anwendung, und das schließt schon allerlei aus. Doch man erinnere sich: Thomas de Vriends herrschaftliche Wohnung, die seine Einkünfte als Hilfsarbeiter auf dem Bau ihm zu mieten erlaubten, lag in einem heruntergekommenen Verwaltungsgebäude in einer noch heruntergekommeneren Gegend von Berlin. Vorstellbar sind auch alte Fabriketagen, aus denen man sich seine zwei- oder dreihundert Quadratmeter herausschneidet (den spießigen Begriff »Loft« vermeiden wir hier – ein notdürftig gesicherter Bereich in einer verfallenen Tuchmanufaktur aus der Kaiserzeit ist wohl auch nicht das, was dieser Begriff bezeichnen will); oder jene aufgegebenen Backsteingebäude am Rande größerer Gleisanlagen, deren vormaliger Zweck sich einem nicht so recht erschließen mag; oder stillgelegte Pumpwerke; oder alte Wassertürme; oder auch Luftschutzbunker. – Es ist wohl deutlich geworden, worum es uns geht. Was zählt, sind Größe, Unwohnlichkeit, isolierte Lage und Alter. Alles andere ist nachrangig oder ergibt sich von selbst.

63

Lebe im Slum!

Auf den Slum wird es mit einiger Wahrscheinlichkeit hinauslaufen, denn in den besseren oder auch nur mittelmäßigen Gegenden der Städte können wir uns allenfalls eine Dreizimmerwohnung im Obergeschoss eines Mietshauses aus den Siebzigerjahren erlauben, und da ist ein herrschaftliches Dasein nur schwer möglich: Denn wie gesagt, was zählt, sind Größe, Unwohnlichkeit, isolierte Lage und Alter. In den Städten – so wir denn an die Stadt gebunden sind – zieht es uns deshalb in jene Gegenden, in denen der Quadratmeterpreis niedrig ist, weil dort niemand freiwillig lebt. Auch findet sich die Art Immobilien, in der wir uns daheim fühlen, am ehesten noch in solchen Gegenden – an jenen Rändern der besiedelten Gebiete, an denen Brennnesseln wuchern. Dies ist dann unser Vorpommern, eine Zone der Einsamkeit, ein Niemandsland zwischen uns und der Welt der Heutigen. Dorthin ziehen wir uns in unsere Bibliothek zurück und wissen, dass niemand uns dort aufsuchen wird, obwohl die okkupierten Gebiete nur wenige Hundert Meter weiter beginnen. Aber bis dorthin wagt man sich nicht vor.

64

Lebe in der Provinz!

Alternativ die Provinz. Die Entscheidung für die Provinz ist nicht ohne Gefahren: Es lebt sich dort gut – ruhig, auch in großem Stil und trotz allem recht komfortabel. Aber den Kampf von der Provinz aus zu führen ist nicht einfach. Der Dandy in der Fußgängerzone von Heilbronn bewirkt nichts und wird deshalb leicht zur lächerlichen Figur. Es geht ja gerade darum, das dandystische Prinzip in das Kernland des Gegners zu tragen, und das ist nun einmal in Berlin und Hamburg, allenfalls noch in Bremen und Stuttgart, aber ganz sicher nicht in Ulm oder Glücksburg. Dann schon eher die echte Provinz, Vorpommern eben oder die ländlicheren Regionen des Saarlandes oder Frankens. Das sind Rückzugsorte, in denen wir allenfalls wirksam werden, wenn wir dort

Bücher schreiben oder Beiträge für obskure Zeitschriften. Ansonsten rechtfertigt sich unser Dasein in der Provinz nur dann, wenn wir es als befestigte Stellung begreifen, aus der heraus Vorstöße ins besetzte Gebiet unternommen werden. So verstanden allerdings, ist die Provinz der uns angemessene Ort, weil eine isolierte und herrschaftliche Existenz dort möglich ist. Und Geschichte findet sich gerade dort: nicht nur in den Gutshäusern Vorpommerns, sondern eben auch in den mittelalterlichen Stadthäusern Kronachs oder Miltenbergs.

65

Vermeide das falsche neunzehnte Jahrhundert!

Und wenn wir es uns aussuchen könnten, wenn wir also über die Mittel verfügten, uns niederzulassen, wo wir möchten? Da wird es dann ein wenig klischeehaft: London, Paris, Wien, Rom und Florenz ganz sicherlich, vielleicht Venedig, München oder Hamburg; und so weiter. Ganz sicherlich nicht Moskau, der Großteil der USA, die Côte d'Azur. Aber letzten Endes sprechen aus alldem wehmütige Erinnerungen an Vergangenes, Bilder eines Dandysmus des neunzehnten Jahrhunderts und der Zwischenkriegszeit, die für uns bedeutungslos geworden sind – ja, vor denen wir uns sogar in Acht nehmen müssen, denn romantische Sehnsucht schwächt die Kampfkraft. Natürlich entspricht es unserer Neigung, durch St. James oder St. Germain zu flanieren und es Marcel Proust im Caffè Florian gleichzutun. Aber damit können wir unsere Mission nicht erfüllen, die eben gerade darin besteht, den Gegner in seinem Loch aufzusuchen. Demgegenüber sind die Orte des klassischen Dandysmus, wo und insofern es sie noch gibt, Reservate, die den Heutigen dazu dienen, nostalgische Gefühle zu empfinden. Lassen wir uns dort blicken, werden wir Teil dieser Szenerie, und man fotografiert uns. Lassen wir uns dort auf Dauer nieder, verlieren wir uns in dieser Scheinwelt, diesem falschen neunzehnten Jahrhundert. Dann verschieben sich die Perspektiven: Wir beginnen, unsere Vorgänger nachzuahmen, widmen uns sinnlosen Zielen, ohne es zu merken, und werden pittoresk. Mithin ist gerade der vermeintlich dandystische Ort der Erfüllung der dandystischen Mission der abträglichste. Unser Gegner ist der Zeitgenosse, und er steht hier.

66

Schaffe Inseln der Kultur!

Eine kurze Anmerkung zu einer interessanten Möglichkeit, ein herrschaftliches Dasein da zu führen, wo man es wahrhaftig nicht erwartet. Je konsequenter man sich den kapitalistisch-sozialistischen Verwertungszusammenhängen entzieht, desto wahrscheinlicher wird es, dass die Einkünfte auf ein kaum noch zu minderndes Minimum schrumpfen. In diesem Falle sind alle bisherigen Erwägungen zur Lebensumgebung des Dandys hinfällig, denn bei Armut im eigentlichen Sinne des Wortes liegen selbst diese Optionen jenseits seiner Reichweite. Dann bleibt nur die Einzimmer-Sozialwohnung in einem Siebzigerjahre-Wohnblock im Märkischen Viertel, wo auch schon Ulrike Meinhof gewohnt hat. Dass es schlimmer nicht ginge, trifft indes nicht zu: Zumindest die Isoliertheit einer solchen Wohneinheit ist komplett, und besser als der zuvor genannte neuzeitliche Bürger-Bungalow ist diese allemal. Es stellt sich also die Frage, wie Geschichtlichkeit und Herrschaftlichkeit unter den zugegebenermaßen schwierigen Bedingungen der Einzimmer-Sozialwohnung zu verwirklichen sind.

Von der Einrichtung sehen wir zunächst ab – dazu später. Die Frage ist, wie die Wohneinheit selbst so umgestaltet werden kann, dass Herrschaftlichkeit zumindest im Ansatz besteht. Zunächst ließen sich die Wände mit einer Holzvertäfelung im Stil des siebzehnten Jahrhunderts verkleiden, die man sich unschwer selbst zurechtzimmern kann. Ebenso mag der Boden mit Dielen belegt werden, und wenn man noch einige Stuckaturen an Decke und Deckenkanten und ein wenig gestalterische Spielerei an den Türen und Türzargen hinzunimmt, bleibt von der ursprünglichen Substanz kaum noch etwas übrig. Am wichtigsten ist es aber, die Isoliertheit so zu vervollkommnen, dass die Verbindungen mit der Außenwelt fast zur Gänze gekappt werden. Vor allem müssen die Fenster auf eine Weise blickdicht sein, die gerade noch den Einfall natürlichen Lichtes gestattet und dabei dem Stil der Umwandlungen Rechnung trägt. Hierzu sollte man einfache dunkle Bleiglasfenster etwa aus den Dreißigerjahren nutzen, die den eigentlichen Fenstern mit etwas handwerklichem Geschick vorgeblendet werden. Solche Bleiglasfenster lassen sich günstig erwerben. Bringt man nun noch hier und da einige geschickte Ergänzungen an und versieht alles mit einigen großzügigen Schichten Altweiß, dann hat man damit eine Umgebung geschaffen, die Geschichtlichkeit und Herrschaftlichkeit zwar nur vortäuscht, dies aber dergestalt, dass man selbst als Bewohner der Täuschung unwillkürlich Glauben schenkt.

Im gefühlten Ergebnis dient eine solche Kapsel als Portal, das in eine außerzeitliche Wirklichkeit jenseits der Welt der Heutigen führt. Hat man es einmal durchschritten, erscheint die Vorstellung, dass diese Wirklichkeit räumlich in die Tristesse des Wohnblocks eingebettet sein soll, sogleich absurd und unglaubwürdig. Dass der Zugang ausgerechnet *durch* diese Tristesse erfolgt, also über die radikale Antithese zum Dahintergelegenen, ist dahingegen schlüssig: Der Radikalität des Übergangs eignet etwas Magisches, und jenes gegenüber unserer Zeit so ganz Andere, das sich darin eröffnet, tritt in nochmals höherer Schärfe hervor.

Es versteht sich von selbst, dass derlei Lösungen der Not geschuldet sind. Nichtsdestoweniger sind sie nicht der schlechteste Ersatz für das Herrenhaus in Vorpommern, und als befestigte Stellungen, aus denen heraus wir Vorstöße in das besetzte Gelände planen und exekutieren, bewähren sie sich ebenso gut wie dieses.

67

Lebe in heruntergekommenen Interieurs!

Es ist erstaunlich, mit welcher Leichtigkeit und mit welch schmalen Budgets man sich Einrichtungen zusammenstellen kann, die ästhetisch wie handwerklich ganz und gar zufriedenstellend sind. Zunächst muss man sich von dem Gedanken verabschieden, dass auch nur irgendetwas, was während der vergangenen siebzig Jahre hergestellt wurde, unserer Lebensumgebung hinzugefügt werden könne, ohne uns zu kompromittieren. Eine Frage der Qualität ist das auch, aber nur am Rande: Die moderne industrielle Produktion kann nichts außer – auf die eine oder andere Weise – Minderwertigem zustande bringen; und was heutzutage von handwerklicher Herstellung und somit nicht minderwertig ist, überfordert unsere Finanzen. Aber das nur am Rande; wesentlich ist: So wie wir nur in alten Gebäuden existieren können, so ertragen wir auch nur alte Gegenstände um uns herum. Was nicht geschichtlich aufgeladen ist, darf in unsere Lebensumgebung keinen Eingang finden. Anders ist konsequente Unzeitgemäßheit nicht zu bewerkstelligen. In Bezug auf Herrschaftlichkeit gilt Ähnliches: Auch den kostspieligsten modernen Einrichtungen gelingt es nicht, den Eindruck von Herrschaftlichkeit hervorzurufen; demgegenüber strahlt jedes Interieur von äußerst moderatem materiellen Wert Herrschaftlichkeit aus, sofern es sich aus Gegenständen höheren Alters zusammensetzt, die sorgsam ausgewählt, zusammengestellt und arrangiert worden sind. Auf den Grundsatz der Schäbigkeit sind wir bereits eingegangen: Neuwertiges oder makellos Restauriertes wirkt häufig ungeschichtlich. Geschichte zeichnet sich in Schäden, Schrammen, Dellen, Flecken und Rissen ab, und je mehr davon der Gegenstand aufweist, desto mehr trägt er zur Unzeitgemäßheit des Gesamtbildes bei. Ganz und gar unerträglich sind freilich moderne Möbel in historischen Stilen, aber darauf brauchen wir keine Worte zu verschwenden: Sich mit derlei Nouveau-riche-Klimbim zu umgeben ist unentschuldbar.

68

Vermeide »Antiquitäten«!

In unserem Interieur – und bestenfalls auch in unserem Vokabular – existiert so etwas wie »Antiquitäten« nicht. Wir leben inmitten alter Möbel, deren Geschichtlichkeit sich nicht daraus ergibt, dass sie alt in einem abstrakten Sinne sind, irgendeinem historischen Stil gehorchen oder irgendwie verschnörkelt daherkommen, sondern daraus, dass sie über einen langen oder sehr langen Zeitraum hinweg in Gebrauch gewesen sind – idealerweise in unserer eigenen Familie. Wir wertschätzen sie, indem wir sie weiterhin gebrauchen und zu ihrer Geschichtlichkeit beitragen. »Antiquitäten« sind demgegenüber Dinge, die ein gebildeter Gebrauchtwagenhändler in restauriertem Zustand zu einem überhöhten Preis auf einer Auktion erwirbt, um dann seinen Gästen zu eröffnen, das dort sei ein Louis-XVI-Fauteuil. Von »Antiquitäten« sprechen Leute, die beim Abendessen die Teller umdrehen und erklären, sie hätten auch Höchster Porzellan bei sich daheim. »Antiquitäten« sind etwas für Menschen, die sich zu der Äußerung hinreißen lassen, sie liebten alte Dinge. Personen, die »Antiquitäten« besitzen, kombinieren sie nach eigener Aussage gerne mit modernem Mobiliar, weil das die »Antiquität« als etwas ganz Besonderes zur Geltung brächte. Und so fort.

Wenn es uns nie in den Sinn käme, von unseren Möbeln als von »Antiquitäten« zu sprechen, dann vor allem deswegen, weil der Begriff »Antiquität« eine Perspektive voraussetzt, aus der das betreffende Möbel etwas Außergewöhnliches ist: etwas, was in einer normalen Einrichtung nicht vorkommt und deshalb besondere Aufmerksamkeit auf sich versammelt. Diese Perspektive ist nicht die unsere, ganz im Gegenteil: Für uns ist gerade das alte, geschichtlich aufgeladene Möbel die Norm. Dabei schert es uns zunächst einmal nicht, ob ein Sessel aus dem Frühbarock, dem Biedermeier oder dem Art déco stammt, solange er Geschichte aufweist, seinen Zweck erfüllt und – für sich genommen sowie im Ensemble mit unseren anderen Einrichtungsgegenständen – angenehm anzusehen ist. Zwar mag man eine Vorliebe etwa für Biedermeier-Mobiliar haben; dann aber, weil einem die Ästhetik oder die Verarbeitung dieses Stils zusagt, nicht, *weil* es sich um Biedermeier handelt. Deshalb auch wird man in unseren Häusern keine stilreinen Ensembles finden: Räume, die nur Biedermeier- oder nur Art-déco-Möbel enthalten. Derlei ist entweder steril und museal oder bezweckt ebenjene künstliche Nachschaffung eines früheren, noch intakten geschichtlichen Zusammenhanges, die wir ablehnen, weil wir uns nicht selbst belügen wollen.

Was man aber sehr wohl in unseren Häusern finden mag, sind Einrichtungen, in denen weder Biedermeier noch Art déco vorkommen, sondern ausschließlich zweitrangige Ware der Gründerzeit oder der Dreißigerjahre, obendrein in einem schlechten Erhaltungszustand und scheinbar willkürlich arrangiert. Und wenn diese Zusammenstellung dann trotzdem den Eindruck von Herrschaftlichkeit erweckt, dann haben wir unser eigentliches Ziel erreicht: Dann zählt nur mehr die Geschichtlichkeit des Ensembles, die sich aus den Geschichtlichkeiten seiner Bestandteile speist. Die Bestandteile selbst treten dabei hinter das Ensemble zurück, sodass weder die kunsthistorische Zuordnung noch die gestalterische Qualität noch auch die Geschichtlichkeit des einzelnen Möbels mehr in Betracht kommen. In einem solchen Ensemble treten wir tatsächlich aus der Zeit heraus – nicht in eine andere Zeit hinein, denn das wäre ja historistische Nachschaffung und Nostalgie, sondern in eine überzeitliche Wirklichkeit, die unsere Gegenwart, die Wirklichkeit der Heutigen, von uns fernrückt. Um diesen Effekt zu erzielen, braucht es weder teure noch wertvolle noch besonders historische Möbel. Es braucht lediglich alte Möbel mit Geschichte – mit Kratzern, Beulen, Brüchen und Flecken –, die es umsichtig anzuordnen gilt, um sie zu einem in sich geschlossenen Bild zu formen. Alles andere kommt dann von selbst. Auf keinen Fall darf man jedoch Kompromisse eingehen und für diesen oder jenen Zweck doch noch ein modernes Möbel oder (*horribile dictu*!) eine historisierende Nachahmung durchgehen lassen. Das zerstört alles: Das in sich geschlossene Bild bricht auf, die Geschichtlichkeit des Ensembles schwindet, und das Tor in die überzeitliche Wirklichkeit fällt ins Schloss.

(Dass jener Effekt nur in einem alten und vorzugsweise ebenfalls schäbigen Gebäude zustande kommen kann, versteht sich nach dem bisher Gesagten von selbst. Eine Ausnahme ist die Zeitkapsel im Wohnblock: Da mag das Außerzeitliche sogar in besonderer Weise aufscheinen, wenn man es geschickt anstellt.)

Welche Art Möbel kommt infrage? Grundsätzlich jede, sofern nicht jünger als ein Dreivierteljahrhundert. Zu bedenken sind jedoch die Grundregeln der Herrschaftlichkeit, insbesondere Männlichkeit, Haltung und Distanz. Allzu Ornamentales ist ebenso unmännlich wie zu viel helles Holz und zu viel Textilien. Haltung setzt voraus, dass Bequemlichkeit sich in Maßen hält. Und Distanz erwächst aus einem förmlichen, strengen und wuchtigen Stil. Zu empfehlen sind also vor allem schwere Eichen- oder Mahagonimöbel. Auch der Stil der Möbel sollte schwer sein: Mit gründerzeitlichem Mobiliar kann man da wenig falsch machen. Das Art déco, der Jugendstil sowie die Stile Louis-Philippe und Louis XV sind hingegen in einigen ihrer Ausprägungen arg verspielt; das sollte vermieden werden, wenngleich gegen die strengeren Varianten dieser Stile nichts einzuwenden ist. Schränke, Bücherschränke und dergleichen sollten hoch, massiv und einschüchternd sein, Sessel und Stühle hochlehnig. Der Gesamteindruck des Ensembles sollte düster und beklemmend in einer Weise wirken, dass man sich verloren und klein darin vorkommt. (Wir selbst fühlen uns in einer solchen Umgebung selbstredend nicht verloren und klein; im Gegenteil ist sie uns völlig angemessen. Wer jedoch Sofagarnituren und Fichtenholzmöbel gewohnt ist, soll beim Betreten des Raumes zurückschrecken.)

Eine herrschaftliche Einrichtung ist sicherlich keine Sache des Geldes, wohl aber des Geschmacks und der Nuancen. Aber eigenartigerweise sind Geschmack und ein Sensorium für Nuancen Dinge, die Menschen mit Affinität zum Dandysmus selten fehlen. Vermutlich ist es so, dass erst ein guter Geschmack jenes ganz spezifische Ungenügen an der Welt der Heutigen und ihrer Vulgarität weckt, das einen unwillkürlich jene Strategien ersinnen lässt, die in ihrer Gesamtheit im dandystischen Typus zusammenschießen. Geschmack ginge demnach dem Typus des Dandys voraus. – Das bedeutet freilich nicht, dass Geschmack sich nicht erlernen ließe, wir sind oben schon darauf eingegangen. So mag am Anfang des dandystischen Werdens durchaus eine bewusste Entscheidung stehen, der dann ein rigoroses Studium großer Meister der unterschiedlichen in diesem Buch behandelten Disziplinen folgen muss, um den Geschmack auszubilden und zu verfeinern. Und doch, auch jene bewusste Entscheidung kommt ja nicht von ungefähr: Dass man sie trifft, ohne das Ungenügen an der Vulgarität der Gegenwart zu spüren, ist zweifelhaft; und wer es spürt, der muss doch über jenes Sensorium verfügen, das – wenn bereits mit einem ausgebildeten, etwa anerzogenen Geschmack vereint – gleichsam automatisch dem Dandysmus zuführt. Aber wir schweifen ab.

69

Vermeide die Leere!

Ein Interieur ohne Bilder und Skulpturen ist unerträglich. Man mag sich über den *horror vacui* früherer Zeiten belustigen, aber das ist ungerechtfertigt. Der sogenannte Minimalismus weitgehend leerer weißer Wände ist ein aus historischer Perspektive ganz eigenartiges Phänomen, das nicht umsonst nach dem Ersten Weltkrieg erstmalig zur Geltung gelangt – mithin zu exakt der Zeit, auf die wir den großen Aufbruch der Heutigen und des Nihilismus in Europa datiert haben. Die seelische Leere jenes Menschenschlages suchte ihr Spiegelbild in leeren Wänden und leeren Fassaden, und je mächtiger der Heutige wurde, desto leerer wurde alles um ihn herum. Man mag die großräumigen Zerstörungen des Zweiten Weltkriegs in diesem Zusammenhang erwähnen, aber auf diese Diskussion wollen wir uns nicht einlassen. Dass nach dem Ende des Zweiten Weltkriegs das Prinzip der Leere zum Leitstern von Architektur und Innenarchitektur avancierte, steht allerdings außer Zweifel. Der architektonische Nihilismus eines Le Corbusier begrub die Vergangenheit unter sich, und wenn die Schöpfungen des Bauhauses immerhin noch ihren Reiz besaßen, so erwies sich doch das, was dessen Epigonen daraus machten, nur als Rezept für nihilistische Verödung im ganz großen Stil. Den Architekten des Bauhauses und ihren Vorläufern ging es um eine ästhetische Revolution, während ihre Nachahmer sich die soziale, kulturelle und geistige Revolution zum Ziel gesetzt hatten: die Entgeschichtlichung und Nivellierung im Geiste des Egalitarismus – zugleich ausgedrückt und vorangetrieben durch eine Architektur, die den Menschen in ein Gestell zwingt, das nicht nach seinem Maß geformt ist, sondern im Gegenteil ihm das Maß vorgibt. Auch so wird der nihilistische Mensch geschaffen.

Der stets aufs Neue vorgetragene Hinweis, dass Minimalismus in Japan eine lange Geschichte habe und diese wohl nicht auf Nihilismus gründe, verfängt übrigens nicht: Erstens handelt es sich bei diesem sogenannten Minimalismus um ein neuzeitliches Klischee, das stark von westlichen Einflüssen geprägt ist. Zweitens ist Japan eben Japan, aber wir befinden uns in Europa. Dass sich kulturelle Muster – vermeintlich oder echt – unproblematisch von einer Kultur auf die andere übertragen ließen, ohne dass ganz andere und möglicherweise sogar gegensätzliche Einflüsse in die unweigerlich entstehenden Hohlräume einschössen, ist ein naives Fehlurteil.

Kurz und gut, Minimalismus jeglicher Art lehnen wir ab, weil es sich hier und jetzt um den Stil des Gegners handelt (sofern man bei diesem Gegner das Wort »Stil« verwenden mag). Bereits die alten, schäbigen Möbel, mit denen wir unser Zuhause ausstatten, geben dem Minimalismus keinen Raum: Dieser verlangt geradlinige Perfektion und klinische Reinheit. Und da uns vor allem an der geschichtlichen Aufladung des Ensembles gelegen ist, die aus dessen umsichtiger Komposition herrührt, nicht aber aus einer »funktionalen« Reduktion auf das »Wesentliche«, und da eine solche Komposition ohne ausreichend Material nicht möglich ist, findet sich bei uns wahrscheinlich weit mehr Mobiliar als nötig. Vermutlich ist der Eindruck, den unsere Wohnung auf den Besucher macht, »edwardianisch«, in jedem Falle aber prä-1914.

70

Sammle Kunst!

Jene Komposition eines geschichtlich aufgeladenen Ensembles ist ohne Bilder und Skulpturen nicht zu leisten: Bilder und Skulpturen gehören ebenso zu einem Interieur, das sich aus Bruchstücken einer zerfallenen europäischen Tradition zusammensetzt, wie Stühle, Tische und Vorhänge. Das ist das eine. Das andere und sicherlich Wichtigere ist die ausgeprägte Kennerschaft des Dandys. Es liegt in der Natur echter Kennerschaft, dass sie sich mit den Objekten zu umgeben sucht, denen ihr Interesse gilt. Der Kenner kann gar nicht anders, als Sammlungen zu bilden, deren materieller Wert sicherlich von seiner finanziellen Situation abhängt, deren geschmacklicher Wert aber ganz unabhängig von solchen Bedingungen besteht. Vor allem sind derartige Sammlungen in sich schlüssig, das heißt, sie gehorchen einem festen Prinzip. Willkürliche Hinzufügungen mögen bisweilen und aus gutem Grund vorkommen, aber im Großen und Ganzen kristallisiert sich die Sammlung um einen Punkt herum, der mit Entschiedenheit gesetzt wurde und den Raum um sich herum rigoros strukturiert.

Konsistenz ist das Wesentliche. Es ist weitgehend sinnlos, sich die Wände mit Bildern vollzuhängen, die zueinander in keinem klaren Verhältnis stehen, das heißt, keine Sammlung ausbilden. Weitgehend, wenn auch nicht völlig sinnlos: Sofern es nur um die Komposition des geschichtlich aufgeladenen Interieurs geht, reicht eine solche beliebige Zusammenstellung aus – unter diesem Gesichtspunkt geht es nur darum, eine genügende Anzahl geschmacklich unbedenklicher Bilder an den richtigen Stellen aufzuhängen. Ansonsten aber ist es eben sinnlos – insofern als ein Kunstwerk neben anderen Kunstwerken erst daraus seinen Sinn gewinnt, dass es sich auf eine Idee bezieht und nicht allein auf räumliche Verhältnisse. Dem Dandy als einem Kenner ist eine solche Sinnlosigkeit zuwider. In seiner Lebensumgebung muss Kunst die Form einer Sammlung annehmen.

Das ist freilich schwierig, weil seine finanziellen Verhältnisse ihm auch hier enge Grenzen setzen. Aber wie gesagt, es kommt nicht auf den materiellen Wert der Sammlung an, sondern auf deren innere Schlüssigkeit. Was kann das konkret bedeuten? Dass wir uns den Erwerb von Werken erst- und zweitrangiger Künstler nicht erlauben können, versteht sich. Diese machen aber einen winzigen Bruchteil des künstlerischen Schaffens ihrer jeweiligen Epoche aus; neben ihnen waren unzählige andere Künstler tätig, von denen keineswegs alle nur uninspirierte Dekorationsstücke produziert haben. Es gibt zahlreiche Künstler aller Epochen, deren Namen niemandem mehr etwas sagen, die aber technisch brillant gearbeitet und dabei einen durchaus eigenen und originellen Stil entwickelt haben. Häufig weist das Werk solcher Künstler einen mehr oder minder starken Bezug auf eine bestimmte Region auf, in der sie zu ihrer Zeit auch einige Bekanntschaft genossen haben mögen.

Hier kann man ansetzen, indem man gezielt Werke von zwei oder drei dieser zu Unrecht vergessenen Künstler erwirbt. Es sollten zwei oder drei sein, weil eine Sammlung mit Werken nur eines Künstlers leblos wirken kann. Allerdings ist auch zwischen diesen zwei oder drei Bezirken der Sammlung ein Bezug sicherzustellen: etwa dergestalt, dass die Werke von ähnlichen Schulen oder Stilrichtungen beeinflusst sind oder ähnliche regionale Bezüge verarbeiten. Da die Anzahl der Sammler solcher Künstler sehr klein ist – oder es gar keine Sammler mehr gibt –, sind die Preise, die man auf Auktionen zumeist regionaler Auktionshäuser zahlt, sehr moderat.

Natürlich braucht es auch hier ein gutes Auge und guten Geschmack. Um zu beurteilen, ob ein Künstler sammelwürdig ist oder nicht: ob also nur technisches Können vorliegt, nicht aber Originalität; oder ob möglicherweise Originalität unter einer unzureichend ausgebildeten Technik hervorschimmert – um dies zu beurteilen, bedarf es einer guten Schulung, sofern der künstlerische Geschmack einem nicht mit der Erziehung vermittelt wurde.

KAPITEL 5

Präzisionsschützen-ausbildung mit scharfer Munition

71

Sei Student!

Viele Jahre vor den im Prolog geschilderten Ereignissen, in deren Verlauf Jürgen Koch von einer Straßenbahn in drei größere und mehrere kleinere Teile zerlegt wurde, geschah Folgendes:

Um sieben Uhr an einem Donnerstagmorgen klingelte der Wecker neben Jürgen Kochs Bett im Studentenwohnheim. Jürgen Koch war am vorhergehenden Abend schon um zehn Uhr schlafen gegangen, fühlte sich aber dennoch müde und drehte sich nochmals auf die andere Seite. Ei ei, sagte er sich, das müsse das Glas Wein gewesen sein, das ihm seine Mitbewohnerin Dörte aus dem Tetrapak eingeschenkt hatte, als sie beide sich in der WG-Küche *Wetten, dass …?* auf Video angeschaut hatten. Während er ins Bad schlurfte, fiel ihm ein unangenehmer Geruch auf: Vermutlich musste sein Frottee-Schlafanzug doch einmal wieder gewaschen werden. Nach der Dusche zog Jürgen Koch sich eine Wrangler-Jeans und ein Fruit-of-the-Loom-Sweatshirt an, frühstückte eine Schale biodynamisches Müsli und begab sich in die Universität.

Um sieben Uhr an einem Donnerstagmorgen verließ Thomas de Vriend das Zimmer der blonden Doktorandin, auf die jeder sich am vorhergehenden Abend Hoffnungen gemacht und die ihn gegen drei Uhr, als die Party im The Bridge langsam an Fahrt verlor, mit sich zu St. Hilda's genommen hatte. Seinem Smoking war die Nacht auf dem Bettvorleger zwar anzusehen, aber dennoch hatte Thomas de Vriend nicht darauf verzichtet, sorgsam seine Schleife zu binden. Kurz darauf, auf der Treppe zu seinen Zimmern im College, traf er auf zwei weitere Partygäste der letzten Nacht, die ihn neidisch musterten. Nachdem er geduscht und sich auf die Schnelle Oberhemd und Tweedjackett übergestreift hatte, nahm er im klassizistischen Speisesaal seines Colleges einen Kaffee und ein Toast zu sich und machte sich dann zu seinem Tutorial an St. John's auf.

Die Vorlesung »Statistik für SoziologInnen unter Berücksichtigung mathematischer Grundlagen« machte Jürgen Koch immer viel Freude. Sie fand im sogenannten »Soziologenklotz« statt, einem Stahlbetonbau aus den Sechzigerjahren, den er als seine zweite Heimat ansah. Wie immer waren alle Plätze schon belegt, als Jürgen Koch eintraf, aber das machte ihm nichts aus, denn er fühlte sich in großen Menschenmassen wohlig und geborgen. Nachdem er auf einer Treppenstufe Platz genommen hatte, stellte er seine knisternde Wasserflasche neben sich und schrieb den Vorlesungstitel und das Datum auf den oberen Rand des Ringbuchblocks. Währenddessen strömten noch zahlreiche weitere Studenten in den Vorlesungssaal und schauten sich verloren nach Sitzgelegenheiten um. Was hatte Jürgen Koch doch wieder für ein Glück, diese komfortable Treppenstufe ergattert zu haben!

Eine knochig gebaute Frau mit Bürstenhaarschnitt und Haremshose betrat den Raum. Sie watschelte den Mittelgang des Vorlesungssaals entlang, blickte teilnahmslos auf die Massen der Studenten und platzierte schließlich ihre Kaufland-Plastiktüte neben dem Stehpult auf der Tribüne. Dann schnäuzte sie sich die Nase, entnahm der Plastiktüte eine Wasser-

Professor Munro hatte seine Zimmer in einem Hof des Colleges, der im frühen siebzehnten Jahrhundert errichtet worden war und als herausragendes Beispiel englischer Renaissance-Architektur galt. Im ersten Stock, in den man über eine stark ausgetretene, knarrende Treppe gelangte, klopfte Thomas de Vriend an eine schwere Eichentür und trat ein. Jonathan Munros Arbeitszimmer war bis zur Decke mit einer stark nachgedunkelten Eichentäfelung ausgekleidet, auf der Gemälde aus den Sammlungen des Colleges hingen. Dass das Mobiliar keine hundert Jahre alt war, störte kaum. Professor Munro erhob sich von seinem Schreibtischstuhl und hieß Thomas de Vriend auf einem der Sessel vor dem Kamin Platz nehmen. Er selbst setzte sich auf den anderen Sessel, nachdem er zwei Wedgewood-Tassen mit Kaffee gefüllt und auf dem Tischchen zwischen ihnen abgestellt hatte.

Das Tutorial begann damit, dass Thomas de Vriend einen Essay verlas, den er während der vorangegangenen Woche verfertigt hatte. Professor Munro hörte genau zu, nickte hin und wieder, wiegte ab und an den Kopf und machte sich einige Notizen in ein kleines ledergebundenes Büchlein. Als Thomas de

flasche, platzierte sie vor sich, beugte sich leicht hinab, um den Inhalt eines Mülleimers dicht neben dem Pult zu inspizieren, und fand schließlich in irgendeiner Tasche ihrer Achtzigerjahre-Jacke einige eng beschriebene Blätter, die vor vielen Jahren schon bessere Zeiten gesehen haben mochten. Diese legte sie auf das Pult und begann in einer monotonen Stimme, den Blick stetig auf die Blätter geheftet, abzulesen. Jürgen Koch schrieb eifrig mit, bis irgendwann die Tonanlage den Geist aufgab. Die knochige Frau am Pult schaute nur kurz auf, ließ sich aber nicht stören und fuhr in ihrem Vortrag fort, den die Geräuschkulisse in dem überfüllten Raum allerdings verschluckte, sodass Jürgen Koch nicht mehr vernahm als ein gleichförmiges Murmeln. Irgendjemand rief »Lauter!«, was aber seitens der knochigen Frau nur zu der Erwiderung führte, dass man halt besser zuhören solle. Indes geschah das Gegenteil: Da nun niemand mehr etwas verstand, befassten die Zuhörer sich halt mit anderen Dingen, und der Lärmpegel stieg stetig an. Auch das störte die knochige Frau am Pult nicht, die gleichmütig ihr Pensum absolvierte, schließlich Skript und Wasserflasche wieder in der Kaufland-Tüte verstaute und durch die Hintertür verschwand. – Jürgen Koch war voll und ganz zufrieden: Er wusste ja, dass Vriend geendet und einen Schluck Kaffee aus der Wedgewood-Tasse genommen hatte, blickte er Jonathan Munro an, dessen Tweed-Jacke, kanariengelbe Weste und rosafarbene Krawatte auffällig mit dem Kardinalspurpur eines geistlichen Herrn auf dem Gemälde hinter ihm kontrastierten. Munro sah für einige Momente aus dem Fenster auf die gegenüberliegende Mauer von Trinity College und sagte dann etwas, was die Argumentation in Thomas de Vriends Essay vollständig widerlegte. In dem, was Thomas de Vriend darauf entgegnete, spielte der Essay indes schon gar keine Rolle mehr; vielmehr hatte er eine Lücke in Professor Munros Kritik entdeckt, die es ihm wiederum ermöglichte, diese Stück um Stück zu dekonstruieren. Das erheiterte Munro so sehr, dass er zwei Gläser mit Sherry füllte, bevor er Thomas de Vriends These über die Flanke angriff, ohne sie jedoch wirklich zu widerlegen. Das wollte er allerdings auch gar nicht, weil ihm inzwischen derjenige Gedanke gekommen war, der den Forschungsstand zum Thema in den darauffolgenden Monaten revolutionieren sollte und der erstmalig in dem Aufsatz dargelegt wurde, den gemeinsam zu veröffentlichen Thomas de Vriend und Jonathan Munro sich zum Ende des Tutorials entschlossen. – Nach-

sich die Vorlesung wörtlich in einem Buch wiederfand, das die knochige Frau vor zwanzig Jahren veröffentlicht hatte.

Nachdem Jürgen Koch noch für zwei Stunden in der Bibliothek gearbeitet hatte – an einem mittelbraunen Kunststofftisch in der Hauptbibliothek, die demnächst einer Asbestsanierung unterzogen werden sollte –, begab er sich zum Mittagessen.

Bei der Mensa handelte es sich um einen weitläufigen Bau aus den frühen Siebzigern, der im Volksmund den Namen »Rostlaube« trug, da seine Metallverkleidung dem Wetter nicht gut standgehalten hatte. Man betrat die Mensa durch einen großen Betonraum voller Plakate und umherliegender Flugzettel, dessen gesamte Nordwand von einem riesigen Graffito eingenommen wurde: »Amis raus aus Vietnam«; angeblich stand der Graffito unter Denkmalschutz. Die Essensausgabe im angrenzenden Raum folgte recht simplen Prinzipien: Links und rechts befand sich je ein Fließband, auf denen Tabletts mit Essen dargeboten wurden: links mit Fleisch, rechts ohne. Jürgen Koch wandte sich nach rechts, nahm sich ein Tablett, ging in den Speisesaal – der knapp tausend Personen Platz

dem sie ein weiteres Glas Sherry getrunken hatten, machte Thomas de Vriend sich auf den Weg.

Nachdem Thomas de Vriend noch für zwei Stunden in der Bibliothek gearbeitet hatte – in einer Nische der Duke Humfrey's Library, die von zwei uralten, mit ledergebundenen Folianten bestandenen Eichenregalen gebildet wurde –, begab er sich zum Mittagessen.

Nicht ganz regelkonform war Thomas de Vriend von seinem Freund Heinrich zum Mittagessen in den Senior Common Room von Worcester College eingeladen worden. Der mittelgroße Raum, in dem sich die Dozenten um einen sorgsam gedeckten Tisch versammelten, war – ähnlich Professor Munros Zimmer – mit alten eichenen Vertäfelungen ausgekleidet, auf denen Bilder hingen. Und ähnlich Professor Munros Zimmer stammte auch die Einrichtung dieses Raumes aus dem späten neunzehnten Jahrhundert. Sobald die Freunde sich an einem Ende des Tisches niedergelassen hatten, brachte eine weiß beschürzte Serviererin die Suppe. Heinrich stellte Thomas de Vriend einem auffallend gut gekleideten alten Mann zu seiner Rechten vor, in dem Thomas de Vriend einen der bedeutends-

bot – und setzte sich an einen der unendlich langen Kunststofftische. Das Essen, eine eigenartig bläuliche Masse, fand in einer Vertiefung des Tabletts Platz, sodass man sich nicht mit Geschirr und dergleichem herumplagen musste. Zwei weitere Vertiefungen enthielten eine Suppe und eine tiefbraune Banane. Nach einigen Minuten nahm ein Penner auf der anderen Tischseite Platz, stellte sein umfängliches Gepäck neben sich auf den Boden und öffnete eine Bierdose.

Nach einer weiteren Vorlesung im Soziologenklotz begab sich Jürgen Koch zum Haus des AStA, wo die wöchentliche Zusammenkunft der revolutionären Studentenvereinigung GNoPfZ stattfand. Wofür das Akronym stand, war niemandem recht klar, da man den Ordner mit dem Protokoll der konstituierenden Sitzung verlegt hatte. Aus demselben Grunde war man sich auch über die exakte politische Ausrichtung nicht mehr einig: anarchosyndikalistisch, ja sicherlich, aber das war auch etwas wenig. – Als Jürgen Koch den Raum betrat, in dem die Zusammenkunft stattfinden sollte, waren schon einige Genossen versammelt. Es lag ein Aroma von Marihuana und Urin in der Luft; ein gebrauchter Kaffeebecher aus Pappe, über dessen Rand eine alte Bananenschale hing, stand in der ten Politiker der britischen Nachkriegsgeschichte erkannte. Nach der Hauptspeise – bestehend aus saisonalem Wildragout – und der Nachspeise – bestehend aus hausgemachten Eclaires – gingen sie alle drei in einen angrenzenden Raum hinüber und tranken dort ihren Kaffee. Da Heinrich jedoch ein Seminar geben musste, verabschiedete man sich bald und ging seiner Wege.

Nach einem weiteren Tutorial – in St. Anne's, einem der jüngeren Colleges – machte sich Thomas de Vriend auf den Weg zum Cricket-Training auf dem Sportfeld seines Colleges in Nord-Oxford. Er hatte gerade noch Zeit gehabt, in seine Cricket Whites zu wechseln, also weiße lange Hose und weißes Hemd, wozu er den weißen Pullover mit den Farben des Colleges trug, denn es war noch ein wenig frisch zu dieser Jahreszeit. – Eingerahmt von den Villen aus roten Ziegeln, die Nord-Oxford prägen, und mit seinem weißen edwardianischen Pavillon, war dieser Cricketrasen zweifellos einer der schönsten in Oxford. Als die Spieler nach Beendigung des Trainings in den Pavillon strömten, hatten einige Freundinnen dort ein kleines Buffet mit Sekt, Scones, Erdbeeren mit Schlagsahne und dergleichen aufgebaut. Thomas de Vriend traf dort

Mitte des unendlich verklebten Sitzungstisches. Die Tagesordnung sah das Thema »Aktion ›ImperialistInnen Hände weg von Nordkorea‹« vor, aber als man vollzählig war, diskutierte man – wie jedes Mal – nur die Frage, welcher Schule des Anarchosyndikalismus GNoPfZ angehörte. Irgendwann sagte jemand, es sei ja eigentlich Zeit fürs Abendessen, und so gingen alle nach Hause.

Auf diesen Abend hatte sich Jürgen Koch schon lange gefreut. Sein gesellschaftliches Leben war ja etwas eingeschränkt, und so galt ihm das vierteljährliche Kochen mit den WG-Mitbewohnern als einer der Höhepunkte seines studentischen Daseins. Die Küche ihrer WG im Studentenwohnheim war seit den Achtzigerjahren nicht mehr renoviert worden, und die Flecke auf dem Esstisch ließen sich auch nicht mehr entfernen. Aber obwohl Jürgen Koch sonst sehr auf Ordnung hielt, störte ihn dies ebenso wenig wie das Durcheinander arg ramponierter Geschirrteile, das sich im Laufe der Jahrzehnte in der Küche angesammelt hatte. Er war eben dabei, diese Geschirrteile auf dem Tisch auszulegen, als Dörte mit dem Einkauf vom Lidl zurückkam. Sie übergab den Jutebeutel an Dietmar, der soeben die Küche betreten und seine Fleecejacke ausauf die blonde Doktorandin von der vergangenen Nacht, die trotz des kühlen Wetters ein leichtes Sommerkleid trug und Thomas de Vriend sogleich mit einem Kuss begrüßte. Sie aßen und plauderten, verabredeten sich für den kommenden Abend und brachen schließlich auf, denn es war hohe Zeit, sich für das Abendessen vorzubereiten.

Für Thomas de Vriend war dies schon das dritte Society Dinner dieser Woche, und seinem Smoking merkte man es an. Glücklicherweise hatte er rechtzeitig einen Stapel Hemden stärken lassen, und als er seine Schleife gebunden hatte, sah alles doch recht präsentabel aus. Das Abendessen der Oxford University Nihilistic Society (OUNS) fand in der Hall von Keble College statt, einem so sonderbaren wie stattlichen Hallenbau des viktorianischen Zeitalters. Auf dem Rasen im Liddon Quad des Colleges wurden Getränke gereicht – G&T, Sherry und dergleichen; das Committee der OUNS machte dort die Honneurs. Besonders viele Mitglieder gehörten den sogenannten Permanent Private Halls Oxfords an, die sich der Klerikerausbildung unterschiedlicher Konfessionen widmeten, sodass neben Smoking und Frack auch der römische Kragen zur Geltung kam.

gezogen hatte. Kaum hatte Dietmar mit dem Auspacken begonnen, als er auch schon einen schrillen Schrei ausstieß. Es verhielt sich nämlich so, dass Dörte nur Vegetarierin, Dietmar aber Veganer war; und als er ein Stück Butter in der Tüte fand, entspann sich ein fürchterlicher Streit zwischen beiden. Schließlich einigte man sich doch darauf, veganisch zu kochen. Der Streitereien war aber noch kein Ende, denn als die vierte Mitbewohnerin, Jack (die eigentlich Regine hieß), am Tisch eine Bifi auspackte, schrien alle mitsammen, man habe sich doch basisdemokratisch darauf geeinigt, dass Fleischprodukte in der WG nicht zugelassen seien. Das war dann alles nicht sehr schön und konnte auch nicht einvernehmlich gelöst werden, sodass Jürgen Koch, Dörte und Dietmar sich in Dörtes Zimmer zurückzogen und dort vegan aßen. Später sahen sie noch fern.

Schließlich zog man in die Hall ein, um sich am Mitteltisch niederzusetzen, wo auf einigen mehrarmigen Leuchtern Kerzen brannten und das College-Silber bereits ausgelegt war. Es gab Pilzsuppe, Hummersoufflé, Entenbrust und Pavlova mit Erdbeerkompott, alles ganz ausgezeichnet. Nach dem Abendessen wurden im Middle Common Room – einem holzgetäfelten Zimmer, in dessen Kamin ein hochwillkommenes Feuer brannte – Kaffee, Portwein und Brandy gereicht. Dazu gingen einige Silberdosen mit unterschiedlichen Sorten Schnupftabak herum. – Auf dem Heimweg traf Thomas de Vriend abermals auf die blonde Doktorandin, nunmehr in eine cremefarbene Abendrobe gekleidet. Sie entschlossen sich kurzerhand, ihre Verabredung für den folgenden Abend vorzuziehen, und gingen Arm in Arm davon.

72

Bedenke: »Manners Makyth Man«!

Dieses bekannte Motto des New College in Oxford soll den folgenden Sektionen, die sich mit Bildung befassen, die Richtung weisen, denn es beschreibt in drei Worten, welche Bedeutung Bildung in unserem Zusammenhang zukommt: Dass Bildung nichts mit Berufsbefähigung zu tun hat, ist so selbstverständlich, dass es einem kaum über die Zunge kommt. Ebenso wenig hat es mit Charakter- und Persönlichkeitsbildung zu tun; Charakter hat man oder man hat ihn nicht; und da sich dieses Buch an Menschen mit Charakter richtet, verlieren wir hierüber keine weiteren Worte. Bedenkenswert wäre die Frage, ob ein Zweck von Bildung in wissenschaftlichem Denken liegen könnte: Die Distanz, die der gute Wissenschaftler zum Gegenstand seiner Betrachtung hat, und dessen Objektivierung zuungunsten empathischer Anverwandlung weisen deutliche Ähnlichkeiten zur distanzierten Haltung des Dandys gegenüber Dingen, Menschen und sich selbst auf. Demgemäß mag eine gründliche Schulung im wissenschaftlichen Denken dem Novizen dabei helfen, Anflüge von Gefühligkeit und Herzenswärme, die letztlich zu einem Verlust an Formvollendung führen könnten, frühzeitig in sich zu bekämpfen. Der Wahrheit nochmals näher – wenngleich nicht nahe genug – kommen wir mit der Tautologie, Bildung sei der Zweck von Bildung. Einerseits trifft es zu, dass der Dandy der gebildete Mensch schlechthin ist: Sein Wissen über geschichtliche Zusammenhänge, seine Kennerschaft in künstlerischen und musikalischen Dingen, seine Belesenheit – all das macht ihn wesentlich aus, und ohne das ist er nicht denkbar. Aber natürlich ist der gebildete Mensch noch lange kein Dandy: Dinge wie Männlichkeit, das dandystische Ethos, Haltung, Distanz und Form erfordern Bildung in einem tieferen und zugleich umfassenderen

Sinne. In ebendiesem Sinne – Bildung als Formung des Geistes, des Geschmacks, im weiteren Verlauf auch des Körpers – soll im Folgenden von Bildung die Rede sein.

73

Folge dem klassischen Bildungskanon!

Aber kommen wir für einen Moment auf jene engere Idee von Bildung zurück: Bildung als Zweck von Bildung, also Bildung im Sinne von Kenntnis und Kennerschaft. Da sind in den vergangenen Jahrzehnten die Begriffe ein wenig durcheinandergeraten, indem insbesondere an den Universitäten Kenntnisse gelehrt werden, die zweifellos nützen, der Idee der Bildung jedoch in keiner ihrer Schattierungen entsprechen. Dabei wollen wir nun nicht puristisch werden und uns etwa gegen die Jurisprudenz wenden, weil diese im Grunde nur staatliche Verwaltungsvorgänge im Blick habe; oder gegen die Nationalökonomie, weil es dieser letzten Endes nur um die Organisation materiellen Wohlstandes gehe. Die eine wie die andere Disziplin gehen auf ihren höheren Stufen weit über bloße Utilität hinaus und behandeln dort wesentliche philosophische Fragen. Auf manch andere Disziplin trifft dies allerdings nur sehr eingeschränkt zu: Wo immer man zu dem Schluss gelangen kann, das Studium einer Disziplin habe etwas Alltagstaugliches zum Ziel, kann von Bildung eigentlich nicht die Rede sein – vielmehr von Ausbildung, aber das geht nicht nur am Thema vorbei, sondern interessiert uns auch sonst nicht.

Bildung findet vor allem, wenn auch nicht ausschließlich, in den folgenden Disziplinen statt: Theologie, alte Sprachen, neue Sprachen (einschließlich der Literaturwissenschaften), Philosophie, Geschichte, Kunstgeschichte, Musikwissenschaft, Mathematik. Auch die Naturwissenschaften sollte man nicht kleinreden, zumal in einer Phase ihrer Entwicklung, in der sie in Theologie und Philosophie übergehen. Zur Jurisprudenz und Nationalökonomie haben wir uns bereits geäußert. Andere Disziplinen haben, wie gesagt, ihre Berechtigung und berühren bisweilen auch die Idee der Bildung; im Großen und Ganzen sind sie für uns jedoch ohne Belang.

74

Suche Bildungsorte I: Ich und das Meine!

Dass der Dandy des einundzwanzigsten Jahrhunderts seine Kleidung und seine Lebensumgebung auch nach dem Kriterium der Imperfektion gestaltet, sollte nicht zu dem Schluss verleiten, er lasse gerne einmal alle fünfe gerade sein und sei überhaupt ein wenig schlampig. Ganz und gar nicht: Imperfektion ist weder Selbstzweck noch zufälliger Effekt eines Mangels an Ordnungssinn; vielmehr schlägt sich in Imperfektion Geschichtlichkeit nieder, weil der geschichtliche Verlauf Dinge nun einmal verschleißt. Nachlässigkeit widerstrebt dem Dandy schon deshalb, weil sie einen Mangel an Haltung und Form bedeutet. Tatsächlich strebt er nach Perfektion in dem, was ihn zuinnerst ausmacht: Männlichkeit, dandystischem Ethos, Haltung, Distanz und Form. Dieses Streben nach Perfektion ist Bildung in einem grundlegenden Sinne: grundlegend insofern, als sie aller weiteren, formalisierteren Bildung zum Fundament dient. Ein solches Fundament wird durch den Einzelnen selbst und in seiner Bibliothek gelegt: Alles Spätere – etwa der Besuch einer Universität oder eines Museums, der Aufenthalt in einem Kloster oder die Jahre in der Fremdenlegion – setzt dieses Fundament voraus; ohne grundlegende Bildung führen alle diese Maßnahmen zu wenig oder nichts.

Die grundlegende Bildung des Dandys ist also die Arbeit, die er an sich selbst leistet, indem er durch fortwährendes Erkennen und

Beheben von Mängeln Perfektion in den wesentlichen Aspekten der dandystischen Existenz zu erlangen sucht. Um festzustellen, woran es mangelt, wo also grundlegende Bildung ansetzen muss, betrachtet er sich selbst aus der Distanz heraus. Wir haben diese Distanz des Einzelnen zu sich selbst schon im Zusammenhang mit dem Thema Haltung erörtert. Dort stellten wir fest, dass der Dandy imstande sein muss, sich selbst aus einem zweiten, höheren Bewusstsein heraus zu steuern und, wenn nötig, als Manövriermasse einzusetzen (Sekt. 7: »Wahre Haltung!«). Die Position ist hier dieselbe: das Selbst wird Objekt einer sachlichen und zweckdienlichen Betrachtung, um Unzulänglichkeiten zu ermitteln, Maßnahmen zu deren Behebung zu konzipieren und damit die Voraussetzungen für seinen taktischen Einsatz zu optimieren.

Es geht also um kontinuierliche Arbeit in Hinsicht auf jene kleinen Schwächen, Wissenslücken, Nachlässigkeiten in der Form und ähnliche Übelstände, die sich nie ganz beseitigen lassen, aber zuverlässig bekämpft werden müssen, um der Idee der dandystischen Perfektion zumindest nahezukommen. Unsere Bibliothek ist der wichtigste Ort dafür: In der wiederholten und eindringlichen Lektüre etwa Homers, Wolframs von Eschenbach, der Kirchenväter, Kants, Goethes und Hölderlins eignen wir uns die entscheidenden Dinge an – Formbewusstsein, Geschmack, Ethos, eine angemessene Haltung zu uns selbst, zur Welt und zu anderen. Diese Arbeit ist nie abgeschlossen; und so wächst unsere Bibliothek mit uns, ein Spiegel unseres Werdens.

75

Suche Bildungsorte II: Die anderen und das ihre!

Spätestens hier sollte die Frage eingeschoben werden, ob der moderne Dandy ein Einzelgänger oder ein geselliges Wesen ist. Die vorhergehende Sektion suggeriert das Erstere: Zurückgezogen in die eigene Bibliothek, beugt man sich über seine Bücher und wächst in stetem Gespräch mit sich selbst über sich selbst hinaus. Auch angesichts der distanzierten Haltung, die wir uns zu eigen erklären, und, nicht minder, der Abstand gebietenden Art unseres öffentlichen Auftritts scheint unser Umgang mit anderen allenfalls ein Neben-, kein Miteinander zu sein. Im Großen und Ganzen trifft das auch zu: Die stille Lektürestunde im Ledersessel zwischen hohen eichenen Bücherregalen im Dämmerlicht; der einsame Vorstoß in die – buchstäblich oder sinnbildlich – gefährlichen Regionen des Geistes und der Welt; der revolutionäre Nachmittag in einem Straßencafé mit Zeitung und Pfeife – alles das fordert uns als Solitär.

Tatsächlich gibt es nur zweierlei, was erfüllender und auch nutzbringender ist als dieser einsame Kampf: nämlich der Kampf an der Seite Gleichgesinnter und der Kampf mit dem würdigen Gegner. »Kampf« sei hier in einem umfassenden Sinne verstanden, der außer der Erfüllung unseres revolutionären Auftrags auch jenes Ringen um Wahrheit in der Form umfasst, das für uns Bildung heißt. Bildung ist also auch das Gespräch unter guten Freunden oder unter Todfeinden, das man bis in die Morgenstunden hinein über der dritten Flasche Whisky und unzähligen Zigarren vor einem erkaltenden Kamin führt. Mit anderen als guten Freunden und Todfeinden allerdings lässt sich ein solches Gespräch nicht führen: Denn wo weder geistige Übereinstimmung noch echte Gegnerschaft vorliegen, da können nicht die Sprengkräfte aktiviert werden, derer es zur Freilegung der Wahrheit in der Form bedarf – da findet allenfalls Konversation statt, aber sicherlich keine Bildung.

76

Suche Bildungsorte III: Stätten!

Überhaupt dürfen wir nicht den Fehler begehen, uns ganz in unserer Bibliothek zu vergraben und es dabei sein Bewenden haben zu lassen. Vieles Wichtige ist im Wort nur unzureichend zu erfassen, sodass das Streben nach Perfektion an seine Grenzen stößt, wenn man sich nur an die Beschreibung oder das Abbild hält. Formen insbesondere bedürfen der direkten und unvermittelten Anschauung, um ihre Wirkung in uns ganz zu entfalten. Unter Formen verstehen wir die großen Werke der Kunst, der Architektur ebenso wie der Musik – und nicht zuletzt auch der Literatur und der Philosophie, sofern deren echtes Verständnis das Studium der Handschriften voraussetzt.

An den Stätten, wo man die Dinge selbst antrifft, um sich an ihnen zu bilden, ist der Dandy des einundzwanzigsten Jahrhunderts ganz natürlich zu Hause. Wenn man so will, handelt es sich um die Nebenzimmer seiner Bibliothek: dieser zugehörig und nur in dieser Angebundenheit sinnvoll. Denn allein die eigene Bibliothek gewährt wirklichen Zugang zu jenen Stätten, an denen man die Dinge selbst antrifft; wer sie auf anderem Wege zu betreten sucht, bleibt in Wahrheit im Regen stehen. Um welche Stätten handelt es sich?

San Giorgio Maggiore, der Petersdom, das Escorial; die Uffizien, die vatikanischen Museen, das Alte Museum; Pompeji, das Forum Romanum; die British Library, das Deutsche Literaturarchiv Marbach; das Bayreuther Festspielhaus, die Berliner Philharmonie – diese Stätten und unzählige weitere. Ein unscheinbares Privathaus in London, in dem ein unbekannter Baumeister ein Meisterwerk klassizistischer Architektur geschaffen hat; kleine Privatsammlungen und Privatbibliotheken; eine abgelegene Kirche, in der ein sonst nie gespieltes Stück der Römischen Schule zur Aufführung gelangt. Und so fort, man kann es nicht verallgemeinern – in unserer Bibliothek öffnen sich Passagen unvorhergesehen und führen einen an Orte, von denen man zuvor nie gehört haben mag.

An diesen Stätten vollendet sich die grundlegende Bildung – nicht dergestalt, dass sie an ein Ende gelangt; sondern indem die Begegnung mit einer vollkommenen Form es uns ermöglicht, einen kleinen Schritt, zu dem wir in unserer Bibliothek angesetzt haben, ganz zu gehen. Vollführen wir diesen Schritt zur Gänze, so sind wir damit ein besserer Mensch geworden – besser im Sinne der dandystischen Perfektion von Distanz, Haltung, Männlichkeit, Liebe zur Gefahr und all jener anderen Dinge, denen der Dandy des einundzwanzigsten Jahrhunderts sich geweiht hat. (Nicht, versteht sich, im Sinne des »Guten« gemäß der Moral unserer Zeitgenossen. Diese ist das schiere Gegenteil des wahren, des dandystischen Guten, wie man nicht müde werden sollte zu betonen!)

Kann unsere Bildung damit als abgeschlossen betrachtet werden? Nein. Vielmehr haben wir mit der grundlegenden Bildung in unserer Bibliothek und deren Vollendung an jenen Stätten das Fundament dafür geschaffen, einen weiteren Weg gehen und die höheren Weihen der Bildung empfangen zu können. Dies erfolgt an den Universitäten.

77

Suche Bildungsorte IV: Es ist nie zu spät!

Manch einer – vor allem der Hochschulabsolvent, der seinen akademischen Grad sozusagen in der Tasche hat und es unnötig wähnt, sich mit dem Thema Universitäten weiter zu befassen – mag sich versucht fühlen, dieses Kapitel zu überschlagen. Von derartigen Kurzschlusshandlungen möchten wir abraten: Mit dem »Studium« im engeren Sinne, geschweige denn dem Erwerb von »Abschlüssen« oder ähnlich armseligen Dingen, befassen wir uns in diesem Kapitel nicht. Tatsächlich mögen unsere Erörterungen sogar von *besonderem* Wert für denjenigen sein, der seine Studentenzeit damit verjuxt hat, ein »Studium« zu absolvieren, und erst jetzt, in reiferen Jahren, erkennt, welchen Nutzen der Aufenthalt an einer Universität darüber hinaus haben kann. Kurz, auch wer ein »Studium« schon hinter sich hat, kann immer noch ein zweites oder drittes Doktorat, einen dritten oder vierten Master antreten und auf diese Weise den formalen Anforderungen gerecht werden, die das Studentendasein an ihn stellt. Denn eines ist gewiss: Wer nicht zumindest einige Jahre dem, was der Aufenthalt an einer Universität uns bietet, in kräftigen Zügen zugesprochen hat, dessen Bildung weist unweigerlich Lücken auf.

78

Suche Bildungsorte V: Universitäten!

Was also bedeutet der Aufenthalt an einer Universität für uns? Ganz sicherlich nicht Fachwissen. Dieses können wir uns weit effektiver in unserer Bibliothek aneignen. Wenn wir Fachwissen auch während unserer Jahre an der Universität erlangen, ist das erfreulich, aber nicht notwendig. Etwas ganz anderes als Fachwissen ist die Art von Wissen, die im Gespräch entsteht: Wenn ein Student mit einem Gelehrten, der diese Bezeichnung verdient, über einen Wissensgegenstand spricht, dann erwächst daraus ein wesenhaftes Verständnis dieses Gegenstandes. Ein solches Verständnis bedeutet Einfühlung und eigentliche Kenntnis und ist deshalb unendlich viel mehr, als bloße Lektüre bewirken kann. Um ein solches Gespräch überhaupt führen zu können, bedarf es allerdings dessen, was wir zuvor als grundlegende Bildung bezeichnet haben. Nur wer über diese verfügt, kann im Gespräch bestehen; wer sie nicht hat, wird nie über einen bloßen Meinungsaustausch hinauskommen.

Das Gespräch zwischen dem Gelehrten und einem oder einigen wenigen Studenten bildet das didaktische Ur-Modell, aus dem die Universität hervorgegangen ist – man denke an die platonische Akademie oder die Klosterschulen des Mittelalters. Wie sehr sich die modernen Universitäten von diesem Ideal entfernt haben, illustrieren die eingangs skizzierten Szenen aus Jürgen Kochs trübseligem Studierendendasein. Diesen Szenen hatten wir indes ein anderes Bild gegenübergestellt, das akademische Bildung in ihrer ursprünglichsten und schönsten Form aufzeigt. In Wahrheit allerdings begegnen wir dieser Form nur mehr an Universitäten wie Oxford und Cambridge: Das Gespräch zwischen Student und Gelehrtem ist eine didaktische Tradition, die sich – von einigen Ausnahmen andernorts abgesehen – nur dort erhalten hat. Das *tutorial*, das im Arbeitszimmer des Gelehrten stattfindet und mit Seminaren oder Vorlesungen nichts zu tun hat, versieht so manchen Absolventen jener zwei Universitäten mit jener besonderen geistigen Beweglichkeit, dank derer er fast alle bedeutsamen Stellen im öffentlichen Leben des Vereinigten Königreichs besetzt. Verfügen die Absolventen der meisten anderen Hochschulen über Expertenwissen, so verfügt er über Wissen. Er wird Kenner im klassischen Sinne des Wortes *dilettante*, während die anderen zumeist als Fachleute enden. Da der Dandy des einundzwanzigsten Jahrhunderts in seinem tiefsten Wesen Kenner, *dilettante*, ist, sollte er nach Möglichkeit einige Jahre an einer jener zwei Universitäten absolvieren.

So viel zur Erlangung von Wissen, aber natürlich geht die Bildung an einer Universität wie Oxford oder Cambridge darüber hinaus. Tatsächlich findet dandystische Bildung hier in so vielen

Facetten statt, dass man nicht fehlginge, von diesen zwei Universitäten als lebendigen dandystischen Orten zu sprechen – nicht weil sie mit Dandys bevölkert wären (dazu kommen wir), sondern weil sie ein dandystischer Geist durchweht. Dass dieser sich ab und an in fassbarer Gestalt materialisiert, sei nur am Rande vermerkt; bedeutsamer ist seine schiere Existenz und dass man ihn während der Studentenjahre in sich aufnimmt. Ihn in angemessener Form zu beschreiben ist nicht einfach, weil er aus zahlreichen kleinen Dingen emaniert, die, für sich genommen, geringfügig scheinen und erst in ihrer Gesamtheit Gestalt annehmen.

79

Suche Bildungsorte VI: Universitäten und das aristokratische Prinzip!

Beginnen wir mit dem Offensichtlichen: Oxford und Cambridge sind vollendet un-egalitäre Orte; der Durchschnitt hat keine Chance, die Masse bleibt außen vor. Eine Masse kann sich auch schon deshalb nicht bilden, weil Personen, die das Aufnahmeverfahren bestehen, sich nicht als Bestandteile einer Masse eignen; fast jeder von ihnen ein Solitär, ergäben sie auch dann keine Masse, wenn man Tausende von ihnen auf einem großen Platz versammelte.

Wenn wir vom dandystischen Typus an jenen zwei Universitäten sprechen, beziehen wir uns nicht auf die traurigen Gestalten, die mit *boating blazer* und Teddybär den River Cherwell entlangstaken und dabei Pimm's trinken. Diese folgen einem nostalgischen Klischee, das mit Dandysmus nichts zu tun hat. Tatsächlich lässt sich der Oxforder dandystische Typus selten an Äußerlichkeiten erkennen. Gerade weil *le style anglais* – Tweedanzüge und dergleichen – in Oxford meist von frisch eingetroffenen Kontinentaleuropäern geführt wird, verzichtet der Eingeweihte im Alltag darauf. Genau genommen bleibt der Oxforder dandystische Typus inkognito, bis man ihn im Gespräch mit seinesgleichen erlebt – etwa in jenen abendlichen Runden im Senior Common Room nach einigen Gläsern Whisky oder Brandy. Allein das Dandytum dieser Gelehrten – obgleich es zweifelsfrei ein solches ist – ähnelt dem unseren doch nur oberflächlich. Vor allem fehlt ihm der revolutionäre Impetus, der den Dandy des einundzwanzigsten Jahrhunderts auszeichnet. Ihre Art des Dandysmus ist fest im neunzehnten Jahrhundert verwurzelt, als das Bonmot noch als Waffe gegen etwas verstanden wurde, was damals als Vulgarität galt. Das haben wir alles hinter uns lassen müssen. Wenn wir in diesem Zusammenhang von Bildung sprechen, so kann es deshalb nicht darum gehen, dass wir uns als Student den Typus des Oxforder Dandys zum Vorbild nehmen. Unbedingt vorbildhaft sind aber einige Züge dieses Typus: etwa seine Fähigkeit, zu einem Gegenstand der Betrachtung eine ganz besondere Distanz einzunehmen, die imstande ist, einen Aphorismus zu gebären; etwa die höchst subtile und zugleich brachiale Verachtung gegenüber dem intellektuell Zukurzgekommenen, die umso niederschmetternder wirkt, als sie ganz und gar unabsichtlich ist; etwa seine ebenso subtile Unzeitgemäßheit, die im Laufe der Jahre auch den Progressiven zur zweiten Natur wird, weil das Leben im College anderes gar nicht zulässt.

Oxford und Cambridge sind also außerordentlich aristokratische Orte – nicht, weil sich dort viele Adelige ein Stelldichein geben, was zwar der Fall ist, aber keine Rolle spielt –, sondern weil die wenigen, denen dort Zugang gewährt wird, unweigerlich einer ausgeprägt aristokratischen Haltung teilhaftig werden. Beide Orte *produzieren* Aristokraten.

80

Wähle im Notfall den zweiten Bildungsweg!

Nichts liegt uns übrigens ferner, als den Zustand der Bildung in Deutschland zu diskutieren – zu diskutieren gibt es da ohnehin nicht viel, und dass es in anderen Ländern noch viel düsterer aussieht, ist auch keine Entschuldigung. Aber gerade weil es in anderen Ländern noch viel düsterer aussieht, hat, wer eine solide deutsche Gymnasialbildung durchlaufen durfte, gute Chancen, an einer wohlbeleumdeten Universität angenommen zu werden. Es ist ja kein Zufall, dass die Deutschen etwa in Cambridge eine der größten Gruppen stellen. Wer sich allerdings schon in seinen jungen Jahren den Anforderungen des Schulsystems konsequent verweigert und das Abitur bestenfalls mit Ach und Krach besteht, wird Mühe haben, den formalen Anforderungen des Aufnahmeverfahrens in – um beim Beispiel zu bleiben – Cambridge gerecht zu werden. In einem solchen Falle gehen wir in das außeruniversitäre Bildungsexil. Dabei handelt es sich um den Aufenthalt an Institutionen, die – ohne Bildungseinrichtungen im engeren Sinne zu sein – doch in einem weiteren Sinne die Funktion von Bildungseinrichtungen wahrnehmen.

Eine besonders ertragreiche Bildung erfährt man so beispielsweise in südafrikanischen Diamantenminen. Diese sind etwa nordkoreanischen Kohleminen insofern vorzuziehen, als Kohlestaub sich unzuträglich auf die Funktion der Lungen auswirkt, die wir zu anderen Zwecken – etwa zum Rauchen – benötigen. Das durch und durch Erfreuliche an südafrikanischen Diamantenminen ist die schiere Mühsal der dort zu leistenden Arbeit, die durch keinerlei Lichtblicke erleichtert wird. Es geht also um simples Schuften und um nichts anderes: körperliche Arbeit in einem sehr basalen Sinne. Dass man ein Gehalt bezieht, ist zwar gut, aber kein aussöhnendes Moment. Tatsächlich lässt sich jedoch kaum ein besserer Ansatz für echte Bildung finden als reine, unverfälschte physische Arbeit.

Diese lehrt uns zum einen, durch ein eindeutiges Mittel auf einen eindeutigen Zweck hinzuwirken: Es gibt nichts Eindeutigeres als einen Presslufthammer auf Fels. Wenn wir zu einem späteren Zeitpunkt die in diesem Buch beschriebenen Mittel einsetzen, um unseren Kampf gegen die zeitgenössische Vulgarität zu führen, ist es entscheidend, uns dieser Eindeutigkeit stets aufs Neue zu vergewissern, um der unweigerlich immer wieder emporwuchernden Komplexitäten Herr zu werden. Das Hadern mit Komplexität ist ein Zeitvertreib intellektueller Weichlinge; der handelnde Starke sieht das Einfache an den Dingen, richtet seine Strategie daran aus und siegt cäsarisch.

Zum anderen lehrt die Arbeit in einer südafrikanischen Diamantenmine uns, trotz extremer physischer Beanspruchung dennoch unseren Mann zu stehen. Es ist ja für den späten Abkömmling einer verweichlichten Wohlstandsgesellschaft nicht einfach, sich körperlich aufs Äußerste anzustrengen und trotzdem aufrecht stehen zu bleiben – mit anderen Worten, Haltung zu bewahren, denn letztlich geht es ja immer um Haltung. Und komme man uns nicht mit Sport: Sport in gleich welcher Variante ist nur eine Schwundform von Arbeit, die mit echter Arbeit nur so viel zu tun hat wie ein Kernreaktor mit einer Atombombe.

Als Nachbemerkung: Natürlich gibt es Alternativen zur Arbeit in einer südafrikanischen Diamantenmine – etwa als Erntehelfer in einer tadschikischen Kolchose oder als Wanderarbeiter im chinesischen Hochhausbau. Aber hier stellen sich auch ästhetische Fragen, und unter einem ästhetischen Gesichtswinkel gibt es wenig, was einem Presslufthammer auf Fels das Wasser reicht.

Die Arbeit in einer südafrikanischen Diamantenmine, in einer tadschikischen Kolchose und im chinesischen Hochhausbau kostet allerdings auch viel Zeit, die uns möglicherweise nicht zur Verfügung steht. Bildung ist wichtig, aber sie ist nicht alles; je schneller man diesen Lebensabschnitt hinter sich bringt, desto früher ist man im Einsatz, und darum geht es letzten Endes. Deshalb mögen sich dem einen oder anderen weniger zeitintensive Varianten des außeruniversitären Bildungsexils empfehlen, denen es zwar an Originalität mangeln mag, aber was verschlägt das schon. Das Probenoviziat in einem Trappistenkloster etwa oder die vierwöchige Eremitenexistenz in einer Höhle in Laos sind nichts Ungewöhnliches, haben unseresgleichen aber stets gute Dienste geleistet. Und sollte es einen irgendwann doch danach verlangen, die seltener begangenen Bildungswege zu beschreiten, lassen sich ja im Sinne des lebenslangen Lernens auch später noch ein oder zwei Jahre auf einer peruanischen Mülldeponie einlegen.

81

Vermeide Nicht-Bildungsorte!

Keineswegs sollten unsere Ausführungen zu universitärer Bildung suggerieren, dass nur britische Ausnahmeinstitutionen der Rede wert und alle anderen ohne Bedeutung seien. Im Gegenteil möchten wir eine Lanze für die deutschen Universitäten – alte und neue gleichermaßen – brechen, die noch einer Idee von Bildung das Wort reden, die anderswo längst abhandengekommen und zumal zahlreichen Wissenschaftspolitikern ein Dorn im Auge ist. Des ungeachtet finden sich in vielen Hochschulen jene übelbeleumdeten Bezirke, die mit »Universität« wenig zu tun haben und in denen man so etwas wie Bildung nur vom Hörensagen her kennt.

Was, wenn es uns dorthin verschlägt? Im Grunde haben wir diese Frage schon beantwortet. Gelingt es dem Dandy des einundzwanzigsten Jahrhunderts nicht, ein Studentendasein zu führen, das diesen Namen verdient, dann bleibt ihm das außeruniversitäre Bildungsexil und punctum. Sich mit Krethi und Plethi als Zuhörer einer Vorlesung gemein zu machen, in der die Massengesellschaft fröhliche Urständ feiert, kommt für unsereinen nicht infrage; ebenso wenig der Aufenthalt in den verrottenden Betongebilden, die an vielen Universitäten seit den Sechzigerjahren emporgewuchert sind wie Schimmelpilze – treffende Symbole des modernen Nihilismus, des stil-, geschmack-, geschichts- und gesichtslosen Unwesens der Heutigen. Als bösartige Karikaturen ihres noch bösartigeren Selbst sind diese Art Lehrveranstaltung und diese Art Universitätsarchitektur der Idee der Bildung in jeder ihrer Ausprägungen derart entgegengesetzt, dass man denken könnte, es stünde eine Absicht dahinter; und vermutlich steht eine solche auch dahinter.

Diese Bezirke einer Hochschule sind für den Dandy des einundzwanzigsten Jahrhunderts zwar ganz gewiss nicht Bildungsort, sehr wohl aber Kampfzone. Dies ist der eine Grund, weshalb wir uns bisweilen dort blicken lassen müssen: Gerade weil die ganze Misere sich dort geistig konzentriert, ist unser Einsatz in jenen Bezirken – in gewisser Hinsicht – von besonderer Güte. Gleich ob man einer studentischen Vollversammlung in Tweedsakko und Schalkrawatte beiwohnt, eine Tagung des Allgemeinen Studentenausschusses im Altsteirer Anzug besucht oder auch nur in der Mensa einen Zigarillo in Brand setzt – sogleich wird man sich einem unvergleichlichen Wirbel konformistischer Ressentiments ausgesetzt finden, einem exquisiten Aufschrei der Schlechtweggekommenen und uniform schlecht Angezogenen. Selbst das Entzünden einer guten Zigarre auf der Besuchertribüne des Bundestags fördert keine derart tumultarischen Ergebnisse zutage wie etwa der Genuss des mitgebrachten Foie gras in der Vegetarier-Mensa.

So angenehm und zufriedenstellend es aber auch ist, den Kampf in derartige Sumpfgebiete zu tragen, so wenig lohnt es doch auf lange Sicht hin. Denn unsere wahren Gegner sind ja nicht zuvörderst die traurigen Konformisten in der Soziologievorlesung oder die ungemein kuriosen Angehörigen des Allgemeinen Studentenausschusses. Aber wenn auch der Kampf unbedingt wieder aus den Hochschulen heraus und in die Welt getragen werden muss, so sollte man doch den Budenzauber in Mensa, AStA und Audimax nicht gering schätzen: Wem es dort nicht gelingt, Verwirrung und Aufruhr zu stiften, dem gelingt es anderswo schon gar nicht. Dann heißt es: üben, üben, üben – und dafür bieten jene finsteren Bezirke der Universität tatsächlich die allerbesten Voraussetzungen. Gerade weil dieser Raum die Welt der Heutigen bis zur Karikatur entzerrt verdichtet, zugleich aber in sich selbst kreist und mit der Wirklichkeit so gut wie nichts zu tun hat, lässt sich dort Rebellentum am lebenden Objekt testen, ohne dass man sich etwas vergibt. In Mensa, AStA und soziologischem Seminar lasse man also dem Dandysmus des einundzwanzigsten Jahrhunderts in seinen unterschiedlichen Varianten freien Lauf, um zu erproben, was wirkungslos bleibt oder clownesk wirkt und deshalb verworfen werden muss; und was demgegenüber lautstarke Ausbrüche kollektiven Missfallens provoziert und somit wert ist, dem persönlichen Waffenarsenal hinzugefügt zu werden.

Davon abgesehen, wäre ein Studium an den Universitäten von Wien, München, Paris oder Florenz natürlich eine Entschuldigung dafür, einige Jahre an einem oder mehreren jener reizvollen Orte zuzubringen – denn was, wenn nicht dies, ist Bildung?

82

Suche Bildungsorte VII: Studentische Vereinigungen!

Eine besonders liebenswürdige Eigenheit akademischer Institutionen besteht in den Traditionen, die an ihren Rändern im Laufe der Jahrhunderte entstanden sind. Derartige Traditionen sind stets studentischen Ursprungs und verkörpern den akademischen Geist häufig viel ausgeprägter als die Hochschulen selbst. Während diese sich allzu oft einem destruktiven Zeitgeist ausgeliefert und den Kern ihrer Existenz dabei verloren haben, konnten jene teils intra-, teils extramuralen, in jedem Falle aber *unabhängigen* Traditionen im Sinne ihrer Gründung bewahrt werden. Für viele Hochschulen gilt, dass der Weg zu den Ursprüngen von *academia* nicht durch diese selbst führt, sondern durch ebenjene Traditionen. Wie im Falle des Bollinger Club, der Vandalia Illuminata und der Vandalia Obscura.

83

Suche Bildungsorte VIIa: Duelle, Lustschlösser, Kellergewölbe und der große Knall!

Thomas de Vriend saß in einer Fensternische des außerhalb Oxfords gelegenen Pubs, wo er die Abende zu verbringen pflegte, und las seinen Baudelaire, als sich unter einigen absonderlich gekleideten Studenten am anderen Ende des Raumes, die er bis dahin nur aus dem Augenwinkel heraus wahrgenommen hatte, eine Art Wortwechsel zu entspinnen schien. Obwohl dieser Wortwechsel rasch an Lautstärke zunahm und Kraftausdrücke fielen, gewann man den Eindruck, es handele sich eher um ein Spiel oder Ritual denn um eine ernsthafte Auseinandersetzung. Schließlich sprang einer der Studenten auf: Er fordere Soundso zum Duell, als der beleidigten Partei stehe ihm die Wahl der Waffen zu, und er entscheide sich für ein Duell auf Barhocker. Sogleich begannen einige der Studenten, Tische und Stühle gegen die Wände zu rücken, während andere dem Wirt die Lauterkeit ihrer Absichten auseinandersetzten. Die zwei Duellanten stellten sich an entgegengesetzten Seiten des Raumes auf. Jeder von ihnen schwang drohend einen Barhocker, mit dem sie, als das Zeichen gegeben wurde, aufeinander einzuschlagen begannen, wobei auf den jeweils gegnerischen Barhocker, nicht auf den Gegner selbst gezielt wurde. Holzsplitter und Lederfetzen flogen umher, und als von den Barhockern nur mehr

Rudimente verblieben waren, griffen die Duellanten sich weitere Möbel, um das Gefecht fortzusetzen. Auch die anderen Mitglieder der Gruppe gingen nun mit hoch erhobenen Möbelstücken aufeinander los, sodass der ganze Raum bald von berstendem Holz erfüllt war. Einer der Studenten schob dem Wirt ein dickes Bündel Fünfzigpfundscheine in die Hand, was dessen Protest einer leicht amüsierten Resignation weichen ließ. Dennoch musste jemand die Polizei benachrichtigt haben, denn kurz darauf fuhr ein Streifenwagen mit Sirene und Blaulicht vor. Die Kombattanten ließen von ihrem Gemetzel ab und zogen sich auf die verbliebenen Sitzmöbel des Etablissements zurück; der Wirt begann wieder, Bier zu zapfen; und so herrschte eine fast schon abgeklärte Stimmung, als zwei Polizisten den Raum betraten. Bevor nun diese ihre Fragen stellen konnten, begann ein kleiner Mann in einem »Core-Flex«-Anorak, der, von niemandem beachtet, in irgendeiner Ecke gesessen hatte, lautstark Anklage gegen die Studenten zu erheben. Deren Blicke verrieten zunächst lediglich, dass sie den »Core-Flex«-Mann keiner ihnen bekannten Spezies zuzuordnen vermochten; bald aber schien sich ein gewisser Unmut breitzumachen: Man erhob sich und griff, die Blicke auf den »Core-Flex«-Mann gerichtet, nach den reichlich umherliegenden Holzknüppeln. An dieser Stelle schien es Thomas de Vriend, der die Vorkommnisse amüsiert beobachtet hatte, geraten, einzugreifen und die Studenten vor unüberlegten Handlungen zu bewahren. – Was denn ihr Begehr sei, fragte er die Polizisten. Diese wiesen nur stumm auf die Verwüstung. Ah!, lachte Thomas de Vriend, ein verzeihliches Missverständnis, aber so wie jetzt sehe es hier immer aus. Bei diesem Pub handele es sich um ein Themenrestaurant! – In der Tat, bestätigte der Wirt, der das Bündel Fünfzigpfundscheine ein wenig zu offensichtlich wieder in der Hand wiegte; dies hier sei ein Themenrestaurant, »Sarajevo 1992«. – Aber jener da, ergänzte Thomas de Vriend, indem er auf den »Core-Flex«-Mann wies, jener da habe schon den ganzen Abend über Unfrieden gestiftet, und man wäre der Polizei dankbar, wenn sie sich seiner annähme. – Alles nickte zustimmend, nur der »Core-Flex«-Mann zeterte unausgesetzt und schwieg auch dann nicht still, als die Polizisten ihn aus der Tür führten. Während der Streifenwagen stadteinwärts davonfuhr, luden die Studenten Thomas de Vriend auf ein Bier ein und bedankten sich für die hilfreiche Intervention. Sie kamen ins Gespräch miteinander, und es dauerte nicht lange, bis man sich bestens verstand. Kurze Zeit später trug der Bollinger Club – um den es sich bei jenen lustigen Studenten handelte – Thomas de Vriend die Mitgliedschaft an.

Einige Tage lang konnte er sich nicht zu einer Entscheidung durchringen. Das lag vor allem an der Clubkleidung – dunkelblauer Frack mit elfenbeinfarbenem Revers, gelbe Weste und hellblauer Querbinder –, mit der er sich zunächst gar nicht anfreunden konnte. Demgegenüber hatte ihm die ausgeprägte Höflichkeit und Liebenswürdigkeit gefallen, mit der die Mitglieder das Lokal an jenem Abend verwüstet hatten und der man in dieser Form nicht mehr häufig begegnet. Dies gab letztlich den Ausschlag: Thomas de Vriend schloss sich dem Bollinger Club an.

Eines Abends saßen einige gelangweilte Mitglieder des Clubs – unter ihnen Thomas de Vriend – im King's Arms beisammen, betranken sich und überlegten, was man zur Steigerung der Lebensfreude unternehmen könne. Es brauchte fünf oder sechs Pints sowie den einen oder anderen Scotch, bis endlich Robert Hugo St John Barnville, genannt Berto, der Runde einen ausgezeichneten Vorschlag unterbreitete. Um diesen sogleich umzusetzen, versah man sich auf einigen Baustellen mit Material, schaffte es mit großer Umsicht in den Chester Quadrangle des St Andrew's College und begann, Türen und Fenster jenes kleinen, aber schmucken Gebäudes zuzumauern, in dem der College-Präsident lebte. Für St Andrew's College hatte man sich vor allem deshalb entschieden, weil Berto dort einige Tage zuvor mit einem Hausverbot belegt worden war, nachdem er sich während eines Festbanketts in den Kamin übergeben hatte.

Berto und Thomas de Vriend nahmen sich des Haupteinganges an. Zunächst ging die Arbeit langsam vonstatten, denn den Umgang mit Ziegeln, Zement und Maurerkelle waren sie beide nicht gewohnt. Dennoch bedeckte ihre Mauer bald ein gutes Drittel der Tür. Schweigend mauerten sie weiter, bis ihre Mauer die Türöffnung zur Gänze verschloss.

Am darauffolgenden Tag war dann alles sehr lustig: Der College-Präsident wurde mittels einer Leiter geborgen, während nicht allein Polizisten und Feuerwehrmänner, sondern auch Geheimdienstagenten durch das College navigierten, denn der Präsident war bis vor einigen Jahren Generaldirektor des MI6 gewesen. Nochmals lustiger wurde die Szene, als der »Core-Flex«-Mann aus dem Pub auftauchte und sich als der neue Health-and-Safety-Beauftragte der Universität, George Cook, zu erkennen gab. Indem er sich vor der versiegelten Tür aufbaute, erklärte er, es sei sein gutes Recht, einen für diesen Morgen vereinbarten Termin mit dem College-Präsidenten jetzt und hier wahrzunehmen, und er ginge nicht weg, bis man ihn einlasse. Da sich aber niemand um ihn kümmerte, wollte er soeben ergänzen, das könne man nicht mit ihm machen, und er werde eine Beschwerde verfassen, als die Gattin des Präsidenten – eine vormalige Gewichtheberin der sowjetischen Olympiamannschaft von 1988 – die Mauer von innen her eindrückte. Hätte der »Core-Flex«-Mann namens George Cook nicht ganz exakt da gestanden, wo er eben stand, wäre es nicht zu der ulkigen Situation gekommen, dass ausgerechnet der Health-and-Safety-Beauftragte einem Health-and-Safety-Problem zum Opfer fiel, wie es die laienhaft ausgeführte Maurerarbeit Bertos und Thomas de Vriends zweifellos darstellte. Der Begriff »Opfer« trifft es vielleicht nicht ganz, denn die Tonne Ziegelsteine, die George Cook unter sich begrub, brachte ihn zwar für einige Monate in den Rollstuhl, aber doch nicht ins Grab. Weil er diese wundersame Errettung seinem »Core-Flex«-Anorak zuschrieb, startete er gleich nach seiner Genesung eine Kampagne für eine gesetzliche »Core-Flex«-Anorak-Pflicht, die von Teilen der

Presse eifrig unterstützt und nach dem nächsten Regierungswechsel mit deutlicher Mehrheit im Unterhaus verabschiedet wurde.

Der Aufforderung der Universitätsautoritäten an die Schuldigen, sich zu stellen, kamen nur Berto Barnville und Thomas de Vriend nach. Beide wurden umgehend von der Universität verwiesen. Während Berto sich für eine Laufbahn in der Fremdenlegion entschied, verschlug es Thomas de Vriend – aus Gründen, die wir hier nicht ausführen wollen – nach Wien, wo er sich an der Universität einschrieb.

Zu jener Zeit war bereits allgemein bekannt, dass so gut wie alle politischen, wirtschaftlichen und gesellschaftlichen Entwicklungen in Europa aus einem schon Jahrhunderte währenden Konflikt zweier Wiener Studentenverbindungen herrührten: Die Vandalia Illuminata und die Vandalia Obscura waren im Jahr 1516 aus der Vandalia Spiritualis hervorgegangen, deren Zerfall der wahre Grund für den Dreißigjährigen Krieg, die Französische Revolution und das Aufkommen von Schlaghosen in den Siebzigerjahren gewesen ist. Davon abgesehen, war recht wenig über die Verbindungen bekannt, was auch daran lag, dass sie selbst nicht die Öffentlichkeit suchten. Ihre Aktiven und Alten Herren wirkten in jenen Hinterzimmern, Kontoren und Kanzleien, in denen echte Macht ausgeübt und der Budenzauber der Parlamente, Kabinette, Vorstände und Rektorate gesteuert wurde. Welche der beiden Verbindungen jeweils die Oberhand hatte, war von außen her allenfalls zu ahnen, und da der Uneingeweihte hierbei in der Regel den falschen Maßstab anlegte, lag man meistens daneben.

In Wien traf Thomas de Vriend einen alten Schulfreund wieder, Josip Cikulin, den es während des jugoslawischen Bürgerkrieges aus Kroatien nach Deutschland verschlagen hatte und der nunmehr in irgendeiner geheimdienstlichen Funktion an der Wiener Kroatischen Botschaft diente. Beide verstanden sich nach wie vor ausgezeichnet, und da Josip sich nicht nur bestens in Wien auskannte, sondern auch Zugang zu Orten hatte, deren Existenz gemeinhin für unwahrscheinlich gilt, fand Thomas de Vriend sich bald in einer eigenartigen Welt wieder, deren Wurzeln sehr weit zurückreichen und die mit dem siebzehnten Jahrhundert viel mehr zu tun hat als mit der vermeintlichen Gegenwart. Zu diesen Orten zählten die Vandalia Illuminata und die Vandalia Obscura, für die Thomas de Vriend ein besonderes Interesse entwickelte. Gemeinsam mit Josip, später auch allein, unternahm er häufige Spaziergänge zu den Stätten, an denen die beiden Verbindungen ihre Logis hatten. Die bei diesen Gelegenheiten angestellten Beobachtungen und Vergleiche verleiteten ihn zu einem Trugschluss, der allerdings aus unserer Sicht durchaus verzeihlich und nachvollziehbar war: Weshalb, sollte sich mittels einer knappen Beschreibung der beiden Verbindungshäuser verdeutlichen lassen.

Das Haus der Illuminata, ein im neoklassizistischen Stil des späten neunzehnten Jahrhunderts errichtetes Jagdschloss, stand auf der Kuppe eines Höhenzuges unweit der Stadt Wien. Alte Bäume verliehen dem Park, der es umgab, etwas Zeitloses, Zauberhaftes, das sich auch dem Haus selbst mitteilte. Die Farben schienen hier sanfter und leuchtender zu sein, und stets hatte man den Eindruck, eine leichte mediterrane Brise zu spüren. Schaute man von der Freitreppe her um sich, wähnte man sich unwillkürlich als Herr und Meister der ins Bläuliche spielenden Unendlichkeit, die man von hier aus zu überblicken schien. Einen Misston gab es indes: die schwarz-rot-schwarze Fahne auf dem Turm des weißen Schlösschens, die anzeigte, dass das Semester begonnen und die Aktivitas der Verbindung sich eingefunden hatte. Das Schwarz und Rot wirkte in dieser leuchtenden, bläulichen Helle fehl am Platz, wie aus einer anderen Region herkommend; aber darüber sah man gerne hinweg.

Demgegenüber das Verbindungshaus der Obscura: In einer alten, aber gänzlich uncharmanten Gegend Wiens, die grau und windschief daherkommt und seit Jahrhunderten von der ärmeren Sorte Kleinbürger und Handwerker bewohnt wird, befindet sich in einer Seitengasse ein dünnes, hohes und nach oben hin auffallend spitz zulaufendes Haus mit abgeblätterter Fassade und herabhängenden Fensterläden. Aber dies ist nicht das Verbindungshaus der Obscura; nein, dort lebt eine uralte Frau, die auf die Hundert zugehen muss und offenkundig recht verwirrt ist. Man sieht sie nachts mit einer Kerze durch das Haus wandeln, wobei sie laut spricht und gestikuliert. In einem anderen Zusammenhang wären dieses Haus und seine Bewohnerin von beträchtlichem Interesse; uns interessiert jedoch nur, was sich unterhalb des Hauses befindet. Wer dem schmalen, ja von der Straße her kaum wahrnehmbaren Pfad folgt, der an der Längsseite des Hauses entlangführt, kommt in einen winzigen Hof, wo sich Hausgerät stapelt, wie man es vor hundert Jahren benutzt haben mag. In der rückwärtigen Wand des Hauses befindet sich dort eine niedrige Tür, über der eine schwarz-weiß-goldene Fahne angebracht ist. Hinter der Tür führt eine Treppe hinab; so weit hinab, dass man ihr Ende nicht auszumachen vermag.

Stellte man die beiden Bilder nebeneinander – das lichte Schloss auf dem Hügel, den düsteren Keller im Problemkiez –, so schienen keine Zweifel möglich, wer hier welche Parteiung jenes immerwährenden Kampfes um die Seele der Welt vertrat. Auch Thomas de Vriend verfiel diesem Anschein und schlug sich intuitiv auf die Seite der Illuminata. Denn Äußerlichkeiten können zwar nicht täuschen, sehr wohl aber falsch gedeutet werden, und so kam es zu dem ungewöhnlichen Umstand, dass Thomas de Vriend einmal ganz und gar danebenlag.

Als Josip ihm eines Tages eröffnete, er habe über die Botschaft Einladungen zu einem Festkommers der Illuminata erhalten, erwartete Thomas de Vriend jedenfalls nichts anderes, als dass sein intuitives Urteil über die Illuminata dort Bestätigung erführe. Und tatsächlich – als die Freunde am Abend des Kommerses das Haus der Verbindung betraten, fand Thomas de Vriend keinen Anlass, an seiner Einschätzung der Dinge zu zweifeln, ganz im Gegenteil: Die Räume waren angefüllt mit geschmackvollem Mobiliar und Gemälden, deren handwerkliche Qualität sogleich ins Auge sprang. Die Glühlampen in den Kronleuchtern schienen eine Spur zu hell zu sein, sodass die Schatten allzu hart fielen, aber diese Beobachtung tat nichts zur Sache. Die Aktiven, Alten Herren und Gäste waren exquisit gekleidet – offenkundig hatten dabei die ersten Schneider von Wien, London und Paris ihre Hand im Spiel. Zwar mochte auch hier des Guten ein wenig zu viel erfolgt sein, mochten die Abendanzüge ein wenig zu scharf geschnitten, die Schleifen ein wenig zu perfekt gebunden sein, und bisweilen schienen sich Spuren von Rouge oder Wimperntusche auf den Gesichtern abzuzeichnen. Aber auch darüber konnte man hinwegsehen.

Als sie in den Festsaal einzogen, in dem der Kommers gefeiert werden sollte, fielen Thomas de Vriend allenfalls die Blumenarrangements auf, von denen es nicht nur zu viele zu geben schien, sondern die den Raum zudem mit einem übermäßig süßlichen Geruch erfüllten. Bei den Blumen handelte es sich um eigenartige tropische Gewächse mit bleichen Stängeln und grellfarbigen Blüten, die ein wenig wie verwachsene menschliche Gliedmaßen aussahen. Ungewöhnlich war zudem, dass anstatt des auf Kommersen üblichen Bieres ein starker süßer Wein ausgeschenkt wurde. Der Kommers selbst verlief zunächst nach dem üblichen Muster – Ansprachen, Lieder und dergleichen –, wobei allerdings auffiel, dass nicht die gängigen Studentenlieder gesungen wurden, sondern eine Art Choräle, die zwischen sehr niedrigen und sehr hohen Tonlagen changierten.

Im weiteren Verlauf des Kommerses erfolgten nun aber einige seltsame Dinge, die Thomas de Vriend mit seiner allerdings spärlichen Kenntnis des studentischen Verbindungslebens nicht in Übereinstimmung bringen konnte. Die erste Unstimmigkeit war eine Mensur, die in der Mitte des Festsaals zwischen dem vorherigen und dem neu berufenen Senior der Verbindung geschlagen wurde. Die Mensur wurde mit bloßen Oberkörpern und ohne jegliche Sicherung auf Säbel ausgefochten, und während Mensuren, wie Thomas de Vriend sie verstand, sportliche Waffengänge unter Freunden waren, ging diese offenkundig auf Leben und Tod. Tatsächlich fügten sich die Kontrahenten gegenseitig schwere Wunden zu, die allerdings entgegen der üblichen Tradition kein Anlass waren, die Mensur zu beenden. Zu Ende war die Mensur erst, als dem neuen Senior die Klinge seines Vorgängers in die Brust fuhr. Der Tod wurde festgestellt, der alte Senior nach kurzer Beratung zum neuen Senior ausgerufen, und nachdem die Leiche fortgeschafft und das Blut aufgewischt worden war, ging die Feier weiter.

Was nun kam, hatte allerdings mit waffenstudentischen Traditionen gar nichts mehr zu tun: Flötenspielerinnen und Tänzerinnen betraten den Raum, und auf dem Podium am Kopfende, von woher das Präsidium zuvor die Veranstaltung geleitet hatte, saß auf einmal eine unfassbar schöne Frau, die entweder die Göttin Venus oder die Hure Babylon sein musste. Das Ganze entwickelte sich rasch zu einer reellen Orgie, in deren Verlauf Thomas de Vriend – trotz mittlerweile erheblicher Bedenken, denn unleugbar konnte sein erster Eindruck von der Illuminata nicht ganz akkurat gewesen sein – eine gewisse Sympathie für die Verbindung entwickelte.

So kam es, dass Thomas de Vriend in den darauffolgenden Wochen häufig auf dem Jagdschlösschen zu Gast war und, da er sich dort heimisch zu fühlen begann, ernsthaft überlegte, sich bei der Illuminata aktiv zu melden. Zu dieser Überlegung bewogen ihn auch die Gespräche, die er mit den Mitgliedern der Verbindung führte, vor allem mit dem Senior, Anaxagoras von Chaumette, der aus jenem Waffengang als Sieger hervorgegangen war. Was er vernahm, gefiel ihm wohl, obgleich dieses Gefallen nie recht unvermischt war: Immer blieb ein Rest, der nicht aufgehen wollte und jene Bedenken am Leben hielt, die er gegen Ende des Festkommerses gespürt hatte. Als Männer sollten die Mitglieder Herren sein, hieß es; es hieß aber auch: Sie müssten in Harmonie mit ihrer weiblichen Seite leben. Sie sollten unzeitgemäß sein, hieß es ferner; aber auch: Sie müssten Kompromisse mit der Gegenwart eingehen.

Sie sollten Haltung und die Form wahren, hieß es schließlich; aber auch: Sie müssten sich den Trieben hinzugeben verstehen und auch einmal lockerlassen können.

Doch obschon diese Vagheit in den Grundsätzen ihm Warnung genug hätte sein sollen, ließ er sich von der Schönheit des Jagdschlosses und seines Interieurs, den geschmackvollen Anzügen und vor allem von der Beobachtung täuschen, dass die Gegenseite – die Vandalia Obscura – in ihrer Höhle von einem Verbindungshaus keinen sonderlich guten Eindruck machte. Hinzu kam noch, dass der Obervorstandsvorsitzende, einer der mächtigsten Männer der Welt, ihm seit Langem als Alter Herr der Illuminata bekannt war.

Sicherlich hätte die Illuminata Thomas de Vriend ganz auf ihre Seite gezogen – hätte sie es zu vermeiden gewusst, dass er der Obscura schließlich einen Besuch abstattete. Tatsächlich war die Illuminata sich ihrer Sache schon völlig sicher, und wenn die Aktiven ihn einluden, sie auf ihrem Besuch beim Feind zu begleiten, dann nur deshalb, damit er sich umso bestimmter für sie erklären würde. Diese Besuche der Illuminata bei der Obscura oder der Obscura bei der Illuminata fanden jedes Jahr zu dem Zeitpunkt statt, an dem die Vandalia Spiritualis bis zu ihrem Zerfall das Fest der Alten Götter gefeiert hatte, und nahmen die Form sogenannter Kreuzkneipen an.

Am Abend der Kreuzkneipe, von der wir nun berichten werden, sah man in jener uncharmanten Gegend Wiens, wo derlei selten vorkam, eine Kolonne schwerer Limousinen und nochmals kostspieligerer Sportwagen durch enge Gassen navigieren, um schließlich vor dem hohen, dünnen Haus mit den herabhängenden Fensterläden zum Stehen zu kommen. Hinter den Fenstern des Hauses bewegte sich eine Kerzenflamme unruhig hin und her, aber die Aktiven der Illuminata, die – Thomas de Vriend in ihrer Mitte – den Autos entstiegen, achteten nicht darauf. Stattdessen wiesen sie lachend auf die Schäden im Verputz und am Dach des Hauses und belustigten sich über seine ärmliche Umgebung. Mehr noch belustigten sie sich über den Pfad zum Hinterhof und den

Hinterhof selbst, der mit all dem dort gelagerten Unrat tatsächlich wenig hermachte. Als sie jedoch durch die offen stehende Tür in der Rückwand des Hauses traten und die ersten Stufen die Treppe hinabstiegen, verstummte das Gelächter und wich hie und da einem nervösen Kichern. Das lag wohl auch daran, dass dieser Keller für viele Jahrhunderte, bis zum Auszug der Vandalia Illuminata, die Heimstatt der Vandalia Spiritualis gewesen und mithin auch ihr eigener Ursprungsort war.

In einigen Abständen erleuchteten Öllampen die Stufen; dennoch schien es Thomas de Vriend, als nehme die Dunkelheit zu, je weiter sie hinabgelangten, was freilich gar nicht sein konnte. Seltsam war es aber doch, dass der Abstieg gar kein Ende nehmen wollte: Wie tief unter der Erde sie sich schon befanden, obgleich das Ende der Treppe noch immer nicht zu sehen war, ließ sich bald nicht einmal mehr erahnen. Als man schließlich nach einer Windung der Treppe unverhofft in einen großen, von Fackeln hell erleuchteten Raum trat, blickte man sich überrascht um, denn einen solchen Raum hätte man hier unten nicht erwartet: Die Wände waren aus großen Steinquadern gebildet, zwei auf breite Säulen aufsetzende Bögen in der Mitte des Raumes trugen die steinerne Decke; den Boden bildete ein Mosaik. Thomas de Vriend brauchte nicht lange, um zu begreifen, dass dies ein römischer Bau der späteren Kaiserzeit war.

Eine Abordnung der Obscura nahm die Ankömmlinge mit großer Höflichkeit in Empfang, obwohl die Aktiven der Illuminata diese Höflichkeit für keinen Moment erwiderten: Man warf den Gastgebern unfreundliche Worte entgegen, und schließlich urinierte der Senior unter großem Gelächter seiner Anhänger in eine Ecke. Obwohl Thomas de Vriend dieses Betragen als unpassend empfand, waren es doch eher die römischen Bögen, die erneut Zweifel in ihm weckten, ob seine Entscheidung für die Illuminata richtig gewesen sei. Dieser Entscheidung lag ja der Vergleich eines weißen Schlosses mit einem Keller in einer heruntergekommenen Gegend zugrunde; doch was er nun anstelle eines Kellers vorfand, war ein ungemein reizvolles römisches Gemäuer, neben dem sich das Jagdschloss vulgär und *arriviste* ausnahm. Dieser Eindruck verstärkte sich noch, als man die Gäste durch eine Anzahl weiterer Räume – einen Speisesaal, ein Billardzimmer, eine Bibliothek und eine Bar – führte, auch diese unzweifelhaft spätrömisch. Nicht, dass es am modernen Komfort späterer Epochen fehlte: Die Wandtäfelungen etwa ließen sich eindeutig auf das zwölfte Jahrhundert datieren, und ein Großteil des Mobiliars entstammte bereits der Frührenaissance.

Dass Thomas de Vriend mit seiner Parteinahme für die Illuminata voreilig gehandelt hatte, ließ sich spätestens dann nicht mehr leugnen, als man den Festsaal betrat, denn was konnte schöner sein als dies: Der gewaltige Raum ähnelte nichts so sehr wie der Konstantin-Basilika zu Trier, die sich allerdings im direkten Vergleich ein wenig schäbig ausgenommen hätte. Die Mauern waren mit Marmor ausgekleidet, und anstatt der Rundbogenfenster befanden sich in den Wänden Nischen in zwei übereinanderliegenden Reihen, deren jede eine Statue beherbergte. Feuer in mehreren gewaltigen Kaminen sowie Fackeln an den Wänden spendeten Licht und ein wenig Wärme. – Langsam schritt Thomas de Vriend die Länge des Saals ab und betrachtete dabei die zahllosen Gemälde ehemaliger Seniores. Versunken in den Anblick eines exquisiten Porträts, das alle Merkmale eines Tintoretto an sich trug, wurde er schließlich darum gebeten, an der Tafel Platz zu nehmen. Noch ganz in Gedanken, setzte er sich in den nächsten freien Sessel, nur um zu bemerken, dass er sich inmitten der Aktivitas der Obscura befand; die Illuminata saß am entgegengesetzten Ende des Saals, und es waren keine wohlwollenden Blicke, die ihn von dorther erreichten.

Obwohl die Kreuzkneipe auf den ersten Blick jeder anderen Veranstaltung dieser Art zu gleichen schien – die Chargierten beider Verbindungen am Quertisch am Kopf des Raumes, die Corona an den Längstischen und so fort –, wich auch sie im weiteren Verlauf deutlich vom couleurstudentischen Comment ab, wie Thomas de Vriend ihn kannte. Schon dass das Vorspiel zu Wagners *Rienzi* die

Veranstaltung musikalisch einleitete, mutete ungewohnt an – ungewohnt, aber natürlich ungemein sympathisch. Überhaupt gab es an der Obscura nichts, was Thomas de Vriend nicht sympathisch gewesen wäre: Dies indes dämmerte ihm erst langsam – während der Gespräche, die er mit den Aktiven der Obscura führte, der Reden ihres Seniors und des Absingens der traditionellen Studentenlieder. Nicht zuletzt die Aufmachung ihrer Chargierten – eine stark reduzierte Variante der klassischen studentischen Pekesche, einer Felduniform des Ersten Weltkriegs nicht unähnlich – wich sehr vorteilhaft von den üppigen Samtgewändern ab, wie die Chargierten der Illuminata sie trugen. Tatsächlich zog ein asketischer Stil sich durch alles, wessen er hier gewahr wurde, bis hin zu den hageren Gesichtern der Aktiven, denen etwas Mönchisches eignete. Der Unterschied zu den Illuminaten, die häufig feist bis dicklich waren und dies bisweilen gar durch etwas Schminke, gefärbte Haare und dergleichen unterstrichen, hätte nicht markanter sein können.

Allerdings ließ sich nicht verkennen, welche Seite hier die Oberhand hatte. Wann immer ein Aktiver der Obscura einen Trinkspruch ausbrachte – etwa auf die Form, die Geschichte, den Herrn, die Haltung oder die Liebe zur Gefahr –, erhob sich ein Gemurre in den Reihen der Illuminaten, das stets zu derartiger Lautstärke anschwoll, dass die Worte des Obscuranten darin untergingen. Brachte demgegenüber ein Illuminate einen Trinkspruch auf die Relativität der Werte, die Völlerei und Weichlichkeit, die Sicherheit und Bequemlichkeit, den Fortschritt und die Gerechtigkeit aus, so schlugen die Illuminaten mit ihren Bierkrügen auf die Tische und riefen »Hört, hört!«, während die Obscuranten schwiegen. Auch die Ansprachen der beiden Seniores erlaubten keine Zweifel, wo die Macht lag: Nachdem der Senior der Obscura, Hieronymus Caspar, in seiner Rede den Perlloden und die Schladminger Jacke, den Rechtsstaat und die Römische Republik sowie das Eichenholz und die Zimmertäfelung der Tudorzeit geehrt hatte, erhob er sich, um einen Trinkspruch auf den großen Katholiken Martin Luther auszubringen. Bevor er aber dazu kam, war der Senior der Illuminata – Anaxagoras von Chaumette – aufgestanden, hatte ihm den Bierkrug aus der Hand gewunden, es ausgetrunken und im Kamin zerschmettert. Dann forderte von Chaumette Caspar auf, sich zu setzen, weil jetzt die Vernunft und die Humanität zu ihrem Recht kommen sollten. Die Illuminaten johlten und stampften mit den Füßen, als der Senior der Obscura schweigend zurücktrat und Anaxagoras von Chaumette mit dem Lächeln des Siegers zu sprechen anhub. Vollmundig pries er das Kapital und den Konsum, ließ eine Menschheit hochleben, der Jogginghosen, Fertighäuser und US-amerikanische Erfrischungsgetränke am Herzen lagen, und sparte auch nicht mit Lob für schwedische Designermöbel, Gaius Marius, *Die 100.000 Mark Show* und Max Stirner. Schließlich forderte er die Corona auf, mit ihm das Glas zu erheben und auf Giordano Bruno zu trinken, was Thomas de Vriend allerdings für vorhersehbar und klischeehaft erachtete. Das war es zweifellos auch, doch ließen sich die Illuminaten davon nicht stören: Sie tranken, jubelten, klatschten in die Hände und stimmten schließlich John Lennons *Imagine* an.

Hatte Thomas de Vriend schon den Trinkspruch auf Giordano Bruno als abgeschmackt empfunden, so schlug das *Imagine* dem Fass den Boden aus. Entgeistert blickte er den neben ihm sitzenden Obscuranten an, der nur mit den Schultern zuckte und in sich hineinzulachen schien. Angesichts der unfassbaren Vulgarität, die in diesen Momenten gegen die marmornen Wände des spätrömischen Saales brandete und angewidert von diesen zurückgeworfen wurde, erstarb, was von Thomas de Vriends Wohlwollen für die Illuminata noch geblieben war. Als die Illuminaten sich gegen Morgen von ihren Plätzen erhoben und unter höhnischen Bemerkungen und Gelächter den Heimweg antraten, bemerkte Thomas de Vriend gar nichts davon, so sehr nahm ihn sein Gespräch mit einigen der Obscuranten gefangen. Später, als der Gong zum Frühstück ertönte und man sich in den Speisesaal begab, fragte Hieronymus Caspar ihn, ob er »das da« nicht ablegen wolle, und wies auf das rot-schwarze

Spefuxen-Band der Illuminata, das Thomas de Vriend unter der Weste seines Smokings trug. Geistesabwesend zog Thomas de Vriend das Band ab und ließ es in die Glut eines Kamins fallen, wo es mit einer kleinen Flamme und einem Knistern verkohlte. – Als er gegen Mittag aufbrach, trug er bereits das weiß-goldene Fuxenband, das ihn als Novizen der Vandalia Obscura kennzeichnete.

Was im weiteren Verlauf geschah, soll hier nicht ausgeführt werden: die zahllosen Mensuren, in denen sich Thomas de Vriend bewährte; seine Ehrfurcht erweckende Trinkfestigkeit, mit der er so manches Bierduell zu einem guten Abschluss führte; wie er schließlich Hieronymus Caspars Nachfolger als Senior der Obscura wurde und dem Kampf gegen die Illuminata jene Wendung gab, die man sich seit so vielen Jahrzehnten erhofft hatte. Tatsächlich war es Thomas de Vriend, der die Voraussetzungen für den entscheidenden Sieg der Obscura über die Illuminata schuf. Als dieser erfochten wurde, war er freilich schon längst in Berlin. Wie die Niederwerfung der Illuminata sich dort auswirkte, werden wir im letzten Kapitel darstellen; wie sie sich im Einzelnen vollzog, sei aber zumindest noch in groben Umrissen hier nachgezeichnet.

Als Thomas de Vriend Wien verlassen und sein Amt einem neuen Senior übergeben hatte, nahm Anaxagoras von Chaumette an, die Obscura sei nun geschwächt, sei mit ihrem Führer auch ihrer Kampfkraft verlustig. So sammelte er die Aktiven der Illuminata zu einem vernichtenden Schlag gegen den Feind: Volltrunken und mit Hieb- und Stoßwaffen bewaffnet, unternahmen sie eines Nachts einen Überraschungsangriff auf den Keller der Obscura, verwüsteten den Vorraum und drangen bis in den Speisesaal vor. Dort allerdings hatten sich die Aktiven der Obscura mittlerweile formiert, denen es angesichts ihrer überlegenen körperlichen wie mentalen Konstitution ein Leichtes war, den Angriff zurückzuschlagen. Ein gutes Drittel der Angreifer blieb schwer verletzt zurück, der Rest floh und verschanzte sich im Jagdschloss. Da der Krieg aber nun einmal erklärt und die Lage günstig war, entschied sich das Chargenkollegium der Obscura zum Gegenangriff, um der Sache ein für allemal beizukommen. Für gut zwei Tage belagerten die Aktiven der Obscura das Jagdschloss, bis eines Nachts der Vorstoß erfolgte: Das Tor wurde aufgesprengt, und binnen Kurzem scholl im Schloss das Geräusch aufeinanderprallender Klingen wider. Trotz der besseren Ortskenntnisse der Verteidiger war es den Obscuranten abermals ein Leichtes, den Kampf für sich zu entscheiden. Die überlebenden Illuminaten, die nicht desertiert waren, wurden als Gefangene fortgeführt, das Archiv der Verbindung als Kriegsbeute vereinnahmt. Da Anaxagoras von Chaumette sich weder unter den Toten noch den Gefangenen befand, nahm man an, er sei geflohen; das aber traf nicht zu: Vielmehr hielt er sich in einer Art geheimem Panikraum des Schlosses verborgen und wartete auf eine Chance, zu entkommen und Rache zu üben. Das wäre vielleicht auch gelungen, hätten sich die Obscuranten nicht entschieden, einer Wiederkunft des Feindes durch die Schleifung seiner Festung vorzubeugen. Aus Armeebeständen beschafften sie sich einige Tonnen einer hochexplosiven Substanz und stapelten im Weinkeller des Schlosses so viel davon auf, dass kaum noch ein Spalt blieb. Dann räumten sie das Gebiet weiträumig und bereiteten die Sprengung vor. – Als im Schloss alles ruhig war, verließ Anaxagoras von Chaumette, der von alldem nichts bemerkt hatte, sein Versteck, um sich davonzustehlen. Schon am Tor angelangt, hielt er jedoch inne und kehrte noch einmal um, um einige Flaschen Haarfärbemittel aus seinem Badezimmer mitzunehmen; das Mittel war schwer zu beschaffen, und er schätzte den tiefschwarzen Glanz, den es dem Haar verlieh. Zwar herrschte infolge der Kampfhandlungen auch in seinen privaten Räumlichkeiten ein arges Durcheinander, aber nach kurzer Suche fielen ihm doch noch einige intakte Flaschen in die Hände. – So kam es, dass Anaxagoras von Chaumette zwar wohlversehen mit dem Wichtigsten, aber eben erst zwanzig Minuten später, aus dem Tor des Schlosses trat. Hätte er diese zwanzig Minuten besser genutzt, wäre sein Überleben zumindest im Bereich des Möglichen gewesen; wie die Dinge aber standen, war sein Schicksal besiegelt. Denn just, als er das Tor hinter sich zuzog und einmal tief durchatmete, betätigte der Fuxmajor der Obscura in sicherer Entfernung den Hebel, der die Sprengladung zündete. Mit einem donnernden Knall, der sich von Brünn bis Graz vernehmen und einen Großteil der Fensterscheiben in Wien zu Bruch gehen ließ, riss diese nicht nur das Jagdschloss, sondern gleich die ganze Bergkuppe in Stücke. Als der Staub der Explosion sich gelegt hatte, schütteten die Aktiven der Obscura Tonnen von Salz über der Trümmerstätte aus, um zu vermeiden, dass dort jemals wieder etwas wüchse. Wer es in den Jahren seither über sich brachte, die verrufene grau-braune Wüstenei dort oben aufzusuchen, in der es nichts gab außer toten Baumstümpfen und schief aus dem Boden ragenden Mauerresten, mochte ab und an eine außerordentlich schöne Frau gewahren, die sich trauernd über die Trümmer beugte und ihr Gesicht mit einem Schleier verhüllte. Als Thomas de Vriend davon erfuhr, war er sich sicher, dass es sich um die Hure Babylon oder die Göttin Venus handeln musste; wir aber wollen hierüber keine Spekulationen anstellen.

Der Sieg der Vandalia Obscura über die Vandalia Illuminata manifestierte sich sogleich in großen und weltweiten Veränderungen: Alles wurde anders, nichts blieb, wie es gewesen war. Um es in den wertschätzenden Worten Berto Barnvilles auszudrücken, der zu diesem Zeitpunkt ein Praktikum als Generalissimus einer südostasiatischen Rebellenstreitmacht absolvierte: »Bloody fucking awesome, like!« – In welcher Form Thomas de Vriend der Veränderungen gewahr wurde, werden wir – wie gesagt – im letzten Kapitel gesondert betrachten.

KAPITEL 6

Die Kriegskasse

84

Erkenne, dass deine finanzielle Situation kritisch ist!

Die unzureichende finanzielle Ausstattung des modernen Dandys ist uns in den vorhergehenden Kapiteln schon das eine oder andere Mal bewusst geworden. Tatsächlich lässt sich vieles von dem, was den Dandy des einundzwanzigsten Jahrhunderts ausmacht, auch auf diesen Mangel zurückführen: Etwa seine abgetragenen Anzüge, seine zerfallene Behausung und seine schäbige Einrichtung. Freilich sind seine Anzüge auch deshalb abgetragen, ist seine Behausung auch deshalb zerfallen und seine Einrichtung auch deshalb schäbig, weil sich darin Geschichtlichkeit widerspiegelt. Es mag also durchaus sein – ja ist sogar wahrscheinlich –, dass seine Existenz nicht viel anders aussähe, wäre er finanziell bessergestellt. Im Zeitalter der kaputten Geschichte ist für ihn, der geschichtliche Bruchstücke schicksalhaft zu einem neuen Ganzen zusammenfügt, das Abgetragene, Zerfallene und Schäbige eben nicht nur Not, sondern auch Notwendigkeit.

Die Gründe, weshalb der Dandy des einundzwanzigsten Jahrhunderts knapp bei Kasse ist, haben wir uns ebenfalls durch den Kopf gehen lassen. Da er sich den Verwertungszusammenhängen, wie sie die kapitalistisch-sozialistische Spätzeit prägen, entzieht, stehen ihm die gewöhnlichen Einkommensquellen dieses Zeitalters nur bedingt zur Verfügung. Das bedeutet nicht, dass er – wie seine dandystischen Vorläufer des neunzehnten Jahrhunderts – die Arbeit verachtet. Ganz im Gegenteil lässt er sich nichts schenken und lebt nicht auf Kosten anderer. Das Parasitäre des frühen dandystischen Typus fand seine Entsprechung in der aristokratischen Lebensart seiner Zeit und war dadurch legitimiert. In unserer Zeit hat sich diesbezüglich ein grundlegender Wandel vollzogen, indem das Parasitäre nun nicht mehr das anarchische Privileg einer dekadenten Oberklasse darstellt, sondern ein prägendes Funktionsprinzip der herrschenden Verhältnisse. Somit stellt sich die Frage, wie man sich der kapitalistisch-sozialistischen Verwertungsmaschinerie entzieht, ohne Schnorrer zu sein.

85

Erste Grundregel des Gelderwerbs: Bleibe Dandy!

Vor allem gilt, dass der Dandy des einundzwanzigsten Jahrhunderts auch als Arbeiter stets Rebell bleiben, seiner fundamentaloppositionellen Haltung zur Gegenwart kompromisslos die Treue halten muss. Sobald die Arbeit zu viele Zugeständnisse von ihm verlangt, wird er sie niederlegen. Vor allem hat er sich stets aufs Neue zu fragen, ob seine Arbeit dazu angetan ist, die Vulgarität der modernen Welt zu festigen. Das gälte beispielsweise für die meisten Beschäftigungen in den staatlichen Institutionen, den Massenmedien, den sogenannten Nichtregierungsorganisationen und den inter- und transnationalen Institutionen. Von den Großunternehmen, Großbanken und internationalen bankähnlichen Organisationen wollen wir gar nicht sprechen. Arbeit zum Vorteil der Heutigen zu leisten und sie nebenbei zu bekämpfen riecht nach Kompromiss; Kompromisse vermeiden wir.

(Das ist nun recht holzschnittartig und unter Aussparung mancher Feinheiten gesprochen: Freilich existieren auch innerhalb jener Institutionen und Organisationen Möglichkeiten rebellischen Handelns – in der Sekt. 36 [»Trage Krawatte unzeitgemäß!«] sind wir bereits darauf eingegangen. Manch einer wird sogar einwenden, dass rebellisches Handeln gerade in den Katakomben jener Zitadellen der Vulgarität besonders erfolgversprechend sei. Das mag auch tatsächlich so sein: Der dandystische Investmentbanker, auf dessen

Schreibtisch Ernst Jüngers *Arbeiter* liegt; der dandystische Abteilungsleiter bei den Vereinten Nationen, zwischen dessen Zähnen stets eine kalte Zigarre klemmt; der dandystische Fernsehreporter im Krisengebiet, der das *Tagesschau*-Liveinterview trotz nahender Granateinschläge im tageszeitadäquaten Smoking gibt – sie alle führen den Kampf auf ihre und vielleicht eine besonders noble Weise.)

Generell muss seine Arbeit es dem Dandy erlauben, wichtige Regeln wie die, die in diesem Buch niedergelegt sind, zu befolgen. Ist ihm dies nicht möglich – etwa weil er Firmenkleidung tragen, sich unmännlich gebärden oder auf den Tabak- oder Alkoholgenuss verzichten muss –, dann ist er fehl am Platze. Unsere Regeln sind ja großzügig und praktisch gefasst: Selbstverständlich ist ein gewöhnlicher Anzug zulässig, wie etwa der *comment* vieler Unternehmen ihn fordert – sofern man ihn so trägt, dass er nicht als gewöhnlicher Anzug erkannt wird und trotz allem verwirrt und verstört. Selbstverständlich darf man auf die Pfeife verzichten – sofern man dann nicht an Schnupftabak spart. Und selbstverständlich braucht man kein Glas Whisky vor sich stehen zu haben – sofern man einen Flachmann mit Whisky in der Tasche trägt. Das sind keine Kompromisse, sondern vernünftige Anpassungen an die Situation, wie sie auch außerhalb der Arbeitswelt vonnöten sein mögen. Reicht das aber nicht, werden vielmehr Kompromisse gefordert, dann heißt es Abschied nehmen; denn, wie gesagt, Kompromisse vermeiden wir, so weit es irgend geht.

Grundsätzlich gilt, dass der Dandy immer zuerst Dandy ist. Dabei ist das, was wir im folgenden Abschnitt beschreiben werden, ausschlaggebend:

86

Zweite Grundregel des Gelderwerbs: Sei Dilettant!

Damit der Dandy immer zuerst Dandy sein kann – also stets nur in zweiter Linie Arbeiter ist –, muss er jegliche Arbeit als Dilettant ausüben. Der Begriff »Dilettant« ist uns in den vorhergehenden Ausführungen schon das eine oder andere Mal untergekommen, wobei deutlich geworden sein sollte, dass wir ihn im klassischen Sinne des achtzehnten Jahrhunderts verstehen.

Das lässt sich als Regel verallgemeinern: Die Aufgabe des modernen Dandys ist es, die Vulgarität seiner Zeitgenossen und mithin ihre Welt zu erschüttern. Weil er diese Aufgabe durch seine schiere Existenz erfüllt und weil Existenz unteilbar ist, bleibt für eine zweite Aufgabe kein Raum mehr. Wenn er sich neben seiner Aufgabe auch mit anderen Dingen – wie etwa einer Arbeit – befasst, spricht nichts dagegen, doch kann es sich dabei niemals um eigentliche Aufgaben handeln. Die Befassung mit ihnen muss deshalb aus einer unendlichen inneren Distanz, einem absoluten inneren Unbeteiligtsein heraus erfolgen. Hier kommen wir vom Allgemeinen wieder auf das Spezielle zurück, nämlich auf den Begriff des »Dilettanten«.

Der Dilettant beschäftigt sich nicht deshalb mit dem Gegenstand seines Interesses, weil er es muss, noch, weil er darin eine Aufgabe erblickt. Vielmehr ist diese Beschäftigung spielerisch und letzten Endes ästhetisch. Innerlich vollkommen unberührt von ihren Verläufen und Zielen, betreibt er sie so, wie man eine Patience legt: Die Patience kann aufgehen, umso besser, oder auch nicht, das verschlägt aber nichts. Dies bedeutet nun nicht, dass der Erfolg oder Misserfolg seiner Arbeit ihm gleichgültig ist – man spielt ja, um zu gewinnen. Aber gleich, ob man gewinnt oder verliert, also ob die Arbeit zu einem Erfolg oder Misserfolg führt, so ist doch dieses

Ergebnis für ihn ohne weitere Bedeutung. Man mischt die Karten neu und beginnt ein weiteres Spiel.

Man könnte nun einwenden, dass nicht alle Arten von Arbeit einen derartigen spielerischen Zugang erlauben. Das trifft zwar zu, aber nur in bestimmten Fällen. Wo immer eine Arbeit die Möglichkeit des Misserfolgs in sich trägt, liegt ein Spiel darin beschlossen. Und da das Risiko des Scheiterns selbst vielen simplen Tätigkeiten innewohnt – den vielschichtigeren ohnehin –, gibt es nur wenige Arbeiten, die sich dem spielerischen Zugriff entziehen. (Wir gehen in der dritten Grundregel des Gelderwerbs genauer darauf ein.) Tatsächlich hängt die Fähigkeit, eine Arbeit als Spiel zu begreifen, davon ab, dass man sie aus dem richtigen Abstand heraus betrachtet: Ist der Abstand zu klein, tritt der Spielcharakter der Arbeit hinter ihren Arbeitscharakter zurück; ist er zu groß, schwindet beides.

87

Dritte Grundregel des Gelderwerbs: Vermeide die mittleren Ebenen!

Unsere Grundregel, keine Kompromisse einzugehen, bedeutet auch, dass wir die mittleren Ebenen zu vermeiden suchen. Um ein Beispiel zu geben: Im Bergbau gibt es die Bergarbeiter, die, mit einem Presslufthammer ausgestattet, unter Tage Fels zertrümmern; es gibt diejenigen, die das Bergbauunternehmen führen – seien es die Eigentümer der Mine oder die Mitglieder des Vorstandes; und es gibt diejenigen, die die Ersteren im Auftrag der Letzteren kujonieren, also die Manager, Abteilungsleiter und dergleichen. Unter diesen drei Gruppen sind nur die Bergarbeiter und die Unternehmensführer frei: Für die Letzteren gilt dies trivialerweise insofern, als sie (allenfalls abgesehen von einem Aufsichtsrat) niemanden über sich haben und unbeschränkt schalten und walten können.

Sie gestalten, indem sie dem Bergbauunternehmen als Ganzem die Form geben. – Die Bergarbeiter nun sind nicht minder frei: Sie haben alle über und niemanden unter sich, was sich in dieser Absolutheit in völlige, ja geradezu anarchische Unabhängigkeit von jeglicher Hierarchie wendet. Auch die Bergarbeiter gestalten, indem sie das Produkt des Bergbauunternehmens, also etwa die Kohle oder das Edelmetall, hervorbringen. – Demgegenüber sind die Manager und Abteilungsleiter absolut unfrei: Eingezwängt in komplexe hierarchische Strukturen, Regelwerke und praktische Notwendigkeiten, überantworten sie ihr Dasein der Arbeit. Diese Arbeit ist ein ungesundes Gemisch, dem ausgesetzt zu sein letztlich zu innerer und äußerer Knechtschaft führt. Das schlägt sich auch darin nieder, dass der Manager als Einziger unter jenen drei Gruppen nicht gestaltet (mag auch gelegentlich sein Selbstbild ein anderes sein): Vielmehr verwaltet er das, was die Bergarbeiter und die Unternehmensführer gestalten, indem er quasimechanisch ausführt und anweist.

Der Manager, der Repräsentant der mittleren Position, ist Knecht. Dilettant kann er schon deshalb nicht sein, weil seine Aufgaben den ästhetisch-spielerischen Zugriff nicht erlauben: Dieser ist dem Gestaltenden gegeben, denn die Möglichkeit des Scheiterns – die dem Spielcharakter einer Arbeit zugrunde liegt – wohnt nur der gestaltenden Tätigkeit inne. Der Manager kann nicht eigentlich scheitern, sondern allenfalls einen Verwaltungsvorgang vermasseln. Das Bergwerk als solches – um bei unserem Beispiel zu bleiben – und die Gewinnung der Kohle oder der Diamanten bleiben davon in letzter Instanz unberührt.

Kurzum, von den mittleren Ebenen halten wir uns nach Möglichkeit fern, streben stattdessen entweder ganz nach oben oder ganz nach unten.

88

Orientiere dich an den klassischen Varianten dandystischer Arbeit!

Die traditionelle Beschäftigung des Dandys ist die des Privatiers – oder vielmehr, war es, denn die Gattung des Privatiers ist so gut wie ausgestorben. Von den Erträgen ererbter Vermögen oder ostelbischer Landgüter zu leben, ist nach den revolutionären und evolutionären Katastrophen des zwanzigsten Jahrhunderts keine Option mehr. Es bleiben die anderen klassischen Varianten, die allerdings ihre Nachteile haben: Priester, Ökobauer und Söldner.

89

Sei Pfarrer!

Hier sprechen wir vom Priesteramt in der römisch-katholischen Kirche – nicht nur, weil sich in der evangelischen Kirche während der letzten Jahrzehnte eine ausgeprägte Vulgarität breitgemacht hat, die den hohen Ernst ihrer Tradition zunehmend verdrängt, sondern auch, weil das evangelische Pfarrhaus traditionell keine Affinität zum revolutionären Dandysmus aufweist. An der römischen Kirche schätzen wir demgegenüber – von den eigentlichen religiösen Implikationen einmal abgesehen, das ist hier nicht das Thema – den außerordentlichen Grad an Geschichtlichkeit sowie das Gespür für die Form: Wenn es einen Ort gibt, an dem Geschichte intakt blieb, dann ist es die zweitausend Jahre alte römisch-katholische Kirche; und wenn es so etwas wie eine Perfektionierung von Form gibt, dann im Ritual dieser Kirche, vor allem der lateinischen Messe. Es ist auch keineswegs so, dass ein Priester den Weisungen dieses Buches etwa zu Fragen der Kleidung nicht Folge leisten könnte: Soutane und römischer Kragen sind ja nicht obligatorisch, obwohl auch im dandystischen Sinne einiges für sie spricht – die Wirkung eines römischen Kragens in Friedrichshain ähnelt der eines klassisch dandystischen Aufzugs durchaus, übertrifft sie vielleicht sogar. Und was Behausungen und dergleichen betrifft, so können Pfarrhäuser sich sehen lassen – sowohl angesichts ihrer Herrschaftlichkeit und ihres Alters als auch angesichts ihres stets etwas renovierungsbedürftigen Zustandes. Der Zölibat kann offenkundig als Nachteil des Priesteramts wahrgenommen werden, aber das wollen wir hier nicht diskutieren.

90

Sei Ökobauer!

Vielleicht eine überraschende Variante des Dandys, aber bei näherem Hinsehen auch wieder nicht. Uns stellt sich ja immer wieder die Frage, inwieweit es uns wirklich gelingt, dem kapitalistisch-sozialistischen Verwertungszusammenhang zu entrinnen. Solange wir noch ein Telefon und einen Rechner mit Zugang zum Inter-Netz unterhalten, solange wir Güter direkt oder indirekt von globalen Großunternehmen erwerben, solange wir die Dienste einer Großbank in Anspruch nehmen – so lange haben wir uns nur halbherzig daraus entfernt. Erst wenn sich unser Leben ganz oder doch fast zur Gänze jenseits dieser Abhängigkeiten und Anschlüsse abspielt, kann von wirklicher Unabhängigkeit die Rede sein. Die Nachteile sind auch hier nicht von der Hand zu weisen: Einen Großteil seiner Zeit auf dem Acker zu verbringen, Hühner zu füttern und Kühe zu melken, ist auch bei großzügiger Auslegung keine ideale Beschäftigung für den Dandy. Hinzu kommt, dass uns der schiere Zeitaufwand, der mit alldem einhergeht, kaum Zeit für den revolutionären Kampf im Kernland des Gegners ließe. Und schließlich sind auch schmutzige Fingernägel nicht im Sinne unseres Selbstverständnisses.

91

Entdecke die subtile Lieblichkeit des Söldnerdaseins!

Man darf nicht ohne Weiteres davon ausgehen, dass der Dandy in all seinen Ausprägungen dem kalten, kontrollierten Ideal entspricht, wie es das Eröffnungskapitel dieses Buches nachzeichnet. Hier und da – und vermutlich häufiger als man denkt – wird es Exemplare geben, denen eine romantische Natur, eine gewisse Zartheit des Gemüts und Sehnsucht nach der blauen Blume zu eigen sind. Und obschon derlei Charakterzüge sicherlich nicht wünschenswert sind, liegt doch nichts Schändliches darin. – Wenn wir diesen Umstand jetzt erwähnen, dann deshalb, weil es gerade im gegebenen Zusammenhang wichtig ist, die Unterschiedlichkeit möglicher Dandy-Naturen zu berücksichtigen. So eignen die Professionen des Pfarrers und Ökobauern sich ausschließlich für die distanzierten, vollendet disziplinierten, kalten und harten Ausprägungen des dandystischen Charakters – keinesfalls aber für dessen hochsensiblen Repräsentanten! Diesem wollen wir vielmehr den Beruf des Söldners empfehlen.

Der Beruf des Söldners bringt fast alles mit sich, was dem zartfühlenden Romantiker lieb und teuer ist: Der Einsatz in den entlegeneren Regionen der Welt kommt seiner Sehnsucht nach der Ferne und dem Unbekannten entgegen; ja bereits der Transport zum Einsatzland spiegelt in seiner Dynamik jene Bewegung auf eine höhere Wirklichkeit hin wider, wie sie für den idealistischen Geist so prägend ist. Am Einsatzort angelangt, wird die Wirklichkeit des Straßenkampfs jene wunderbar melancholische Sehnsucht nach der Heimkehr zu den Ursprüngen wecken, der schon Eichendorff und Novalis so treffend Ausdruck verliehen haben. An Caspar David Friedrich gemahnen die Ruinenlandschaften im Einsatzgebiet, in denen die Vergänglichkeit alles Seienden Ausdruck findet, und an sublimer Symbolkraft tut keine Blume es jener Blume gleich, die einsam inmitten der Trümmer eines niedergebrannten Polizeipostens erblüht. Wo schließlich kann man der von so vielen Dichtern besungenen Liebe zur Natur besser frönen als in jenen Dschungel- und Wüstenregionen, in die es den Söldner überdurchschnittlich häufig verschlägt? Und wo kann der freie Geist besser die Flügel ausbreiten und sich davonschwingen als in der gesetzlosen Schlammwüste zwischen den Fronten?

Nicht, dass der Beruf des Söldners keine Nachteile hätte. Das fängt schon bei der Kleidung an: Ein Tarnanzug ist einfach nicht unser Stil. Dass Söldner gewöhnlich schlecht angezogen sind, mag nun praktischen Notwendigkeiten geschuldet sein, des ungeachtet macht es diesen Beruf für uns weniger attraktiv. Von den Fragen äußerer Erscheinung abgesehen, bringt das Söldnerdasein auch den Nachteil mit sich, dass es sehr viel Zeit in Anspruch nimmt. Eine Rebellion gegen den jeweilig amtierenden Diktator zur Entscheidung zu führen ist bisweilen eine langwierige Angelegenheit: Da ist man gut und gerne einige Monate oder länger unterwegs, und während dieser Zeit bleibt die eigentliche Aufgabe des Dandys, das eigene wohlkultivierte Dasein gegen die Vulgarität der Heutigen ins Feld zu führen, liegen. Der größte Nachteil des Söldnerdaseins liegt jedoch in dem, was zugleich sein größter Vorteil ist: Indem es den Neigungen des sensibleren Typus Dandy in all ihren Facetten entgegenkommt, verstärkt es dessen romantische und zartfühlende Seite nur noch mehr, befeuert also einen Teufelskreis, in dem gefangen es dem Betroffenen zunehmend schwerer fällt, seiner eigentlichen Berufung gerecht zu werden. Er muss dem Söldnerdasein deshalb rechtzeitig Lebewohl sagen und sich einer härteren Beschäftigung zuwenden – der des Pfarrers etwa oder eben der des Putschisten.

92

Der Coup d'État – ja oder nein?

Dass dem Autor dieses Buches daran gelegen ist, die Regeln der politischen Korrektheit aufs Genauste einzuhalten, sollte jedem Leser deutlich geworden sein. Zumal ein Gespräch über Staatsstreiche sich nur führen lässt, wenn man vorausschickt, dass ein Staatsstreich nicht in jedem Falle tunlich, ja in vielen Fällen ganz und gar unpassend ist. So ließe sich eine grobe Unterscheidung zwischen staatsstreichtauglichen und staatsstreichuntauglichen Ländern etwa gemäß dem manichäischen Dualismus von Gut und Böse formulieren: In Ländern mit guten Regimen ist ein Staatsstreich nicht statthaft, in Ländern mit bösen Regimen sprächen vor allem praktische Erwägungen dagegen. Wenn im Folgenden von Staatsstreichen die Rede ist, so beziehen wir uns dabei stets implizit auf böse Regime.

In der vorstehenden Sektion haben wir uns mit dem Berufsbild des Söldners als einer klassisch dandystischen Form des Gelderwerbs auseinandergesetzt. Wer sich für diese Laufbahn entschieden hat, mag sich nun früher oder später die Frage nach dem nächsten Karriereschritt stellen und dabei häufig auf den Beruf des Putschisten verfallen. Bei solchen Erwägungen werden Fragen des Stils im Vordergrund stehen: So ist der Putschist alter Schule – anders etwa als der stets etwas verdruckst und verbiestert daherkommende Terrorist – geradeheraus und sachorientiert. Zweitens vollzieht sich ein Staatsstreich in der Öffentlichkeit, sodass sich für den Mann mit Geschmack hier ganz besondere Chancen eröffnen: Wer etwa den Präsidentenpalast stürmt und von dessen Balkon aus verkündet, dass heute die Zukunft beginne, kann das nicht glaubhaft ohne einen sportlichen Lodenanzug tun. Und wer die Sendestationen kapert und auf allen Kanälen die Übernahme der Regierungsgeschäfte durch die Kräfte des Fortschritts und der Freiheit ankündigt, wäre – je nach Tageszeit – ohne einen gut geschnittenen Leinenanzug oder Smoking gar nicht ernst zu nehmen. Zudem kann die Tätigkeit des Putschisten einem auch dann langfristige finanzielle Sicherheit garantieren, wenn man sie nicht als Job fürs Leben erachtet: Selbst wer nur für einige Monate als korrupter Herrscher eines zerfallenden Staates agiert und sich dann eines Nachts mit einer Lastwagenladung diverser Reichtümer über die Grenze absetzt, wird sich so manchen Traum erfüllen können!

Obwohl wir also die Vorteile der Putschistenlaufbahn nicht künstlich kleinreden, uns diesem sehr klassischen Thema vielmehr vorurteilsfrei und weltoffen nähern möchten, raten wir doch zur Vorsicht. Mehr noch, wir empfehlen ausdrücklich, diese Laufbahn nicht einzuschlagen: Zum einen ist ein Staatsstreich vielerorts verboten, sodass man als Putschist leicht mit dem Gesetz in Konflikt geraten kann. Praktischerseits tritt hinzu, dass es sich dort, wo Staatsstreiche sozusagen an der Tagesordnung sind und dementsprechend leicht von der Hand gehen, meist nicht lohnt, die Staatskasse zu plündern, weil sie schon des Häufigeren geplündert worden ist. Ist dies nicht der Fall, hat auch das zumeist seine Gründe: So ist es etwa in den nördlichen Breiten Usus, sich beim Staatsstreich auf idealistische Motive zu berufen und den Staatsschatz unangetastet zu lassen. Das macht es aber mühsam, denn wenn man die Sache vorrangig als Mittel des Gelderwerbs sieht, sozusagen als Job wie jeder andere, dann hat man viel Zeit und Mühe darauf verwendet, letzten Endes mit dem Jahresgehalt eines durchschnittlichen Premierministers dazustehen. Das kann man auch einfacher haben.

Kurzum, wenn wir nach Abschluss unserer Söldnerkarriere vor der Wahl stehen, entweder Putschist oder Pfarrer zu werden, entscheiden wir uns zweckmäßigerweise für das Letztere.

93

Sei Schriftsteller!

Hier kommen wir dem Ideal sehr nahe, und zwar in mehrerlei Beziehung. Es ist ja kein Zufall, dass die Profession des Schriftstellers so viele Dandys hervorgebracht hat wie kein anderer Berufsstand: Goethe, Byron, Balzac, Disraeli, Hofmannsthal, D'Annunzio, Thomas Mann, Jünger, Wolfe, Naipaul, Christian Kracht - um nur einige zu nennen. Offen bleibt, ob die Schriftstellerei den Dandy oder der Dandysmus den Schriftsteller hervorbringt. Wahrscheinlicher ist das Letztere, denn wie ließe es sich sonst erklären, dass die allermeisten Schriftsteller - nicht nur der Jetztzeit - schlecht angezogene, weinerliche Menschenfreunde sind?

Dass hingegen die schriftstellerische Profession dem Dandy, seinen Neigungen und seinem Auftrag entgegenkommt, kann kaum überraschen. Zum einen ist der Schriftsteller vollkommen unabhängig: Da ist zunächst einmal niemand, der ihm Anweisungen gäbe, nichts, was ihn an einen bestimmten Ort bände. Seiner Tätigkeit kann er in Vorpommern ebenso nachgehen wie in Laos oder im Verborgenen, und wie er sich seinen Tag einteilt, bleibt ihm auch überlassen. In gewisser Hinsicht ähnelt das Dasein des Schriftstellers dem eines alteuropäischen Aristokraten: Wo dieser sich literarisch betätigte, weil er es sich leisten konnte, betätigt jener sich literarisch, um es sich leisten zu können, sich literarisch zu betätigen. Ein winziger Unterschied, dem letzten Endes keine Bedeutung innewohnt. Diese Unabhängigkeit ermöglicht es ihm auch, seinem Auftrag als Dandy ganz gerecht zu werden: Wer seinem Broterwerb nachts am Schreibtisch nachgeht, kann des Tags über die Leopoldstraße flanieren und die Gegenwart aus den Fugen werfen.

Zum anderen kann der schriftstellerische Dandy seinem Auftrag sogar zwiefach gerecht werden, indem er der Gegenwart nicht nur durch seine Präsenz auf der Leopoldstraße einen Schlag unter die Gürtellinie versetzt, sondern ihr durch seine Schriften auch ganz direkt in die Parade fährt: So sind etwa Disraelis und D'Annunzios politisch-dandystische Feldzüge unvorstellbar ohne die flankierende Wirkung ihres literarischen Œuvres.

Alles dies funktioniert natürlich nur dann, wenn eine ausreichende Anzahl Personen sich bereitfindet, unsere Bücher zu kaufen. Das wiederum setzt voraus, dass wir einen Verleger gefunden haben, der sie produziert und in den Handel bringt. Wahrscheinlich werden wir schon an dieser letzteren Hürde scheitern: Unsere Art von Literatur setzt Leser voraus, wie wir es sind, Leser mit einem Sinn für Form, Haltung und Geschichte, kurzum, Leser mit einem guten literarischen Geschmack; und da es derer nur wenige gibt, müsste ein wirtschaftlich denkender Verleger mit dem Klammerbeutel gepudert sein, wenn er unsere Bücher in sein Programm aufnähme. Und täte er es wider Erwarten doch, so würden wir an jener anderen Schwierigkeit scheitern, dass vermutlich kaum jemand unsere Bücher lesen möchte. Was also tun? Vor allem müssen wir bedenken, dass nicht die Schriftstellerei, sondern die dandystische Rebellion unsere Aufgabe ist. Das Schreiben bildet eine Einkommensquelle, und so ließe sich einwenden, es sei ja gleichgültig, was in unseren Büchern steht, solange sie sich nur gut verkaufen. Unter diesem Blickwinkel hätten unsere schriftstellerische Arbeit und unser eigener literarischer Geschmack nichts miteinander zu tun, könnten wir guten Gewissens Moderatgeber, Kochbücher oder Pornonovellen verfertigen. Ja, gewiss – und doch! Wenn wir unseren Ehrgeiz, auch durch unsere Bücher dandystisch-rebellisch zu wirken, ernst nehmen; und wenn wir jener Ahnenreihe literarisch bedeutsamer Dandys, jenen Goethes, Hofmannsthals, Manns et cetera wenigstens ein wenig Ehre machen möchten, dann dürfen wir unseren Anspruch zumindest nicht zur Gänze aufgeben. Also ein Moderatgeber aus einer goetheschen Weltsicht? Ein Kochbuch im Sinne des hofmannsthalschen Symbolismus? Eine Pornonovelle mit byronschem Einschlag? Vielleicht, und vielleicht ist es gerade dieses Schimmern und Changieren, dieser plötzliche Wechsel zwischen hirnloser Trivialität und hohem Register, der dandystische Literatur in der Epoche der kaputten Geschichte, im einundzwanzigsten Jahrhundert, ausmacht.

94

Sei eher kein Künstler!

Nun heißt es aufpassen, denn wir betreten das Reich der Stereotypen. Künstlern scheint ein Drang innezuwohnen, sich auf ihre eigene unerquickliche Weise vermeintlich dandystischer Muster zu bedienen. Der als Dandy verkleidete Künstler – das ist der weichliche, überempfindliche, von sich selbst überzeugte Tiefschürfer, der seiner Bedeutung mittels eines betont merkwürdigen Äußeren auf die Sprünge zu helfen sucht. Das ist das Sensibelchen in der Zimmerecke, mit dem auch deshalb niemand sprechen mag, weil es entweder gar nicht oder nur von sich selbst redet und dabei dank seiner seltsamen Mütze besonders albern aussieht. Der als Dandy verkleidete Künstler – das bedeutet, mit anderen Worten, die nochmals affektiertere Variante eines ohnedies unerträglich affektierten Menschentyps. Selbstverständlich *ist* der als Dandy verkleidete Künstler kein Dandy: Vielmehr ist er ein Künstler, der zu seinen eigenen unmaßgeblichen Zwecken Anleihen bei abwegigen Manifestationen randständiger dandystischer Traditionen vornimmt und sich damit zum Klischee stilisiert.

Hier wäre einzuwerfen, dass schließlich nicht alle Künstler unerträglich affektiert seien, dass manche Künstler mit Messer und Gabel essen können, dass einige – einige wenige – Künstler sogar recht angenehme Zeitgenossen seien. – Historisch betrachtet, ist das sicherlich wahr: Wer hätte nicht gerne mit Sir Joshua Reynolds diniert oder sich mit James Abbott Whistler eine Flasche Whisky geteilt! Was aber unsere eigene Zeit betrifft, so fiele einem allenfalls David Hockney ein; darüber hinaus erscheint die Behauptung, nicht alle Künstler seien unerträglich, zumindest waghalsig.

Kann der Dandy des einundzwanzigsten Jahrhunderts es also verantworten, sein Einkommen als Künstler zu bestreiten? Wäre es nicht hygienischer, zudem von höherem schöpferischen Wert, als Bergmann unter Tage Steine zu klopfen? – Das hängt von zweierlei ab: Erstens, verschafft uns die künstlerische Profession ein hinreichendes Einkommen? Mit großer Wahrscheinlichkeit wird das nicht der Fall sein: Vermutlich können wir unsere Werke keinem ernsthaften Galeristen ans Bein binden, und selbst wenn wir es könnten, so würde sie doch niemand kaufen. Und da wir auch als Künstler immer zuerst Dandy wären und der Kunst nur zwecks Finanzierung der dandystischen Existenz frönten, hätte sich die Sache damit schon erledigt. Sollte es uns aber tatsächlich gelingen, unsere Werke nicht nur an den Galeristen, sondern auch an den Käufer zu bringen, dann wäre noch immer eine weitere Bedingung zu erfüllen, damit der Dandy sich guten Gewissens dem Künstlerberuf widmen kann: Zweitens nämlich muss – und dieses »muss« könnte gar nicht schärfer und imperativer gemeint sein – der Dandy als Künstler sich den Erwartungen, die die akademische oder journalistische Welt an einen Künstler seiner Generation stellt, ohne Wenn und Aber verweigern. Wo er diese »Installationen« oder ähnlichen Kitsch sehen will, greift er zu Leinwand und Ölfarbe; wo sie auf infantile *performances* oder dergleichen wartet, wartet er mit Marmor und Meißel auf. Kurz, da der Dandy immer zuerst Dandy und da der Dandy vor allem unzeitgemäß ist, ist der Dandy als Künstler notwendig ein unzeitgemäßer Künstler. Auch hier bedeutet »unzeitgemäß« alles andere als »epigonal«, alles andere als die artifizielle Nachschaffung vergangener Epochen: Gegenwart ist kaputte Geschichte, und wie seine ganze Existenz, so fußt auch seine Kunst auf dem Bemühen, aus den Bruchstücken der kaputten Geschichte ein in sich geschlossenes Ganzes zu wirken. Nicht im Sinne der Postmoderne, versteht sich, eher schon im Sinne des Magischen Realismus oder des Futurismus, aber das soll hier nicht weiter erörtert werden.

95

Sei auf keinen Fall ein Intellektueller!

Bliebe der Vollständigkeit halber zu erwähnen, dass wir selbstverständlich nicht daran glauben, Kunst habe das Potenzial, die Gesellschaft, das politische System oder auch nur die Welt zu verändern. Die Annahme, das Malen eines Bildes habe auch nur den Hauch einer Wirkung auf politische oder gesellschaftliche Entwicklungen, ist bizarr. Bizarr, aber nicht überraschend: Wir haben es hier mit der habituellen Selbstüberschätzung eines besonders unangenehmen Menschenschlags zu tun, der auch innerhalb der Künstlerschaft stark vertreten ist, nämlich der sogenannten Intellektuellen. Im gegenwärtigen Sprachgebrauch beschreibt der Begriff »Intellektueller« (gemeinhin ausgesprochen: Intellektüller) eine Person, in der sich eine ausgeprägt defizitäre Persönlichkeitsstruktur oft (wenn auch nicht immer) mit einer gewissen Cleverness und selektiven Belesenheit verbindet. Derartige Personen sind konstitutiv irrelevant, üblicherweise schlecht angezogen, und man übersieht sie selbst dann, wenn sie genau vor einem stehen. Um dies wettzumachen, perfektionieren sie die Vorspiegelung, dass sie irgendeine Bedeutung hätten. Von reinen Äußerlichkeiten wie Rollkragenpullovern und der sprichwörtlichen Intellektuellenfresse abgesehen, erfolgt diese Relevanzsimulation über Betätigungsfelder, in denen völlige Bedeutungs- und Geistlosigkeit nicht weiter auffallen: etwa in der Welt der Literatur oder Philosophie oder eben Kunst. Da – um beim Beispiel zu bleiben – intellektuelle Künstler natürlich über keinerlei Talent verfügen und ihre künstlerischen Hervorbringungen deshalb bestenfalls medioker sind, schreiben sie diesen eine außerkünstlerische Wirksamkeit im weltverbessernden Sinne zu. Und weil Weltverbesserung immer konveniert und der Mangel an künstlerischer Qualität damit in den Hintergrund tritt, erfährt der Intellektuelle in derartigen Situationen zum ersten Mal in seinem Leben das Glück, dass etwas, was er tut, nicht als unmaßgeblich angesehen wird – fälschlicherweise, versteht sich, aber immerhin. So viel zu dem, was uns auf unserer Suche nach Einkommensquellen nicht unterlaufen darf.

96

Sei Wissenschaftler!

Dies wäre eine ausgezeichnete Wahl, und es ist ja kein Zufall, dass manche Universitäten eng mit der dandystischen Tradition verwoben sind, sich mitunter noch immer mit tendenziell dandystischen Personen schmücken – wir sind oben darauf eingegangen. Die wissenschaftliche Profession kommt uns sogar in mehr als einer Hinsicht entgegen.

Wissenschaft ist schon insofern eine feine Sache, als die einsame Tätigkeit des Gelehrten – der, nächtens im Schein einer kleinen Tischlampe zwischen hohen Bücherregalen über seine Papiere gebeugt, Antworten auf Fragen sucht, die niemand stellt – Sinnfülle und Zweckfreiheit delikat in sich verschmilzt und damit dem Geist unserer Zeit aufs Herrlichste zuwiderläuft. Es ist ja schon eigenartig, dass im vermeintlich wissenschaftlichen Zeitalter der wahre Wissenschaftler so aus der Zeit gefallen erscheint; *der* Wissenschaftler, mit anderen Worten, der Wissenschaft um der Wissenschaft willen betreibt, nicht zum Zweck der wirtschaftlichen Verwertung. Und was kann es für uns Schöneres geben, als in unseren stillen Stunden, wenn der Schlachtenlärm verklungen ist und der Kampf ruht, den obskursten Malern des Frühbarock, einem zu Recht vergessenen spätrömischen Dichter oder den absurderen Details früher geistlicher Musik unsere Aufmerksamkeit zu schenken. Das tun wir ja ohnehin; und wenn man uns dafür bezahlt, umso besser.

Wissenschaft als Gelderwerb käme uns aber zumal deshalb entgegen, als sie uns, wenn wir es richtig anstellen, mehr Zeit für anderes, Wichtigeres lässt als so gut wie jede andere Profession. Grundsätzlich gilt, dass die Wochenarbeitszeit eines Professors schlimmstenfalls zwölf Stunden beträgt und während der großzügig ausgelegten Semesterferien auf null sinkt. Sofern man sich mit der wissenschaftlichen Materie nicht ohnedies und aus eigenem Antrieb befasst, gibt es keinen Grund, es nicht bei jenem Pflichtpensum sein Bewenden haben zu lassen. Warum päpstlicher sein als der Papst.

Mit welchen Wissensgebieten wir uns als Wissenschaftler befassen, ist grundsätzlich beliebig, da die Wissenschaft für uns über die allgemeine Affinität hinaus vor allem Gelderwerb ist und deshalb mit unserer eigentlichen Aufgabe als Dandy zunächst nichts zu tun hat. Präferenzen gibt es natürlich des ungeachtet. Die Geisteswissenschaften liegen uns am nächsten – Kunst, Literatur, natürlich Geschichte, Philosophie, durchaus auch Anthropologie und dergleichen; das Recht, besonders insofern es Staatsphilosophie ist; vielleicht noch die Naturwissenschaften, wenn wir uns ihrer im traditionellen Sinne der Naturphilosophie annehmen. Darüber hinaus haben wir für die Naturwissenschaften wenig übrig, ist doch der derzeitige Zustand des Westens – die allgemeine Weichheit und Bequemlichkeit, die aus hohen Lebensstandards, geheizten Wohnungen und Schuhen mit Kunststoffsohlen herrührt – nicht zuletzt ihnen geschuldet.

Und die angewandte Ökonomie, die Betriebswirtschaftslehre? Man sollte annehmen, dieses Fach läge uns eher fern: Immerhin führt es uns ins geistige Zentrum sozialistisch-kapitalistischen Handelns, und damit wollen wir eigentlich ja nichts zu tun haben. Es sei denn, wir könnten die Dinge in unserem Sinne wenden. Wäre es denn nicht vielleicht möglich, eine anarchodandystische Schule der Betriebswirtschaft zu etablieren? Eine Schule der Unternehmensführung, die weder auf etwas so Vulgäres wie Profit noch auf etwas so Kitschiges wie soziale Gerechtigkeit zielt; die vielmehr Geschichtlichkeit und den ästhetizistischen Imperativ zum Ausgangspunkt und Endzweck hat, die das Wirtschaftssystem und die Unternehmen zu Bollwerken aristokratischen Denkens und Handelns umgestaltet und sie dem Einfluss der Heutigen entreißt. So gesehen, könnte es ausgerechnet die Betriebswirtschaftslehre sein, eine uns scheinbar fremde akademische Disziplin, die uns im Sinne unseres langfristigen Auftrags am nächsten liegt.

97

Sei revolutionärer Politiker!

Ob ein Dandy Politiker sein darf? Hierzu haben wir uns bereits ausführlich geäußert (Sekt. 15: »Sei Rebell!«). Es handelt sich allerdings um ein schwieriges Thema: In der viktorianischen Epoche konnte ein Dandy wie Disraeli zum britischen Premierminister avancieren, indem er Bücher schrieb, in den Londoner Clubs und Salons verkehrte und ansonsten die Aristokratie und die Arbeiterklasse gegen das kapitalistisch gestimmte Bürgertum seiner Zeit zu vereinen suchte. Nach dem Ersten Weltkrieg konnte ein Dandy wie D'Annunzio den Freistaat Fiume errichten, indem er mit einigen Freischärlern einmarschierte und den ästhetizistischen Anarchodandysmus – samt Sängern, Tänzern und täglichen Dichterlesungen der Exekutive – zum politischen System erhob.

Und heute? Kneipenabende im Kreisverband, Bierfässer anstechen auf dem Volksfest, Parteitage in Konferenzzentren der Siebzigerjahre, Fraternisieren mit nachlässig gekleideten Karrieristen im Parlament: eine höchst unerquickliche Aussicht, ein Unding im Grunde. Nicht dass die wahre Poesie des politischen Kampfes ganz und gar eine Sache der Vergangenheit wäre: Kaum jemand ist ja kulturell der Hochphase des Dandysmus, dem neunzehnten und frühen zwanzigsten Jahrhundert, so nahe wie etwa die Parteien des marxistisch-leninistischen Spektrums, die Spartakisten oder gar die Trotzkisten. Malerisch und antibourgeois sind diese Parteien zudem, sodass es scheinen könnte, hier läge ein Kern echter dandystischer Politik. Auf der anderen Seite ist bei alldem schon sehr viel Nostalgie im Spiel: Wer in politischer Absicht Gorki zitiert, kann auch gleich einen Gehrock tragen, und der prinzipielle Unterschied zwischen Bucharin und einem Vatermörderkragen bleibt uns verborgen. Also wieder nichts.

Streng genommen, käme für uns wohl nur die Gründung einer eigenen politischen Formation infrage, vielleicht gemeinsam mit einigen gut angezogenen *confrères*, deren Programm den Sturz der Vulgarität und die Errichtung eines nobleren, ästhetisch ansprechenderen und insgesamt erfreulicher anzusehenden Landes zum Ziel hat. Und wenn uns die Regierungsverantwortung angetragen wird, dann nicht, weil wir durch Wahlkämpfe, Plakate, Podiumsdiskussionen und dergleichen darum gebeten haben, sondern allein dank der Überzeugungskraft unserer konsequent durchgeführten dandystischen Existenz. Dann werden die Verhältnisse umgekrempelt, wird das Unterste zuoberst gekehrt und kein Stein auf dem anderen gelassen. Dann werden Monopolkapitalismus und soziale Gerechtigkeit liebevoll dekonstruiert, werden klassische Schönheit und Würde, Haltung und Bildung zum politisch herrschenden Prinzip erhoben. Der Bundeskanzler erschiene zur Vereidigung in dem gut geschnittenen Morgenanzug, in dem schon sein Urgroßonkel 1932 in Cannes die Blicke einer wissenden Damenwelt auf sich gezogen hatte. Der Außenminister trüge auf Reisen in die heißeren Länder des globalen Südens Leinenanzug und Tropenhelm von Brendler in Hamburg und lüde Staatsgäste auf sein Schloss in der Uckermark ein. Der Verteidigungsminister wäre nie anders als im hochgeknöpften Steireranzug mit breiten Biesen am Hosenbein anzutreffen; und der Minister für Arbeit und Soziales erschiene auf den meisten Fotos in einem Frack aus den Vierzigerjahren und mit einem Sektglas in der Hand. Dann werden das Bundeskanzleramt an Kaufland und das Lüders-Haus an Novotel vermietet, während zeitgemäßes Regierungshandeln in einigen ausgesuchten Cocktailbars stattfindet.

Ist dieses Idealbild einer von Verantwortungsbewusstsein, hohem Ernst und transzendentalem Stilempfinden geprägten politischen Zukunft realistisch? Wir wissen es nicht, lassen uns unseren Idealismus aber nicht nehmen.

98

Vermeide Schmuggel, Zuhälterei und Betrug!

An dieser Stelle ist es geboten, eine Warnung an diejenigen unserer Leser einzuschieben, denen das Klischee vom faszinierendbösartigen Dandy-Kriminellen im Kopf herumspukt – sei es Professor Moriarty, Ernst Stavro Blofeld oder Hannibal Lecter – und die einen Drang verspüren, dieser Chronik ein weiteres Kapitel hinzuzufügen. Im Folgenden wollen wir nun auf drei notorische Berufe eingehen, die sich dem Dandy auf den ersten Blick vielleicht empfehlen könnten, aber nach unseren Maßstäben nicht wirklich empfehlenswert sind.

SCHMUGGEL dürfte vor allem den stilleren, eher in sich gekehrten Menschen zusagen, auch dem Familienvater oder dem Gelehrten.

Schmuggler sollten unauffällig sein, sich bedeckt halten und die Öffentlichkeit meiden. Schon deshalb ist der Beruf des Schmugglers, obwohl einträglich, für den Dandy nicht wirklich geeignet: Wessen Aufgabe es ist, sein Dasein in einen Stoff umzuwandeln, der im Kontakt mit der Öffentlichkeit – und nur so – eine panzerbrechende Sprengwirkung entfaltet, der kann unmöglich die Zurückhaltung üben, derer ein gewissenhafter Schmuggler sich befleißigen muss.

Nun könnte man zwar argumentieren, dass, sofern einem die Zurückhaltung nicht liegt, die Profession des ZUHÄLTERS sich empföhle; und dagegen ließe sich auch gar nichts einwenden, wenn es einem nur um einen gewissen Grad an Extravaganz ginge. Es ist allerdings nicht zu leugnen, dass die besondere Art von Extravaganz, wie sie der Zuhälterei zumindest im volkstümlichen Verständnis eignet (und dabei beziehen wir uns nicht nur, aber eben auch, auf ein gewisses Übermaß an Tätowierungen, Herrenschmuck und dergleichen) dem Bild des Dandys nicht in vollem Umfange gerecht wird. Das hat sicherlich auch etwas damit zu tun, dass die Prostitution als solche heutzutage nicht mehr den pittoresken Anblick bietet, den wir etwa von Schiele, Toulouse-Lautrec oder auch Baudelaire kennen. Ihre Romantik ist dahin, und mit ihr die stets etwas schillernde, dabei aber durchaus nicht unliebenswürdige Figur des charmanten und gebildeten Zuhälters.

BETRÜGER schließlich kann jeder sein, und die meisten sind es auch. Betrug ist die vollendet mediokre Form der Kriminalität, ihre duckmäuserische, kleingeistige und philiströse Variante. Jedem sein kleines Maß an Kriminalität, egalisiert und parzelliert – das umschreibt den Tatbestand des Betrugs. Sollte sich der Dandy wirklich mit so etwas abgeben? Doch wohl nicht!

Allgemein halten wir als Warnung fest: Das Problem mit einer kriminellen Karriere ist, dass die Wirklichkeit des Verbrechens dem romantischen Bild meist nicht standhält und dass die meisten Verbrechen zudem verboten sind.

KAPITEL 7

Vergnügungen

99

Vergnüge dich ernsthaft!

Daraus, dass der Dandy einem *Gelderwerb* nachgeht, der sich nicht direkt aus seiner revolutionären Pflicht ergibt, mag mancher den Schluss ziehen, er dürfe bisweilen auch einem *Vergnügen* nachgehen, das der Rebellion nicht unmittelbar zugutekommt. – Gewiss, das dürfte er, nichtsdestoweniger ergibt dieser Schluss keinerlei Sinn: Wenn die Waffe des Dandys seine Existenz ist, dann deshalb, weil seine Existenz gelebte Rebellion darstellt. Weil aber Existenz unteilbar ist, wird nicht nur die eigentliche und planmäßige Rebellion, sondern schlechthin alles, was er unternimmt, aus dieser Quelle gespeist: Was immer er auch tut, ist – sofern nicht, wie etwa der Gelderwerb, durch äußere Zwänge bedingt und bedrängt – Rebellion. Und weil alles, was der Dandy aus sich heraus unternimmt, wesenhaft revolutionär ist, gilt dasselbe auch für das Vergnügen. Die Unterscheidung zwischen Pflicht und Vergnügen des Dandys ist also streng genommen gegenstandslos.

Wenn wir in diesem Kapitel dennoch von Vergnügungen sprechen, dann um unreflektierten kleinbürgerlichen Annahmen wie der des Gegensatzes von »Arbeit« und »Freizeit« entgegenzukommen. Am Schluss des Kapitels sollte deutlich geworden sein, dass solche Annahmen – soweit es den Personenkreis betrifft, an den sich dieses Buch richtet – falsch sind. Unsereiner unterscheidet nicht zwischen »Arbeit« und »Freizeit«, sondern zwischen Rebellion und Arbeit. Wir arbeiten, um die Rebellion zu finanzieren, und wenn wir nicht arbeiten, rebellieren wir (warum sollten wir sonst arbeiten?!). Dabei ist nicht alle Rebellion Vergnügen; sehr wohl aber ist jedes Vergnügen Rebellion. Im Folgenden befassen wir uns mit besonders vergnüglichen Formen der Rebellion.

100

Jage!

Die Jagd sei dem Leser in gleich dreifacher Hinsicht ans Herz gelegt. Zum einen handelt es sich um eine der wohl genussvollsten Tätigkeiten schlechthin: Auf die anthropologischen Hintergründe dieser Tatsache wollen wir hier nicht eingehen, allenfalls erwähnen, dass kaum eine andere Vergnügung so tief in der menschlichen und männlichen Geschichte verankert ist wie die Jagd, die deshalb besonders dem historisch denkenden Mann naheliegt: In der Jagd steigen wir hinab durch die Jahrtausende und bis zum Ursprung, zu den Quellen des Männlichen und Herrenhaften. Aber dies sei einmal dahingestellt. Es genügt ja schon, dass die Jagd es uns ermöglicht, an einem eisigen Wintertag von unserem Ansitz aus den Aufgang der Sonne zu beobachten; über das Moor zu wandern, um Rebhühner aufzuscheuchen; oder mit unserem Rappen über die Hecke zu setzen, um den Fuchs aus seinem Versteck zu treiben. Darüber hinaus erlaubt uns die Jagd nicht nur den Umgang mit Waffen, sondern auch deren Gebrauch. In einem unkriegerischen Zeitalter umschreibt die Jagd den letzten verbliebenen Raum, in dem dieser ur-männlichen, ur-aristokratischen Daseinsform gefrönt werden kann. Ein Mann ohne Waffe – und sei es nur der Paradedegen über dem Kamin – ist kein Mann. Der Dandy ist nur als Mann denkbar.

Dies leitet über zu einem weiteren Argument zugunsten der Jagd: Aus exakt denselben Gründen, weshalb wir die Jagd als so vergnüglich empfinden, zieht sie das Missfallen unserer Zeitgenossen auf sich. Gerade weil die Jagd männlich und aristokratisch daherkommt, gerade weil sie den Gebrauch von Waffen und vergossenes Blut voraussetzt, gerade weil die Jagd tief in der Geschichte verankert und voller Traditionen ist, gerade weil dem Jäger etwas Anarchisches eignet – gerade deswegen sind Jagd und Jäger den

Heutigen zutiefst unheimlich. Die Heutigen in ihrer Wohnküchenschlaffheit und ihrer Angst vor dem Schmerz mögen kein Blut sehen und weichen mit einem spitzen Schrei aus dem indigniert gerundeten Mündchen zurück, wenn es ein wenig gewaltsam wird. Mit anderen Worten: Die Jagd verkörpert alles, was der Gegner verabscheut, und bietet deshalb die denkbar besten Voraussetzungen für eine revolutionäre Ausgestaltung unseres Daseins. Der Jagd zu frönen ist für sich genommen schon Rebellion, und dies gilt noch viel mehr, wenn man sein Jägertum (etwa mithilfe eines schneidigen Lodenanzuges) im städtischen Kernland des Gegners mit provokanter Offenheit zur Schau stellt. – Ganz im Sinne unserer Prämisse, dass die Unterscheidung zwischen Pflichterfüllung und Vergnügen für den Dandy keinen Sinn ergibt, stellt sich somit eine seiner genussvollsten Beschäftigungen zugleich als eines der wirksamsten Mittel der dandystischen Rebellion heraus.

101

Play the game of love with arrogance and pride!

Dass wir uns die Genüsse des Lebens nicht nur in Maßen zuführen, sollte aus den Kommentaren etwa zum Alkoholgenuss deutlich geworden sein. Allerdings sind die Genüsse für uns ebenso wenig ein reines Vergnügen, wie das Vergnügen für uns ein reines Vergnügen ist. Fast jeder Genuss, fast jedes Vergnügen nimmt, sofern es uns betrifft, einen revolutionären Zug an; und da sich die Rebellion nicht aus Maßhalten und Kompromissen speist, sondern aus Über-die-Stränge-Schlagen und Unbedingtheit, trinken und rauchen wir *con fuoco*. Orientierte sich unser spezielles Verhältnis zum Eros, um den es in dieser Sektion gehen soll, an unserem generellen Verhältnis zum Genuss, dann würden wir deshalb à la Don Giovanni leben: »Purché porti la gonnella, Voi sapete quel che fa«. Solange sie einen Rock trägt … Und das ist gar nicht so weit hergeholt, vertritt Don Giovanni doch auf seine Weise einen dandystischen Archetyp.

Ein wahrer Dandy – insbesondere im Sinne des einundzwanzigsten Jahrhunderts – ist Don Giovanni jedoch nicht. Den wahren Dandy macht ein weiteres Ingrediens aus, das dem Frauenhelden nicht beigegeben ist: Disziplin, Haltung, Distanz. Man mag einwenden, dass auch – beispielsweise – der Alkoholgenuss diesen Tugenden abträglich sei, und das trifft sicherlich auf viele Menschen zu, nicht jedoch auf uns. Haltung liegt vor, wenn man eine Flasche Wodka verzehrt und trotzdem noch fehlerfrei Dante zitieren, eine Bach-Fuge spielen und ein Duell auf Säbel gewinnen kann. Genau das umschreibt den Dandy. Wenn uns jedoch der Genuss einer Sache um Disziplin, Haltung und Distanz bringt, wenn es uns also daran hindert, zu zitieren, zu musizieren und sachgerecht den Säbel zu schwingen, dann läuft dieser Genuss dem dandystischen Imperativ zuwider. In ebendieser Situation befindet sich der Frauenheld, der große Verführer: Denn anders als der Trunk beansprucht der Eros den Mann zur Gänze. Derweil dem Rausch mit hinreichend Disziplin und Willenskraft beizukommen ist, verliert man sich im Beischlaf restlos, wird eins mit dem Akt. Gerät dieses Sichverlieren zur Angewohntheit, gar zum hauptsächlichen Lebensinhalt, so kann von Haltung keine Rede mehr sein: Das Dasein wird horizontal.

Folgt daraus, dass wir uns allen Genüssen ausführlich widmen dürfen – ja, sogar müssen, da das Genießen in dieser Form revolutionär ist –, der Liebe allerdings nur in Maßen? Im Grundsatz ja, entspönne sich daraus nicht ein weiterer Konflikt: Der Dandy ist immer auch das, was man in der Vergangenheit einen Kavalier genannt hat. Warum ist er das? Die Frage muss erlaubt sein, denn grundsätzlich gibt es keine Notwendigkeit, weshalb er Kavalier sein sollte. Ganz sicher ist er kein sogenannter Herr alter Schule. Herren alter Schule, die diese Bezeichnung verdienen, sind heutzutage in ihren Neunzigern und deshalb leider nicht von Belang. Wenn von jemand Jüngerem behauptet wird, er sei ein Herr alter Schule, dann ist der so Bezeichnete zumeist ein Nostalgiker, der Handküsse verteilt und Türen aufhält, weil er damit so trefflich altmodisch daherkommt. Dass wir den Nostalgiker mit seiner guten alten Zeit nicht ernst nehmen können, sollte jedoch mittlerweile klar geworden sein. Wenn wir Kavalier sind, dann vielmehr deshalb, weil wir damit unangenehm auffallen. Das ist leicht erklärt: Der Typus des Kavaliers setzt ein Verhältnis der Geschlechter voraus, wie es etwa im neunzehnten Jahrhundert bestanden hat. Frauen sind Frauen, Männer sind Männer, und mehr ist dazu im Grunde kaum zu sagen. Die einen denken und handeln weiblich, die anderen männlich; ihre Lebensentwürfe könnten unterschiedlicher nicht sein, ergänzen sich jedoch. Alles dies schwingt im Begriff des Kavaliers mit, in dem das Zeitalter der *castrati* deshalb eine Provokation erblickt. Der *castrato,* dem die eigene Männlichkeit keine Feststellung, sondern ein Ärgernis bedeutet, kann dieses Problem ja nur dadurch lösen, dass er das Männliche schlechthin infrage stellt. Wo demgegenüber die Polarität des Männlichen und Weiblichen in einem Begriff wie dem des Kavaliers und allem, was damit einhergeht, fraglos vorausgesetzt wird, da fühlt der *castrato* sich ungeliebt und zurückgestoßen. Genau dies ist es, was wir wollen, und hier liegt die Antwort auf die Frage, weshalb wir Kavalier sind.

Der Dandy ist also Kavalier. Was das nach sich zieht, kann als bekannt vorausgesetzt werden und bedarf deshalb keiner weiteren Ausführung. Tatsächlich geht es uns um etwas Bestimmtes: die Pflicht des Kavaliers, einer Frau jede Bitte zu gewähren, und zwar so, als sei die Bitte recht eigentlich die seine. Wenn sie ihn in einer kalten Nacht um seinen Mantel bittet, so lässt er keinen Zweifel daran, dass er von Anfang an keinen größeren Wunsch hegte, als ihr den Mantel umlegen zu dürfen (sofern – was freilich viel wahrscheinlicher ist, er ihr den Mantel nicht bereits umgelegt hat). Bittet sie ihn darum, jenen schlecht angezogenen Verehrer, der ihr das Leben vergällt, im ritterlichen Duell aus der Welt zu schaffen, so wird er erwidern, ebendies habe er nur deshalb noch nicht getan, weil er sich ihrer Zustimmung nicht sicher gewesen sei. Und so weiter. Im gegebenen Zusammenhang resultiert das Problem des Dandys daraus, dass sich praktisch jede Frau, die ihm über den Weg läuft, eine Affäre mit ihm wünscht. Das ist auch keine Überraschung, sondern vielmehr selbstverständlich: Entgegen allen Bekundungen des Gegenteils haben Frauen für *castrati* sehr wenig übrig. Ihre Präferenz gilt ganz zweifelsfrei dem Mann, insofern er Herr ist. Herren gibt es unter unseren Zeitgenossen freilich nur in verhältnismäßig geringer Zahl. Wenn deshalb unter all den *castrati* ein Herr auf den Plan tritt, so findet er die Blicke der Frauen sogleich auf sich gerichtet. Kommt er mit einer Frau ins Gespräch, so dauert es nicht lange, bis ihr Wunsch, eine körperliche Beziehung mit ihm einzugehen, auf die eine oder andere Weise manifest wird. Dies präsentiert ihn mit einem Dilemma: Einerseits verlangt das Ethos des Kavaliers von ihm, einer Frau jede Bitte in Demut und Ergebenheit zu erfüllen. Gäbe er dem stets nach, dann hätte er andererseits kaum noch einen freien Moment und könnte seiner eigentlichen – revolutionären – Aufgabe, die ihm Haltung und Disziplin abverlangt, nicht mehr gerecht werden. Dieses Dilemma, dem der Dandy häufig, ja vermutlich tagtäglich ausgesetzt sein wird, ist allenfalls durch Sublimierung aufzulösen: jene bewährte Simulation eines romantisch vergeistigten Eros, mittels derer man Zeit spart und zugleich allen Ansprüchen gerecht wird.

102

Lies!

Keine andere Beschäftigung vereinigt Pflicht und Genuss derart harmonisch in sich wie die Lektüre. Wir wollen hier nicht in den üblichen bildungsbürgerlichen Lobpreis des Buches einstimmen, obwohl wir ihm im Grundsatz beipflichten. Tatsächlich verhält es sich aber so, dass die innere Form, die uns ausmacht und ohne die jegliche äußere Form nur Staffage wäre, wesentlich durch Lektüre gestaltet wird. Freilich kommen auch andere Dinge ins Spiel: Musik, bildende Kunst, vor allem auch Architektur – sie alle wirken an der Gestaltung unserer inneren Form mit. Aber keines von ihnen vermöchte unseren Wesenskern wahrhaftig zu affizieren, wäre da nicht die Lektüre, die uns allererst empfänglich dafür gemacht hätte. Kaum der Erwähnung wert, dass die dandystische Rebellion selbst der Lektüre entsprießt: Der Blick für das Geschichtliche, die Geschichte und deren Zerfall ebenso wie die Verachtung des Geschichtslosen; die Kenntnis des Gegners, seiner Listen und seiner Schwächen; schließlich alles, was den revolutionären Typus gebiert und Haltung, Form und Welt des Dandys ausmacht – woher sollte man es nehmen, wenn nicht von, sagen wir, Balzac, Dostojewski, Waugh, Naipaul und Jünger? Übrigens beziehen wir uns auf diese und ihresgleichen, wenn wir vom »Buch« sprechen. Unterhaltungsliteratur und Ähnliches existiert für uns nicht.

In der Zeit der kaputten Geschichte, in der Welt der zerbrochenen Formen und gestotterten Wörter, bildet das Buch die präziseste Orientierung. Nicht, weil es uns aus der kaputten Geschichte hinauszuführen vermöchte: Eskapismus ist ebenso schädlich wie Nostalgie – beides errichtet nutzlose Scheinwelten und widerspricht unserer Aufgabe, der Unansehnlichkeit und Vulgarität des Jetzt zu trotzen. Nein, das Buch bietet uns vielmehr insofern Orientierung, als es dieses Jetzt, seine historischen Grundlagen, seine Metaphysik und geistige Verfasstheit viviseziert und uns somit das Gelände erschließt, auf dem der Kampf ausgefochten wird. Diese Kenntnisse sind reine Macht – wir lernen uns selbst ebenso kennen wie den Gegner, spielen mögliche Partien im Geiste durch und erfassen dabei, welchen Gesetzen das Spiel in Wahrheit gehorcht.

Auch deshalb bildet die Bibliothek das Zentrum unserer Behausung: Hier liegt ein Geheimnis unserer Übermacht über die Hierarchien. Ray Bradburys *Fahrenheit 451* ist ja alles andere als unrealistisch oder unlogisch. Auch die schiere Schönheit einer Bibliothek – jeder Bibliothek, die diesen Namen verdient – hängt damit zusammen: Das ist der Raum, in dem der Sieg des Hohen über die Vulgarität geistig errungen und praktisch vorbereitet wird. Eine echte Rebellion ist nur von der Bibliothek her zu denken.

Es folgen nun einige Anmerkungen zu wichtigen Namen, die wir in der vorhergehenden Sektion genannt haben: Balzac, Dostojewski, Waugh und Jünger. Nicht, dass es bei diesen vier Autoren sein Bewenden hätte! Selbstverständlich lesen wir etwa Huysmans, Barbey d'Aurevilly, Baudelaire, Hofmannsthal, Benn und allzu viele weitere einschlägige Autoren, als dass wir sie alle nennen könnten; sowie noch viel mehr nicht-einschlägige, die aber nicht minder wichtig für die Herausbildung einer guten inneren Form sind. Deshalb gestatten wir uns, einige weitere Lektüreempfehlungen im Anhang zu erteilen.

103

Lies Balzac!

Honoré de Balzac ist für uns gleich zwiefach bedeutsam: Mit der Romanfigur Henri de Marsay hat er ein treffendes Porträt des Dandys seiner Zeit, also des früheren neunzehnten Jahrhunderts, gezeichnet, das in mancherlei Hinsicht vorbildhaft ist. Andere Figuren in Balzacs Werk erreichen nicht die Perfektion de Marsays, repräsentieren jedoch Aspekte der damaligen dandystischen Tradition, die man kennen sollte. Die Romane *Verlorene Illusionen* sowie *Glanz und Elend der Kurtisanen* sind hier von besonderem Interesse. Vermutlich noch bedeutsamer sind jedoch Balzacs Schilderungen gesellschaftlicher Entwicklungen in einer Epoche, in der das liberale Besitzbürgertum seine während der Revolution erlangte Herrschaft festigte und die aristokratischen Übrigbleibsel des *Ancien Régime* durch Tücke und Effizienz wesentlich gründlicher zu beseitigen verstand als die vorherige Generation mittels der Guillotine. Die Charaktere, Persönlichkeitsmuster, Strategien und Kniffe des frühbourgeoisen Menschenschlags und vor allem dessen intrinsische Bösartigkeit bildet Balzac wie kein Zweiter ab. Nicht nur erfahren wir allerhand über die innere und äußere Entstehungsgeschichte unserer Zeitgenossen, ihres Denkens und Handelns, sondern wir lernen auch vieles über sie selbst.

104

Lies Dostojewski!

Dostojewski setzt sich weniger mit gesellschaftlichen Entwicklungen und den darin auftretenden Typen auseinander, obwohl beides eine Rolle in seinen Werken spielt. Vor allem beschreibt er jedoch das Umsichgreifen des Nihilismus. Hat der Nihilismus sich in unserer eigenen Zeit als durchgängiges Prinzip der individuellen und gesellschaftlichen Existenz in die Normalität eingeflochten und ist darin praktisch unsichtbar geworden, so stellte er Mitte des neunzehnten Jahrhunderts etwas durchaus Neu- und Fremdartiges dar, dessen Bedrohungspotenzial für den Einzelnen wie für Staat und Gesellschaft Dostojewski sehr deutlich erkannte und schilderte. Vor allem in seinem atemberaubenden Meisterwerk *Die Dämonen* wird die Zerstörungskraft des Nihilismus in konzentrierter Form abgebildet – unter anderem auch in Bezug auf eine dandyähnliche Figur, Nikolai Stawrogin, dem es jedoch letzten Endes nicht gelingt, den Nihilismus gegen den Nihilismus zu wenden. Der Nihilismus manifestiert sich in einem Anarchistenzirkel um Pjotr Stepanowitsch Werchowenskij, der zahlreiche Züge unserer Zeitgenossen in zugespitzter Form vorwegnimmt. Gerade weil der Nihilismus und dessen Ausprägungen in *Die Dämonen* und anderen Werken

Dostojewskis in ihren frühen, nackten, isolierten Formen gezeigt werden, haben diese Werke einen kaum zu überschätzenden pädagogischen Wert für uns: Der Feind tritt uns darin in seiner Urgestalt entgegen.

105

Lies Waugh!

Kaum etwas könnte weiter von Dostojewski entfernt liegen als Evelyn Waugh – und doch sprechen beide im Grunde von derselben Sache. Während Dostojewski die seelischen Verheerungen des Nihilismus nachzeichnet, spürt Waugh eher dessen gesellschaftlichen Folgen nach – hierin Balzac ähnlich, wenn auch in einem völlig anderen historischen Zusammenhang – und antizipiert exakt den fellachenhaften Menschentypus. Wir beziehen uns vor allem auf seine späteren Schriften wie *Scott King's Modern Europe* oder *Love Among the Ruins*, aber in Teilen auch seine Kriegstrilogie *Sword of Honour*. Was *Brideshead Revisited*, sein wohl bekanntestes Werk, betrifft, so schließen wir uns Waughs eigener kritischer Meinung an, lesen es gleichwohl mit großem Vergnügen. Die früheren Schriften sind unterhaltsam, helfen uns aber nicht weiter – wenn wir sie lesen, dann weil Waugh in seinen jungen Jahren eine Reputation als Dandy genoss, was aber nichts heißen muss. Bliebe zu erwähnen, dass auch Evelyn Waughs Sohn Auberon viel Lesenswertes hervorgebracht hat.

106

Lies Jünger!

Schließlich Ernst Jünger: Dessen früheste Schriften, die sich mit dem Ersten Weltkrieg befassen, vernachlässigen wir in unserem Zusammenhang. Aber *Das abenteuerliche Herz* – das ist dandystisches Denken und Sprechen in seiner reinsten Form: eine teleskopische Distanz zum Gegenstand der Betrachtung, eine arktisch-kalte und zugleich literarisch durchformte Sprache, ein Blick auf eine nihilistische Welt, die sich dem Absurden zuneigt. Dandystische Pflichtlektüre ist auch Jüngers Großessay *Der Arbeiter – Herrschaft und Gestalt*, in dem der Versuch unternommen wird, den Nihilismus im größtmöglichen Stil gegen sich selbst zu wenden. Dann der *Waldgang* – hier mag modernes dandystisches Denken und Handeln in aller Ernsthaftigkeit ansetzen: Wie kann im besetzten, vom Gegner kontrollierten Territorium Widerstand geleistet werden, ohne dass man sich selbst dabei zum Opfer bringt? Wie also kann aus einem Untergrund heraus die Macht der Verhältnisse erschüttert werden?

Von politischem Aktivismus oder dergleichen ist nicht die Rede. Vielmehr geht es um die Rebellion im Geheimen. Alles dies ist von grundsätzlichem Interesse für uns, wenn auch unsere Situation nicht dieselbe ist und unsere Taktik sogar auf größtmögliche Öffentlichkeit zielt. Dennoch gibt es umfängliche Überschneidungen: Zwar erscheint der Dandy in aller Öffentlichkeit, aber weil sein Widerstand sich auf Dinge wie einen Lodenanzug im Regierungsviertel stützt, ist er für die Machthaber ebenso wenig fassbar wie der geheim operierende Partisan. Wer in Berlin-Friedrichshain einen militärisch inspirierten Mantel aus der Zwischenkriegszeit trägt, transportiert das Niemandsland in die Komfortzone des Gegners, bleibt aber letztlich nur ein Mann mit Mantel, und dagegen gibt es keine Handhabe. Und wenn es sich bei unseren Rückzugsorten auch in Wahrheit um Räume handelt, von denen Gefahr ausgeht, dann sind es doch zugleich ganz gewöhnliche Häuser oder Apartments. Kurz, unser Waldgang ist ein anderer, folgt aber demselben Prinzip.

Erwähnen möchten wir noch den Roman *Eumeswil*, denn auch in diesem werden Grundregeln einer dandystischen Existenz niedergelegt. Möglicherweise spiegelt *Eumeswil* unsere Situation sogar noch präziser wider als *Der Waldgang*: Der Ausgangspunkt ist die finale Phase der kaputten Geschichte, kurz vor deren Umschlag in etwas grundlegend anderes. Es herrscht eine Art gütige Tyrannei: Alles ist erlaubt, weil nichts mehr gilt. Der Dandy hätte hier, wo nicht einmal der verlorene Posten mehr Sinn ergibt, keine Rolle mehr zu spielen. Gleichwohl zeichnet den Ich-Erzähler ein essenziell dandystisches Merkmal aus: Er ist der Anarch, der alles um sich herum aus einem völligen Unbeteiligtsein und einer vollendet objektiven Sicht heraus beobachtet, zugleich aber – anders als der Anarchist – nicht aktiv wird; aktiv zu werden lohnt sich nicht, denn das Dasein und die Welt sind nur noch als ästhetisches Phänomen gerechtfertigt. Wenn man so will, changiert der moderne Dandy zwischen diesen beiden Ideen – der des Anarchen und der des Waldgängers, also der des völlig unbeteiligten Beobachters und der des mittelbar aktiven Partisanen.

– Bei diesen Lektüreempehlungen belassen wir es erst einmal und verweisen ansonsten auf die Bibliografie im Anhang.

107

Züchte Rosen!

Das möchte man dem Dandy des einundzwanzigsten Jahrhunderts nun gar nicht zutrauen. Aber da er sich – wie wir gesehen haben – dazu herablässt, als Ökobauer Kartoffeln auszugraben, um seine Unabhängigkeit von den herrschenden Verhältnissen sicherzustellen, warum sollte er dann nicht zu seinem Vergnügen Rosenbüsche beschneiden? Aber darum geht es natürlich gar nicht. Die Arbeit im Garten liegt uns vielmehr philosophisch nahe: Das Werden aus unsichtbaren Gesetzen heraus, das anarchische Wuchern innerhalb eines rigide gesetzten Rahmens, der Schnitt der Gartenschere, wo ungesunde Triebe ins Kraut schießen – in all diesen Dingen versinnbildlichen der Garten, seine Pflege und das Amt des Gärtners die Theorie und Praxis des dandystischen Auftrags.

Dass uns der Garten ästhetisch behagt, hat auch etwas mit seiner Überzeitlichkeit zu tun: Obschon es Moden der Gartengestaltung gibt, fühlt man sich in einem gekonnt angelegten Garten der Gegenwart enthoben und in einen eigentümlichen Raum versetzt, in dem nicht nur die eigene Zeit, sondern Zeit überhaupt zurücktritt und somit das Kantische *a priori* der reinen Anschauungen teilweise seine Gültigkeit verliert. Das ist auch keine Überraschung, bedenkt man die enge Beziehung zwischen den Begriffen des Gartens und des Paradieses: Zunächst stand das Wort παράδεισος schlicht für einen von einer Mauer eingeschlossenen Garten. Die Erfahrung dieser Art Garten muss nun dergestalt gewesen sein, dass es den Autoren des Buches Genesis naheliegend erschien, das Urbild des vollkommenen Glücks und der zeitlosen Perfektion mit diesem Begriff – Paradies – zu belegen. Schon damals also – und daraus lässt sich ableiten: zu jeder Zeit – inspirierte der Garten die Erfahrung des Aus-der-Zeit-Tretens beziehungsweise des Eintritts in einen Raum, der einen vollkommenen Zustand zumindest erahnen lässt.

Alles das ist im gegebenen Zusammenhang natürlich unmaßgeblich, geleitet uns aber auf einen wichtigen Punkt hin: Die anarchodandystische Rebellion verfügt vor allem über negative Bezugspunkte: die Heutigen, ihre Ästhetik, ihre Herrschafts- und Wirtschaftssysteme, ihre Moral et cetera. Nur zu wissen, was man *nicht* will, reicht allerdings nicht hin. Ein vollwertiger revolutionärer Ansatz bedarf eines positiven Bildes, eines Zieles. Frühere revolutionäre Bewegungen richteten sich an Vorstellungen wie »Freiheit, Gleichheit, Brüderlichkeit« oder »Alle Macht den Sowjets« aus – aber mit derartig markigen Sprüchen macht man sich heutzutage nur noch lächerlich. Das liegt auch daran, dass im Zeitalter der kaputten Geschichte – in dem sich nicht nur die historisch gewachsenen Formen auflösen, sondern auch die Historie selbst – von einer besseren Zukunft oder dergleichen keine Rede sein kann. Überhaupt von Zukunft zu sprechen erscheint schon unpassend, wo doch allenfalls die Verstetigung einer abgeschlossenen Entwicklung infrage kommt. In einer solchen Lage verfällt man leicht in fatalistische Melancholie: Der Heroismus des verlorenen Postens ist ja schön und gut, aber wo gar kein Sinn mehr ist, da hat auch der letzte Mann sein Recht verloren. – Hier kommt der Garten ins Spiel: Der Garten führt uns vor, dass Gesetze herrschen, dass sinnvolle Entwicklungen sich vollziehen, dass es so etwas wie Zyklen gibt. Im Gegensatz zu geschichtsphilosophischen Theorien ist der Garten konkret: eine fassbare Vision eines Großen und Ganzen, in dem selbst die kaputte Geschichte noch Sinn ergibt und auf Weitergehendes deutet. Anstelle eines Zieles bliebe uns also das Bewusstsein, dass ein Ziel entgegen allem Anschein möglich wäre. Es ist der Garten, dem wir dieses Bewusstsein verdanken: Der japanische Mönch in seinem Steingarten mag eben ein Klischee sein, falsch liegt er dennoch nicht.

108

Kenne Musik!

Die Achtung des Dandys für Kultur, Geschichte und das historisch Gewachsene umfasst natürlich auch die Musik – dies in seinen Einzelheiten auszuführen, erübrigt sich deshalb. Daneben wollen wir auch nicht leugnen, dass die simple und unbeschwerte Unterhaltung, zu der Musik dienen kann, einer unserer bevorzugten Zeitvertreibe ist: Die Jagd, der Eros, die Literatur und der Garten – sie alle haben ihre vergnüglichen Seiten, erfüllen aber vor allen einen klar umrissenen Zweck in Hinblick auf unseren revolutionären Auftrag. Bis zu einem gewissen Grade gilt dies natürlich auch für den Musikgenuss – nicht aber für alle seine Varianten: Lehnen wir reine Unterhaltung auch ansonsten ab, so lassen wir uns doch von einigen Arten der Musik gerne unterhalten, ohne weitere Anforderungen daran zu stellen.

Kategorisieren wir also: Reine musikalische Unterhaltung, die unseren hohen Ansprüchen dennoch genügt, wäre etwa klassischer Jazz, vorzugsweise in Aufnahmen der Dreißiger- und Vierzigerjahre. Namen wie Jimmy Dorsey, Gene Krupa, Benny Goodman oder Duke Ellington fallen einem unwillkürlich ein. Überhaupt können wir eine gewisse Affinität zu Stil und Ästhetik der Zwischenkriegszeit nicht leugnen – im Zusammenhang mit Kleidungsfragen sind wir bereits darauf eingegangen. Ebenso wie der Kleidung jener Jahre, so eignet auch ihrer Musik jene subtil anarchische Mischung von Depression, Eleganz, Schäbigkeit, Fatalismus und Hedonismus: Ausdruck einer Zeit, die nicht wusste, was sie wollte, und ohne Hoffnung oder Hoffnungslosigkeit zwischen Wirtschafts- und politischen Krisen changierte. Obwohl so etwas wie ein distinkter Zeitstil noch existierte, entwickelte man Ahnungen von kaputter Geschichte und fasste sie in Bilder oder Disharmonien. Das gelang freilich nur gerade deswegen, weil es noch so etwas wie einen Stil gab, in dem Dinge sich darstellen ließen. Der Jazz der Zwischenkriegszeit kann als Beispiel hierfür herhalten. Obgleich die Form des Jazz der kaputten Geschichte vorausgeht, ist es diese, die im Jazz Darstellung findet. – Jetzt sind wir von der reinen Unterhaltung schon wieder auf Grundsätzliches gekommen, also lassen wir die reine Unterhaltung lieber gleich links liegen und wenden uns den ernsthafteren Varianten dandystischen Musikgeschmacks zu.

Richard Wagner steht am Anfang einer jeden Ausführung über dandystischen Musikgeschmack: Der Dandy – des einundzwanzigsten ebenso wie des zwanzigsten und neunzehnten Jahrhunderts – ist Wagnerianer mit Leib und Seele. Wenn er des Nachts am schweren eichenen Schreibtisch sitzt und seine Pfeife entzündet, dann erfüllt der Tristan-Akkord das dämmerige Zimmer und verklingt unter der hohen Decke mit dem staubigen Kronleuchter. Wenn er sonntagnachmittags im rissigen alten Lederfauteuil sitzt und zum wievielten Male auch immer seinen Nietzsche studiert, dann geschieht dies unter den Klängen des Feuerzaubers. Und so fort. Wagnersche Musik bildet den Glutstrom, der sich in die dandystische Seele ergießt, um uns die Kraft und Aggressivität zur Erfüllung unseres Auftrags zu verleihen: Sie ist der anarchische Urstoff der Revolution, der durch den Dandy unwiderstehlich auf die Welt der Heutigen trifft. Das ist ein wenig pathetisch formuliert, aber anders über Wagner zu sprechen wäre unpassend.

Um es trivialnietzscheanisch zu fassen: Wenn Wagner den dionysischen Pol der dandystischen Musikrezeption bildet, so ist J. S. Bach der apollinische Gegenpol. Für den Dandy ist Bach ebenso unverzichtbar wie Wagner, wenn er auch mit einem anderen Ausdruck zu ihm aufschaut. Bach bedeutet für uns Transzendenz und Struktur; die Wirkung seiner Musik auf uns ähnelt insofern der des Gartens: Überzeitlichkeit, Werden und die Erfahrung höherer Ordnung, die uns eine Idee von Ordnung überhaupt eingibt und dadurch die Formhaftigkeit des dandystischen Daseins immer aufs Neue bestätigt und bestärkt. Wo Wagner uns dekonstruieren hilft, entwirft Bach mit uns Architekturen, die zugleich neu und unermesslich alt sind.

Eine Neigung zur Musik der Romantik, etwa zu Schumanns Liedern, ist demgegenüber zwar verständlich, aber auch beunruhigend. Verständlich ist sie, weil alle Dandys der Geschichte in ihrem Innersten Romantiker sind und am Verlust der geschichtlichen und mythischen Substanz leiden. Diese geheime Sehnsucht nach dem Verlorenen findet ihren Widerhall in Schumanns Liedern, die ihnen deshalb an die Seele gehen. Wenn ihre Neigung zu dieser Musik zugleich beunruhigend ist, dann weil sie einen dazu verführt, sich im Schmerz um das Hingegangene zu verlieren. Schlimmer noch, man driftet in Fantasiewelten und vernachlässigt darüber die höchst konkreten und präzise gefassten Aufgaben, die in der realen Welt unserer harren. Die romantische Neigung ist eine Neigung zur träumerischen Passivität, die man in sich bekämpfen muss. Das soll nun kein Plädoyer gegen Schumanns exquisite Musik darstellen, wohl aber eine Mahnung, es damit nicht zu übertreiben.

Neben sehr alter Musik – Spätmittelalter und Frührenaissance – hat es uns die englische Schule um Vaughan Williams, Delius, Bax und so weiter ebenso angetan wie die sogenannten Impressionisten der französischen Schule und Puccinis Opern. Aber das versteht sich von selbst und sei hier nur der Vollständigkeit halber erwähnt.

109

Spiele Musik!

In diesem Zusammenhang sei noch die Empfehlung ausgesprochen, selbst die Beherrschung eines Musikinstrumentes anzustreben. Erstens bildet das Musizieren eine außerordentlich vergnügliche und zugleich hochkultivierte Beschäftigung, die es einem erlaubt, auf grundlegende Gesetzmäßigkeiten zuzugreifen, wie sie etwa in der pythagoräischen Mathematik Darstellung finden, und so in einer ursprünglich sinnvollen Weise schöpferisch zu werden. Zweitens ist die instrumentale Wiedergabe eines Stückes aus dem klassischen Repertoire vollendet unzeitgemäß: Wer auch nur ein Menuett aus dem Notenbüchlein für Anna Magdalena Bach auf dem Klavier, möglicherweise gar auf dem Cembalo spielt, unterlegt der Jetztzeit damit ein Stück achtzehntes Jahrhundert, wie es gegenwärtiger und lebendiger gar nicht sein könnte. Erklingt derlei – unvollkommen, amateurhaft – in unserem verfallenen vorpommerschen Herrenhaus mit seinem schäbigen Interieur, so schießen damit die losen Enden zerrütteter Geschichte in revolutionärer Perfektion zusammen. Hieran anschließend und drittens: Welches Attribut vermöchte die Unzeitgemäßheit unserer eigenen Erscheinung deutlicher zu betonen als das Musikinstrument? Wenn etwas noch rebellischer wirkt als unsereiner in einem Anzug aus den Vierzigerjahren, dann ist es unsereiner in einem Anzug aus den Vierzigerjahren am Flügel!

110

Kenne Kunst!

Zum Thema Kunst haben wir uns schon im Zusammenhang mit Fragen der Inneneinrichtung und des Künstlerberufs geäußert, deshalb können wir es jetzt kurz machen. Grundsätzlich gilt, dass der Kunstgeschmack des Dandys aufgrund seines ausgeprägten Formbewusstseins entwickelt und hochselektiv ist. Ein solches Formbewusstsein zieht einen Hang zum Klassizismus nach sich, wobei uns die griechische Plastik zwischen Archaik und Hochklassik von besonderer Güte scheint. (Mit dem neumodischen Zeugs ab 400 vor Christus können wir wenig anfangen.) Ferner schätzen wir die italienische Malerei der Renaissance – vor allem Botticelli – und haben eine verzeihliche, wenn auch nicht ganz glückliche Schwäche für Watteau. (Die Symbolisten der 1880er- und 1890er-Jahre werden häufig – und nicht zu Unrecht – mit den Dandys dieser Zeit in Verbindung gebracht. Hier handelt es sich um einen jener Fälle, in denen der Dandysmus des einundzwanzigsten Jahrhunderts sich deutlich von dem des neunzehnten Jahrhunderts unterscheidet: Wir legen eine geradezu paranoide Abwehrhaltung gegenüber jeglichem Kitsch an den Tag, und die Symbolisten erscheinen uns tatsächlich ein wenig kitschig.) Bei alldem gilt im Grunde dasselbe, was wir über den Garten und die Musik Bachs gesagt haben: Die Betrachtung dieser Kunstwerke lehrt uns überzeitliche Gesetze, deren Kenntnis unserer Arbeit Ziel und Richtung gibt.

Aber bei aller Liebe für das Alte geht es doch auch hier um unsere eigene Zeit: Hier müssen wir uns zurechtfinden, um den Kampf führen zu können. Dabei sollten wir »unsere eigene Zeit« nicht zu eng fassen, denn auch in Bezug auf die Kunst gilt, was wir zuvor über die Musik gesagt haben: Kunst, die der Gegenwart gerecht werden möchte, bedarf vor allem eines adäquaten Stils, einer eigenen Ausdrucksform (der Versuch, unsere Zeit im Stil Botticellis oder Watteaus künstlerisch zu erfassen, kann nicht gelingen). Damit stehen wir insofern vor einem Problem, als die kaputte Geschichte eben auch keinen Zeitstil mehr zulässt, sodass die Kunst unserer Zeit epigonal im schlimmsten Sinne ist: ein allerletzter Aufguss, eine allerletzte Wiederkehr des Immergleichen. Streng genommen, wäre eine angemessene künstlerische Erfassung unserer Zeit also nicht möglich. Unser Interesse konzentriert sich darum auf die Phase Anfang bis Mitte des zwanzigsten Jahrhunderts, in der sich zum letzten Mal so etwas wie ein Zeitstil ausbildete: ausgehend vom Futurismus über den Expressionismus und mündend in die Abstraktion. Jene wenigen Jahrzehnte, in denen der Zusammenbruch des geschichtlichen Paradigmas einsetzte, sahen zugleich den Ausklang der mehrtausendjährigen Geschichte der europäischen Kunst, ihren Übergang in die Tristesse eines seelen- und sinnlosen Epigonentums. Gerade bevor der zerbrechenden Kunst die Fähigkeit des Ausdrucks endgültig abhandenkam, vermochte sie aber die zerbrechende Geschichte für einen kurzen Moment zu erfassen, um dem Vorgang angemessen Ausdruck zu verleihen. Da sich nun der revolutionäre Auftrag des modernen Dandys, die Rebellion gegen die Vulgarität des einundzwanzigsten Jahrhunderts, auf ebendiesen Vorgang bezieht und er wenn irgendwo, dann hier der transzendentalen Hilfestellung durch die Kunst bedarf, sollte er sich vor allem auf die Werke dieser Phase, der ersten Hälfte des zwanzigsten Jahrhunderts, konzentrieren: etwa Feininger, Nolde, Macke, Kandinsky, um nur einige zu nennen, deren Werk ihm Orientierung geben kann.

111

Epilog: Schlendre durch die Gassen!

Wie sehr sich die Dinge unterdes verändert hatten, war Thomas de Vriend zunächst gar nicht bewusst geworden. Er hatte während der letzten Monate viel Zeit am Schreibtisch verbracht, da die Arbeit an seiner Biografie jenes polnischen Bildhauers in ihre entscheidende Phase getreten war. Endlich, als er das letzte Kapitel in der Rohform abgeschlossen hatte, begab er sich auf einen Spaziergang. Irgendetwas kam ihm an diesem Tag ungewöhnlich vor, aber da seine Gedanken noch bei dem soeben beendeten Buch weilten, achtete er zunächst nicht weiter darauf. Erst als er die Jägerstraße in Richtung des Gendarmenmarkts hinaufschlenderte, wurde ihm die Veränderung allmählich bewusster: Anders als sonst, so schien ihm, lüpfte er heute beständig seinen Hut; und das tat er nicht aus Geistesabwesenheit oder zur Provokation, sondern weil andere ihm gegenüber die gleiche Geste vollführten.

Und was für Andere! In der Welt, die ihn während der vergangenen Monate in seinen sieben Zimmern umgeben hatte – jenen heruntergekommenen Büroräumlichkeiten irgendwo im Osten –, trug man ja nichts als hochgeschlossene zweireihige Anzüge, Lodenjacken und Tweed, Hüte und Schalkrawatten. So kam es ihm zunächst ganz selbstverständlich vor, dass ihm in der Jägerstraße nun alle paar Minuten ein solchermaßen angetaner Herr über den Weg lief (und dabei seinen Hut zog, aber das hatten wir schon). Dabei war es doch eigentlich recht sonderbar, inmitten der üblichen konformen Masse – Jeans, Businessanzüge, Touristenkluft et cetera – nicht nur einem Flanellanzug aus den Vierzigerjahren zu begegnen, sondern kurz darauf einem lodengrünen Jagdanzug mit Kniebundhosen, dann einem Tweed-Jackett über einem Fair-Isle-Pullunder, dann wieder einem Dreiteiler aus den Fünfzigern und so weiter. Obschon unterschiedlichen Alters, waren die meisten der solchermaßen Angetanen recht jung – zumeist Studenten, vielleicht sogar Oberschüler.

Und es wurden nicht weniger. Tatsächlich sah er sie überall, nun, da er darauf achtete: wie sie in den Straßencafés um den Gendarmenmarkt herum ihre Pfeifen und Zigarren rauchten, sich gegenseitig Passagen aus ledergebundenen Büchern vorlasen, eine Prise Schnupftabak nach der anderen nahmen. Sie pfiffen die *Meistersinger* vor sich hin, kommentierten die Qualität von Gemälden in den Auslagen der Auktionshäuser und überquerten auch die belebteren Straßen, ohne nach links und rechts zu blicken. Das Straßenbild schien sich auf diese Weise insgesamt verändert zu haben: Über allem lag ein leichter, aber deutlich bemerkbarer Schimmer von Kultur, der zuvor nicht da gewesen war. Und seltsamerweise schienen alle jene jüngeren und älteren Herren ihn, Thomas de Vriend, zu kennen: grüßten ihn und warfen ihm launische Bemerkungen zu. Er meinte zu begreifen, was sich abspielte – doch in diesem Moment lenkte ein Misston seine Aufmerksamkeit ab.

Der Begriff »Misston« ist durchaus wörtlich zu verstehen. Es handelte sich um eine hohe, laute Männerstimme, die Thomas de Vriend bekannt vorkam, ohne dass er hätte sagen können weshalb. Auch die Erscheinung des Sprechers schien ihm nicht unbekannt, aber er hielt es doch für unnötig, weiter darüber nachzudenken, denn beides – Stimme wie Erscheinung – waren ihm unsympathisch. Natürlich konnte es nicht Jürgen Koch sein, der da auf dem Bürgersteig stand und kreischte: Seit eine Straßenbahn der Linie M4 in Richtung Falkenberg ihn mitsamt seinem »Core-Flex«-Anorak in mehrere unterschiedlich große Teile sektioniert hatte, gab er ja keinen Laut mehr von sich. Aber natürlich hatte es sich bei Jürgen Koch nur um ein beliebig austauschbares Exemplar unendlich vieler Klone gehandelt: Personen, die wie er dachten, urteilten, sprachen, sich kleideten, sich hielten. Und einer dieser Klone stand dort auf dem Bürgersteig und schrie sich die Lunge aus dem Leib: dass dies seine Stadt sei, dass man so etwas (was, führte er nicht aus) verbieten müsse und überhaupt müsse man viel mehr verbieten, dass er einen Anspruch auf soziale Gerechtigkeit habe und sich diesen von niemandem streitig machen lasse und so weiter. Niemand außer Thomas de Vriend schien ihm zuzuhören, und so warf der Jürgen-Koch-Klon diesem einen finsteren Blick zu und ging davon, wobei er unaufhörlich vor sich hin schimpfte.

Eines Morgens etwa zwei Wochen darauf – Thomas de Vriend hatte die Biografie des polnischen Bildhauers gründlich überarbeitet und die soeben zu Ende gegangene Nacht am Schreibtisch verbracht – klopfte er seine Pfeife aus, nahm eine eiskalte Dusche und verließ das Haus. Um neun Uhr vormittags schlafen zu gehen wäre untunlich gewesen, aber arbeiten konnte er nun auch nicht mehr; so empfahl sich ein strammer Marsch durch die Stadtbezirke als ein bekömmliches Tonikum. Eingedenk der bemerkenswerten Beobachtungen, die er während seines letzten Spazierganges angestellt hatte, hielt er dieses Mal von Anfang an die Augen offen. Tatsächlich waren die Entwicklungen, die sich seitdem vollzogen haben mussten, noch vielfach bemerkenswerter: Nicht mehr nur alle paar Minuten, sondern alle paar Schritte traf Thomas de Vriend auf seinesgleichen. Hochgeschlossene zweireihige Anzüge, Dreiteiler mit Nadelstreifen, Tweed-Anzüge mit Plus Fours, Trachtenjacken, Krawatten und Schalkrawatten, Tweed-Mützen und Hüte ragten nicht mehr nur verschämt aus der konformistischen Masse hervor, sondern sprengten sie auf und drängten sie an den Rand der Straße. Verängstigt duckten die Jürgen-Koch-Klone sich und flüchteten in die Nebengassen, wenn plötzlich allzu viele Tweed-Jacketts sie umgaben; die Investmentbanker und Ministerialbeamten ließen ein erschrockenes Quietschen vernehmen, fanden sie sich von einer Unzahl Zweireiher aus den Fünfzigerjahren eingeschlossen; und die militanten Konformisten – Punks, Rastafaris, Ökos und Professoren der Freien Universität – blickten inmitten der Scharen gut gekleideter Herren drein wie in die Enge getriebene Tiere.

Nur hatte es bei der plötzlichen, überwältigenden Präsenz des gut angezogenen Menschenschlags keineswegs sein Bewenden: Nicht zufrieden damit, das Straßenbild zu beherrschen, drang man nun auch in die Räumlichkeiten vor. Ohne dass irgendwelche Gewalt ausgeübt wurde, schien der Stil, den jener Menschenschlag repräsentierte, sich in jede Ritze, jeden Winkel auszubreiten. Es war fabelhaft anzuschauen: Als Thomas de Vriend an einem amerikanischen Fastfood-Imbiss vorüberkam, dessen Kunststoffdekorationen soeben von der Fassade gelöst wurden, sah er im Inneren weiß gedeckte Tische mit Silber und Porzellan, an denen einige der gut gekleideten Herren etwas zu sich nahmen, was sicherlich kein amerikanisches Fastfood war; im Hintergrund schienen einige weitere gut gekleidete Herren eine Tresenkonstruktion abzubauen und an ihrer Stelle eine dunkle Eichentäfelung mit barocken Schnitzereien anzubringen. Ähnliches spielte sich in einer Galerie für zeitgenössische Kunst ab, in der einige vorrangig aus Videobildschirmen und Kondomen bestehende Installationen sich gleichsam von selbst dekonstruierten und durch eine Hintertür verschwanden, während zugleich durch die Vordertür schweres Mahagonimobiliar, Ledersessel, Kronleuchter, nachgedunkelte Gemälde mit Pferdemotiven sowie ein Bartresen hineingetragen wurden; binnen weniger Minuten hatte die Galerie sich in einen Club verwandelt, in dem die ersten Whisky-und-Sodas geordert und die ersten Zigarren entzündet wurden. Aber auch mit dieser Eroberung des öffentlichen und halbprivaten Raumes gelangte die eigenartige Entwicklung, deren Zeuge Thomas de Vriend war, noch nicht an ihr Ende. Als dieser zu einer Straßenkreuzung gelangte, an der vor Längerem ein ganzes Quartier aus dem neunzehnten Jahrhundert abgerissen worden war, um durch eine Luxus-Wohnanlage mit allem Komfort ersetzt zu werden, beschäftigten sich dort schon einige Herren damit, dem guten Geschmack zu seinem Recht zu verhelfen: Von den Steuerknüppeln mehrerer Bagger und Kräne aus machten sie der Luxus-Wohnanlage – deren Bewohner man höflich darum gebeten hatte, auf der anderen Straßenseite in extra bereitgestellten Sesseln Platz zu nehmen – den Garaus. Während die Bagger und Kräne Zimmer um Zimmer zerlegten, sodass Wellness-Badewannen und Kochinseln durch die Luft wirbelten und signierte Roy-Lichtensteins sowie Arne-Jacobsen-Möbel unter sich begruben, schafften andere gut angezogene Herren schon Ziegel und Mörtel heran, um unverzüglich mit dem Bau einiger geschmackvollerer Gebäude beginnen zu können. Der Immobilienspekulant, dem das Gelände gehörte – oder besser, gehört hatte –, schrie freilich wie am Spieß, wie es von einem kleinen Mann mit rosafarbenem, weit offenem Hemd und Goldkette nun einmal nicht anders zu erwarten ist. Irgendwann knallte ihm aber eine umherfliegende Artemide-Lichtskulptur an den Kopf, und dann war Ruhe im Karton. – Derlei ereignete sich überall: Die Verwandlung des vulgären Berlin in etwas Höheres und Schöneres schien sich wie die Metamorphose eines Organismus zu vollziehen, deren Agenten jene gut angezogenen Herren waren, die plötzlich nicht nur das Straßenbild bestimmten, sondern auch jegliches andere.

Dies gefiel natürlich nicht allen. Zwar hatten sich die uniformierten Vertreter der Staatsmacht zurückgezogen, aber es waren keineswegs nur Immobilienhaie und Installationskünstler, die der Entwicklung Einhalt zu gebieten suchten. Der Europachef eines großen Internetunternehmens etwa schien keineswegs glücklich mit dem, was er sah: Von der Dachterrasse seines Bürohauses her – aus dessen Fenstern Kunststoffmöbel, Akten und Unmengen Datenverarbeitungsgerätschaften flogen, da man Platz für die Sammlungen der Bibliothek benötigte, die hier eingerichtet werden sollte – brüllte er unverständliche Sentenzen auf die Geschehnisse hinab. Seine Laune verbesserte sich nicht eben, als er unter den gut gekleideten Herren, die das vormalige Bürohaus mit Eichenregalen und Stapeln ledergebundener Bücher anfüllten, einen seiner Hauptaktionäre erblickte: Anstelle der üblichen Kluft – Chinos und Polohemd – trug dieser einen Fair-Isle-Pullover, Schalkrawatte und Knickerbocker und sah dabei vollendet glücklich aus. (Kurze Zeit darauf stürzte der Europachef übrigens in einen Container voll zertrümmerter Büroausstattung; und da er sich vom Stil her so gar nicht von dieser unterschied, achtete man nicht weiter darauf und transportierte ihn gleich mit ab. Ähnliches geschah überall in Deutschland, sodass sich in Städten wie etwa Frankfurt das Steueraufkommen von jetzt auf gleich halbierte.)

Auch im Regierungsviertel spielten sich unsägliche Szenen ab. Männer in schlecht sitzenden Anzügen und Frauen, die wie Männer in schlecht sitzenden Anzügen aussahen, rannten auf und ab und wussten offenkundig nicht, was die Stunde geschlagen hatte. Ab und an ließ jemand sich auf einem Balkon blicken und hielt eine passionierte Rede, in der er eine akute Bedrohung der Marktwirtschaft, der sozialen Gerechtigkeit und des Industriestandorts Deutschland feststellte. Es gälte, die Gleichheit, den Wohlfahrtsstaat und die wirtschaftliche Leistungskraft gegen die Kräfte des politisch unmotivierten Übels zu verteidigen und dabei auch das Gute schlechthin und die Menschheit als solche nicht aus den Augen zu verlieren. Dies traf auf viel Zustimmung unter den Anwesenden, wobei allerdings anzumerken wäre, dass außer Bundestagsabgeordneten, Ministern, Staatssekretären und Ministerialbürokraten niemand zugegen war. Und da auch viele von diesen sich schon ihrer schlecht sitzenden Anzüge entledigt und stattdessen dezent karierte Dreiteiler und Leobner Jagdsteirer angelegt hatten, war die Anzahl der Erregten zwar beträchtlich, aber nicht ausufernd. – Freilich blieb nicht unbemerkt, dass all die Erregung, all das Umherlaufen und Redenhalten nichts an der Lage änderte. Und so verfiel jemand auf die Idee, man müsse ein Zeichen setzen. Obgleich dieser Vorschlag viel Beifall erhielt, vermochte man sich doch nicht einig zu werden, in welcher Form ein Zeichen gesetzt werden sollte. Wie stets, war es auch jetzt wieder der Bundespräsident, der die divergierenden Interessen zusammenführte und in einem großen Gedanken vereinigte: Alle sollten sich in die Kuppel des Bundestagsgebäudes begeben und dort oben gemeinsam *Sag mir, wo die Blumen sind* anstimmen. Man willigte voll Begeisterung ein, und so begab sich der ganze Zug – Bundespräsident und Bundeskabinett voran, dann die Fraktions- und Parteivorsitzenden, Staats- und Generalsekretäre, die einfachen Abgeordneten, schließlich die höheren und gehobenen Ministerialbeamten – auf die Aussichtsplattform der über dem Plenarsaal gelegenen Kuppel. Ein Abgeordneter im selbst gestrickten Pullover hatte seine Gitarre dabei und schlug einige Akkorde an, woraufhin alle zu singen begannen. Einige Ältere, denen die Siebzigerjahre noch gut in Erinnerung waren, schwangen die Arme über dem Kopf und wiegten sich im Takt der Klänge, was eine Anzahl Jüngerer zu gewagteren Tanzschritten animierte. Dies versetzte die Aussichtplattform in eine Schwingung, deren Amplitude stetig zunahm. Und kaum hatte man das erste »Wann wird man je verstehn?« gesungen, ließ sich ein deutliches Knacken vernehmen, und dem einen oder anderen kam der Gedanke, dass auch dem weltbekannten Stararchitekten Norman Foster Fehler bei statischen Berechnungen unterlaufen mögen. Wären diese Bedenken sogleich geäußert und die Anwesenden dazu bewogen worden, die Aussichtsplattform vorsichtig zu verlassen, hätte sich viel Unbill vermeiden lassen; stattdessen aber wurde das zweite »Wann wird man je verstehn?« sogar mit besonderer Inbrunst gesungen und getanzt, und so kam es, wie es kommen musste: Ein weiteres, viel lauteres Knacken ertönte, die Gitarre verstummte, ein Unterstaatssekretär sagte »Oha« – und dann brach die ganze Kuppel mit einem lauten Rums in sich zusammen.

Das kollektive Hinscheiden der politischen Führungsschicht zog Neuwahlen des Bundestags nach sich. Wie es im Einzelnen dazu kam, dass Thomas de Vriend als unabhängiger Kandidat für das Amt des Bundeskanzlers nominiert und mit einer absoluten Mehrheit gewählt wurde, konnte er sich selbst nicht erklären; die Vorbereitung seines Manuskripts für die Veröffentlichung in einem kleinen, aber gediegenen Fachverlag hatte einen Großteil seiner Zeit in Anspruch genommen, und er fand erst dann wieder Muße für andere Dinge, als die Vereidigung anstand. Diese verlief in sehr angenehmer Atmosphäre, was vor allem zwei Faktoren zu verdanken war: Zum einen fand die Feierlichkeit nicht in der vulgären Umgebung des Bundestags statt, den man so rasch nicht hatte wiederherstellen können, sondern in der viel geschmackvolleren des Konzerthauses Berlin. Tatsächlich gefiel dieses Ambiente den Abgeordneten so gut, dass sie kurzerhand die dauerhafte Verlegung des Parlaments in das Konzerthaus beschlossen. Für diese Lösung sprach auch, dass man Plenarsitzungen auf diese Weise mit konzertanten Aufführungen wagnerscher Musikdramen kombinieren konnte. Ferner wurde beschlossen, den zerstörten Plenarsaal im Reichstagsgebäude nicht wiederherzustellen, sondern in ein Hallenbad umzuwandeln; dem Entwurf des weltbekannten Stararchitekten Norman Foster schien diese Nutzung ohnedies eher gerecht zu werden. – Ein zweiter Faktor, der der Vereidigungszeremonie eine so erfreuliche Note verlieh, war die Aufmachung der zu vereidigenden Kabinettsmitglieder: Thomas de Vriend trug einen edwardianischen Morgenanzug, den er sich während seiner Zeit in Oxford für eine Hochzeit zugelegt hatte, wie denn überhaupt gut geschnittene Morgenanzüge das Bild bestimmten. Nur der Verteidigungsminister in seiner rot-schwarzen Uniform des Malteserordens mit Degen und Zweispitz und der Wissenschaftsminister im Altsteirer Anzug wichen ein wenig ab, ohne dass dies störend gewirkt hätte.

Wir wollen hier schließen, denn die Art und Weise, in der die ästhetisch mustergültige Regentschaft Thomas de Vriends das Land in den kommenden Jahren in ein schöneres Land voller gut gekleideter Menschen, sublim heruntergekommener Architekturen, Wagner-Matineen, Museen mit expressionistischer Kunst und leicht verwilderter Gärten transformierte, ist eine andere Geschichte. Wollten wir diese erzählen, wäre auf Thomas de Vriends ästhetizistische Außenpolitik Bezug zu nehmen, deren Proportionen in etwa denen von Botticellis *Nascita di Venere* entsprachen und auf eine Überformung der Welt nach dem Modell einer gut gebundenen Krawatte hinausliefen. Es wäre auf eine Verteidigungspolitik Bezug zu nehmen, die das wagnersche Musikdrama als eine bloße Fortsetzung des Krieges mit anderen Mitteln verstand. Schließlich müssten wir auf eine Bildungs- und Wissenschaftspolitik eingehen, unter der viele seit den Sechzigerjahren errichtete Hörsaalgebäude nach dem Vorbild des Reichstags in Hallenbäder umgewandelt wurden. Aber dafür ist jetzt keine Zeit.

Nicht verschweigen sollten wir, dass Thomas de Vriend nach sieben Legislaturperioden die Krone des Römischen Reiches angetragen wurde. Er lehnte sie ab: Macht, so erklärte er, führe zu schlechtem Stil, und absolute Macht führe zu absolut schlechtem Stil. Außerdem trage er sich mit dem Gedanken, eine Monografie über den Einfluss des neo-skandinavischen Romans auf die portugiesische Bildhauerkunst des Jahres 1922 zu verfassen, was einige Jahre in Anspruch nehmen und ihm keine Zeit für imperiale Herrschaft lassen würde. So informierte er das Kabinett eines Tages über seinen sofortigen Rücktritt, nahm seinen Hut vom Haken und machte sich auf den Weg in die östlichen Stadtteile.

Kleine dandystische Handbibliothek – zitierte und weiterführende Literatur (Auswahl)

Adorno, Theodor W. und Max Horkheimer: *Dialektik der Aufklärung. Philosophische Fragmente.* Frankfurt/M.: Fischer 1992.

Bakunin, Michail: *Staatlichkeit und Anarchie und andere Schriften.* Hrsg. u. eingel. von Horst Stuke. Frankfurt/M. et al.: Ullstein 1983.

Balzac, Honoré de: *Glanz und Elend der Kurtisanen.* Zürich: Diogenes 2007.

—: *Verlorene Illusionen: Roman aus der Provinz.* München: Hanser 2014.

Barbey d'Aurevilly, Jules Amédée: *Der Chevalier Des Touches.* Berlin: Matthes & Seitz 2014.

—: *Die Teuflischen.* Weimar: Kiepenheuer 1917.

—: *Über das Dandytum.* Berlin: Matthes & Seitz 2006.

Baudelaire, Charles: *Das Schöne, die Mode und das Glück: Constantin Guys, der Maler des modernen Lebens.* Berlin: Alexander 1988.

Conrad, Joseph: *Nostromo: A Tale of the Seaboard.* In: *The Works of Joseph Conrad* Bd. 7. London: Heinemann 1921.

—: *The Secret Agent: A Simple Tale.* In: *The Works of Joseph Conrad* Bd. 8. London: Heinemann 1921. S. 1–352.

D'Annunzio, Gabriele: *Feuer.* Leipzig : Hyperionverlag 1929.

Dostojewskij, Fjodor: *Böse Geister* [älterer und aus unserer Sicht inhaltlich adäquaterer Titel: *Die Dämonen*]. Zürich: Ammann 1998.

—: *Die Brüder Karamasow.* Zürich: Ammann 2003.

—: *Verbrechen und Strafe* [älterer und aus unserer Sicht inhaltlich adäquaterer Titel: *Schuld und Sühne*]. Zürich: Ammann 2009.

Gramsci, Antonio: *Gefängnishefte.* Hamburg: Argument 1991ff.

Houellebecq, Michel: *Elementarteilchen*. München: Ullstein 2001.
Huysmans, Joris-Karl: *Gegen den Strich*. Potsdam: Kiepenheuer 1921.
Jünger, Ernst: *Das abenteuerliche Herz*, Erste Fassung: *Aufzeichnungen bei Tag und Nacht*. In: E.J.: *Sämtliche Werke* Bd. 9: Essays III. Stuttgart: Klett 1979. S. 31–176.
—: *Der Arbeiter, Herrschaft und Gestalt*. In: E.J.: *Sämtliche Werke* Bd. 8: *Essays II*. Stuttgart: Klett 1981. S. 9–317.
—: *Der Waldgang*. In: E. J.: *Sämtliche Werke* Bd. 7: *Essays I*. Stuttgart: Klett 1980. S. 281–374.
—: *Eumeswil*. In: E. J.: *Sämtliche Werke* Bd. 17: *Erzählende Schriften III*. Stuttgart: Klett 1980.
Kessler, Harry Graf: *Das Tagebuch*. Stuttgart: Cotta 2004ff.
Kracht, Christian: *Faserland*. Frankfurt/M.: Fischer 2015.
Kubin, Alfred: *Die andere Seite: Ein phantastischer Roman*. München, Berlin: Müller 1909.
Lewis, Clive Staples: *That Hideous Strength*. London: HarperCollins 2005.
Lovecraft, Howard Philips: *At the Mountains of Madness and Other Novels*. London: Gollancz 1966.
Mosebach, Martin: *Häresie der Formlosigkeit: Die römische Liturgie und ihr Feind*. München: Hanser 2007.
Musil, Robert: *Der Mann ohne Eigenschaften*. Reinbek bei Hamburg: Rowohlt 1990.
Naipaul, Vidiadhar Surajprasad: *The Enigma of Arrival: A Novel in Five Sections*. London: Viking 1987.
Nietzsche, Friedrich: *Also sprach Zarathustra*. Leipzig: Kröner 1916.
—: *Jenseits von Gut und Böse: Vorspiel einer Philosophie der Zukunft*. Leipzig: Kröner 1924.
Paul, Jean: *Titan*. In: J. P.: *Sämtliche Werke* Abt. I Bd. 3. Frankfurt/M.: Zweitausendeins 1996. S. 7–830.
Proust, Marcel: *Auf der Suche nach der verlorenen Zeit*. Frankfurt: Suhrkamp 2011.

Schönburg, Alexander von: *Die Kunst des stilvollen Verarmens: Wie man ohne Geld reich wird.* Reinbek bei Hamburg: Rowohlt 2005.

Scruton, Roger: *An Intelligent Person's Guide to Modern Culture.* London: Duckworth 1998.

—: *The Classical Vernacular: Architectural Principles in an Age of Nihilism.* Manchester: Carcanet 1994.

Waugh, Evelyn: *Love Among the Ruins: A Romance of the Near Future.* London: Chapman 1953.

—: *Scott-King's Modern Europe.* London: Chapman 1947.

—: *Sword of Honour.* London: Penguin 2011.

LENNART BRAND durchlief stilprägende Lehrjahre an den Universitäten von Wien, Edinburgh und Oxford. Nach einer weiteren Dekade in Hongkong, Frankfurt und Berlin führten ihn die dort angestellten Beobachtungen zu dem Schluss, dass ohnehin alles den Bach runtergeht. Aus Gründen der Selbstverteidigung erstand er daraufhin eine größere Anzahl Trachtenjanker und zog sich an den Bodensee zurück.

Lennart Brand
111 REGELN FÜR DEN MANN VON WELT

ISBN 978-3-86265-449-9
 | Lektorat: Ulrike Thams | Illustrationen im Innenteil: Brille © Morphart Creation/Shutterstock; Pistole, Putten, Pfeife © lynea/Shutterstock; Rose, Fliege © Pim/Shutterstock; Schreibmaschine © Hein Nouwens; S. 4, 83, 181: © PACPUMI/Shutterstock; S. 19, 113, 205: kbibibi/Shutterstock; S. 39, 139: © Curly Pat/Shutterstock; Autorenfoto: © Fa. Lauterwasser

KATALOG
Wir senden Ihnen gern kostenlos unseren Katalog.
Schwarzkopf & Schwarzkopf Verlag GmbH
Kastanienallee 32, 10435 Berlin
Telefon: 030 – 44 33 63 00
Fax: 030 – 44 33 63 044

INTERNET | E-MAIL
www.schwarzkopf-schwarzkopf.de
info@schwarzkopf-schwarzkopf.de